ポール・コリアー

エクソダス

移民は世界をどう変えつつあるか

松本裕訳

みすず書房

EXODUS

Immigration and Multiculturalism in the 21st Century

by

Paul Collier

First published by Allen Lane, 2013

我が根無し草の国際人《コスモポリタン》、ポーリーヌに

エクソダス■目次

第3章 社会的影響 55

第4章 経済的影響 108

第5章 移民政策を取り違える 131

プロローグ

今、これを書いている私の目の前に、彼の顔がある。カール・ヘレンシュミット。この写真が撮られたころ、彼はもはや文無しの若い移民ではない。スーツを着て、イギリス人の妻を持ち、6児の父になっている。自信たっぷりにカメラを見つめる彼は、第一次世界大戦下の移民差別によってもうすぐ家庭が崩壊することにはまったく気づいていない。イギリスはじきに、「野蛮なフン族」〔このころのプロパガンダで、イギリスはドイツ軍をこう呼んでいた〕から文明を守るべく戦闘に突入する。彼は、そのフン族の1人だ。「ジョン・ブル」という名の貧乏青年に身をやつした文明は、でっち上げられた敵のリストにカール・ヘレンシュミットを書き加えた。夜になると、文明的な群集が彼の店を襲撃した。文明の代弁者が彼の妻を絞め殺そうとした。彼は、敵国人として抑留される。妻は鬱病に屈して世を去った。12歳のカール・ヘレンシュミット・ジュニアは学校を辞めさせられ、店で働かされるようになる。それから20年も経たないうちに、また戦争が起こった。カール・ヘレンシュミット・ジュニアは住まいを変え、名前も変えた。チャールズ・コリアーになったのだ。

私たちの多くは、移民の子孫だ。帰属意識という自然な感情は理屈抜きの残酷さへと容易に転換されるもので、私の家族はその犠牲になったわけだ。だが、移民に対するこのような反応は、世界共通ではない。今年、私はあの当時の反ドイツ暴動の攻撃側に父親がいたという人物とたまたま会う機会があった。無実の移民が不当な扱いを受けたという認識は、私の家族と同様、彼の家族にも語り継がれていた。

私の祖父は貧困にあえぐエルンスバッハというドイツの村を出て、当時ヨーロッパでもっとも繁栄していた町、イングランドのブラッドフォードへと移住した。ひとつの国から別の国へというだけでなく田舎の村から都会へというその移住は、貧困国から富裕国への現代の移住の典型でもある。だがブラッドフォードに到着するとすぐに、祖父の若さに満ちた冒険はすぐに限界にぶつかった。祖父がまっすぐ飛びこんで行ったのは、「リトル・ドイツ」と呼ばれるほどすでにドイツ人移民ですし詰めになっていた地区だったのだ。同じ状況が、現在の移民にも見られる。1世紀が経った今、ブラッドフォードはもはやヨーロッパでもっとも繁栄している都市ではない。運命のいたずらで、今ではエルンスバッハのほうが繁栄しているくらいだ。だが到着の地ではあり続け、緊張が続く都市でもあり続けている。移民票によって選ばれたイギリス唯一の左翼リスペクト党（実質的にはイスラム過激派の政党だ）所属の下院議員は、ブラッドフォード出身だ。近年、移民の中には本当に敵国人が含まれている。少なくともそのうち4人が、ロンドンで57人を死に至らしめた自爆テロを起こした。移民は理屈抜きの残酷さの被害者であると同時に、加害者にもなり得るのだ。

本書は、もっとも貧しい社会、「最底辺の10億人」に関する私の研究の一環でもある。それらの国々から裕福な西側諸国へ移住しようとする人々の奮闘に、私は職業的にも個人的にも興味を覚える。結果としての大量移住《エクソダス》が取り残された人々にとって有益なのか有害なのかは、難しくも重要な問題だ。彼らは地球上でもっとも貧しい人々だが、欧米諸国の移民政策は不用意なうえに見過ごされがちな影響を彼らにおよぼす。そうやって私たちが考えなしに彼らの社会に何をしているかを、少なくとも認識くらいはしておくべきだ。私の周囲にも、故郷に残らなければという義務感と最大限のチャンスを生かすべきだという義務感との間で引き裂かれている友人が多くいる。

だが、本書はリベラルな考え方の人々の間で主流となっている見解を批判するものでもある。私もリベラルの一員ではあるのだが、現代の欧米社会が脱国家的な未来を受け入れるべきだというその見解については批判的だ。私自身の家族の状況をかんがみれば、私はこの新たな通説の熱狂的信者と思われてもおかしくないかもしれない。国境で、我が家は3種類のパスポートを出す。私はイギリス、ポーリーヌはオランダ人だがイタリア育ち、ダニエルはアメリカ育ちなのでアメリカのパスポートを誇らしげに提出するのだ。ちなみに甥たちはエジプト人で、彼らの母親はアイルランド人だ。本書は、私が過去に出した著書と同様、フランスで執筆された。脱国家的な家族などというものがあるのなら、我が家は間違いなくそれだろう。

だが、もし誰もがそうだったとしたら？　国をまたいでの移住があまりにも一般的になって国民的アイデンティティの意味がなくなってしまえば、社会は本当の意味で脱国家的になる。それに何か問題があるだろうか？　私は、非常に大きな問題があると考える。我が家のようなライフスタイルだと、アイデンティティがまだしっかりと根ざしている者に依存し、寄生する可能性がある。彼らのおかげで、家族は生きやすい社会を選ぶことができるのだ。私が研究対象としている国々、つまりアフリカの多文化的社会では、国民的アイデンティティの弱さがもたらす悪影響が歴然としている。タンザニアの初代大統領ジュリウス・ニエレレのようにまれに見る偉大な指導者たちは、国民に共通のアイデンティティを持たせようと苦心してきた。だが、国民的アイデンティティは有毒ではないのか？　あの対フン族の暴動へと逆戻りしてしまうのでは？　あるいは、もっとひどいことになるかもしれない。ヨーロッパの傑出した指導者であるドイツのアンゲラ・メルケル首相は、ナショナリズムが復活すれば人種間闘争だけでなく、再び戦争が起こる危険もあるという懸念を口にしている。国民的アイデンティティの価値を支持するうえで、十分な根拠を持ってこうした懸念を和らげていかなければならないことは十分理解しているつもりだ。

今回、私は過去の著書以上に世界中のほかの学者たちに頼ることになった。その中には同僚や研究パートナーもいる。あるいは、会ったことはないが論文を参照させてもらった方々もいる。現代における学術的努力は、幅広い専門家によって分担されている。移民の経済学においても、研究者の専門はかなり特化している。本書の執筆に際して、私は三つの質問に答える必要があった。移民の決断の根拠はなんなのか？　移民によって、取り残された人々はどのような影響を受けるのか？　移住先の国にもともといる先住人口にはどのような影響があるのか？　これらの質問は、それぞれにはっきりと分かれた専門家がいる。だが、私は移住が主に経済の話ばかりではないということをますます意識するようになった。移住は社会現象であり、学術的な専門分野という観点からは、パンドラの箱を開けるようなものだ。これらの異なる分析の上にあるのが、倫理的な問題だ。さまざまな影響は、どういった道徳的な測定基準で判断するべきなのだろう？　経済学者たちは「功利主義」という、便利だが薄っぺらい倫理的ツールを持っている。これはよくある状況にはうまく使えるため、標準になった。だが、移住の倫理のような疑問には、嘆かわしいほどに不十分だ。

結果として生まれた本書は社会科学と道徳哲学にまたがり、幅広い異質な専門的調査の分析の統合を試みるものだ。経済分野について本書に大きな影響を与えたのはアイデンティティに関する革新的なアイデアを教えてくれたジョージ・アカロフと、移住のプロセスに関する徹底的な調査をおこなったフレデリック・ドキエ。それにとりわけ、経済地理学についての議論と本書の分析における主要ツールのモデルについての熱い議論の相手となってくれたトニー・ヴェナブルズだ。社会心理学についてはニック・ローリングスとの議論やスティーブン・ピンカー、ジョナサン・ハイト、ダニエル・カーネマン、ポール・ザックらの著書も引用させてもらった。哲学については、サイモン・サンダースとクリス・フックウェイとの議論、それにマイケル・サンデルの著作から学ばせていただいた。

本書は、「どのような移民政策なら適切なのか？」という質問に答えようという試みだ。この質問を投げかけること自体、ある程度の勇気を必要とする。スズメバチの巣というものがあるとすれば、まさにこの移民問題だろう。だが、この話題が有権者の懸念事項の上位に常にあるにもかかわらず、わずかな例外を除いて、移民に関する文献は範囲が狭くて専門的すぎるか、いずれかの強固な意見を擁護することで相当なフィルターがかけられてしまっている。私は誰にとっても読みやすい、単刀直入な本を書こうと努力した。そのため本書は短く、文体も専門的ではない。ときには、主張が推測的で非通説的ということもあるだろう。そのような場合は、その旨述べている。そこでの私の意図は、私が述べる推測に十分な根拠があるかどうかを見定めるために必要な仕事をするよう専門家たちを刺激し、やる気を出させることだ。そしてなにより、私は本書に含まれる証拠や主張が移民政策についての一般市民による開かれた議論のきっかけとなり、現在のように芝居がかった両極化や妥協の余地がない主張のその先へと視野を広げてくれることを願っている。この問題は、現状のままにしておいてはいけないほど重要なのだから。

第Ⅰ部

疑問と移住プロセス

第1章　移民というタブー

貧しい人々による裕福な国々への移住は、有毒な関連要素が満載の現象だ。最底辺の10億人が暮らす社会における根強い大量貧困は、21世紀に対する侮辱だ。どこかほかの場所にはもっと豊かな暮らしがあることを認識し、貧困社会の若者の多くは故郷を出たくてたまらない。そして手段は合法であれ非合法であれ、実際脱出に成功する者もいる。そうした個人的エクソダスの一件一件が、恐れおののく富裕層によって打ち立てられた官僚的障壁を乗り越える人間の精神、勇気と創造力の勝利だ。この心情から言えば、開かれた扉以外はどの移民政策も底意地が悪い。だがその移住が、自己中心的とみなされる場合もある。自分より逼迫した状況にある他者に対する責任を無視し、労働者が扶養家族を見捨て、進取の気性に富む者はそうでない者にかまうことなく去っていく。この心情的側面から言うと、移民政策は移民自身が無視して置き去りにする人々への影響を考慮しなおす必要がある。同じ移住が、帝国主義への逆行とみなされることさえあるかもしれない。つまり、かつて植民地化《コロニー》された人々の復讐だ。移民たちは移住先の国で居留地《コロニー》を形成し、貧困層に属する先住者から資源を奪い、競合し、彼らの価値を引き下げる。この心情に立てば、移民政策はそこに残ったままの人々を守らなければならない。移住は心情的なものだが、予期される結果に対する心情的な反応は、政策をあらゆる方向へ動かし得る。

移民は、分析される前から政治化されてきた。貧困国から富裕国への人の移動は単純な経済プロセスだが、その影響は複雑だ。移民に関する公共政策は、この複雑さと折り合いをつけていかなければならない。現在、移民に関する政策は移民の出身国でも移住先の国でもかなりばらつきがある。出身国の政府の中には積極的に移住を推奨し、先輩移住者であるディアスポラとのつながりを維持する公的プログラムを実施しているところもある。その一方で、出国を制限してディアスポラを敵とみなす政府もある。受入国の移民政策は、どのくらいの人数まで移住を許可するかが国によって大きく異なる。たとえば、日本は世界でもっとも裕福な国のひとつになったにもかかわらず、移民には完全に扉を閉ざしている。一方、ドバイも同じく世界でもっとも裕福な国のひとつになったが、そうなったのは移民のおかげで、移民の増加があまりにも急激なために居住人口の95%がいまや非先住民となっているほどだ。また、移民の内訳にどれだけ厳しいかも大きく異なり、オーストラリアとカナダはアメリカよりもかなり学歴にうるさいが、そのアメリカの基準はヨーロッパよりもずっと厳しい。移住してからの移民の権利もさまざまで、先住民と同等の法的権利が与えられて親族を連れてくることが許される場合もあれば、契約労働者にしかなれず、本国送還の恐れもあり、市民としての権利は一切与えられない場合もある。移民に対する制約もばらばらで、特定の地域にしか居住を許されず、現地の言語を学ぶことが必須とされていたり、母国語をしゃべる者同士でかたまって暮らすことを許されていたりする。移住先への同化が奨励される場合もあれば、文化的差異を保持するべきという場合もある。これほどまでに中身が異なる公共政策を、私はほかに知らない。この政策の多様さは、異なる状況に対する洗練された反応なのだろうか？　それはあやしい。私はむしろ、移民政策決定におけるこの気まぐれさは、わずかな知識で感情に任せた有害な背景を反映しているのではないかと思う。

移民政策は、競合する証拠ではなく競合する価値観によって争われてきた。価値観は、いい意味でも悪い意味でも分析を決定づけることができる。いい意味というのは、価値観の不一致を解消するまでは規範的な評価を下せないということで、これは移民以外の問題にもあてはまる。だが、倫理も悪い意味で分析を決定づける。新たな研究を発表した道徳心理学者ジョナサン・ハイトによれば、道徳的価値観は人によって異なるものの、大きく分けて二つのグループにかたまる傾向があるとのことだ。[1] 衝撃的ではあるが、ハイトは特定の問題についての道徳的判断の理由付けとなるのは人がどの価値観のグループに属しているかによって決まるものであって、その逆ではないということを示している。理由付けが判断を正当化し、説明するというわけだ。だが私たちには実際、道徳的嗜好に基づいてすでに下した判断を正当化するために理由を後付けで引っ張ってくる傾向がある。どの重要な問題であっても、すべての証拠が議論の片側だけにきっちりと揃っていることはない。移民問題に関しても当然、同じだ。私たちが受け入れたいと思っている理由付けや証拠は、私たちの倫理観が決めているのだ。自分の価値観に合ってさえいれば、私たちは風に吹き飛ばされそうなひょろひょろとした一筋の藁にさえ信頼を置く。だが逆側の証拠であれば、侮辱と厳しい批評の嵐をもって拒絶する。移民問題に関する倫理的嗜好は両極端に分かれていて、それぞれの陣営は自分たちの偏見を支持する主張や事実しか受け入れない。ハイトは、これらの露骨な偏見が多くの問題にあてはまるのは当然としても、移民問題に関しては特にこの傾向が輪をかけてひどいことを証明している。ほとんどの政策問題についてもっとも情報に通じた議論をおこなうリベラルな集団でも、移民問題はタブー視されてきた。唯一許されるのは、移民に対する大衆の嫌悪感を嘆くことぐらいだった。ごく最近になって、経済学者たちはタブーの仕組みについてより良く理解できるようになってきた。タブーの狙いは、人々のアイデンティティを崩しかねない証拠を隠すことによって、そのアイデンティティを守っているというものだ。[2] タブーは話される内容に制約を課すので、自分で耳をふさがなくてもすむというわけだ。

証拠をめぐる論争は原則として、一方が自らの間違いを認めるよう強いられることで解決可能だ。しかし、価値観をめぐる意見の相違は解決不可能な場合がある。ただ、解決できないことがいったん認識されたなら、価値観の相違を少なくとも尊重することは可能なはずだ。私は菜食主義者ではないが、菜食主義者を勘違いはなはだしい愚か者だとは思わないし、菜食主義者の客に無理やりフォアグラを食べさせようともしない。そんなことよりももっと野心的な私の狙いは、人が自分の価値観から導き出す推論を再検証するよう仕向けることだ。ダニエル・カーネマンが著書『ファスト＆スロー』で説明しているように、人はちゃんとした証拠に基づく労力の要る思考を敬遠する傾向がある。どちらかと言えば私たちは瞬間的な判断に頼りがちで、その判断の根拠は自分の価値観なのだ。そのような判断はたいていの場合は驚くほど真実をうまく捉えているが、往々にして私たちはそれに依存しすぎる。本書は、その価値観に基づく瞬間的な判断のさらに先へと読者を導くことを狙いとしたものだ。

誰でもそうだと思うが、私が移民問題にたどりついたのも、価値観に基づく過去の見解からだった。だがそれについて書くにあたっては、その見解を封印しようと努力した。見る限り、移民問題はほぼ誰もが強い意見を持つ問題のように思える。人は通常、自分の意見を中途半端な分析で裏付けることができる。だが、ジョナサン・ハイトの研究でもわかるように、私もそうした意見の大部分が確固たる証拠よりはむしろ、それまでの道徳的嗜好に由来しているのではないかと疑っている。証拠に基づく分析は、経済学における最強の手札だ。ほかの政策問題の多くと同様、移民問題にも経済的な原因があり、経済的結果がある。したがって、経済学は政策評価の最前線に位置することになる。経済学者のツールを使えば、常識だけでたどりつく要因や結論に、よりすぐれた専門的な答えを導きだすことができる。だが移住による影響の中で、一般の人々がもっとも気にかけているのは社会的なものだ。それも経済的分析の中に組み入れることは可能で、私はそうしようと努力してきた。だが一般的に、経済学者たちはこの問題をあっさりと無視しているほうが多い。

実際に政策を決定するエリート政治家たちは、有権者の価値観重視の姿勢と、経済学者の偏向したモデルとの間で板挟みになっている。その結果生まれるのは、混乱だ。政策は国によって異なるだけでなく、経済学者が好む開かれた扉と、有権者が好む閉ざされた扉の間で振り子のように振れている。たとえば、イギリスでは1950年代に扉が開かれ、1968年に部分的に閉ざされ、1997年に再び大きく開かれ、そして今はまた閉ざされつつある。この方針は政党間でも移動するものらしく、この4度の方向転換のうち、労働党と保守党それぞれが1回ずつ扉を開き、1回ずつ扉を閉ざしているのだ。政治家は発言が強気でも行動は穏健という場合がほとんどで、その逆はめったにない。実際、市民の嗜好を恥じているように見える場合もある。スイスは、一般市民が国民投票の結果を政府に強制する権限を持っているという珍しい国だ。スイス国民がこの権利を行使した問題のひとつが、必然的に、移民問題だった。一般市民の懸念を突き動かしたのは、モスク建築に関する規則についての国民投票だった。投票の結果、人口の圧倒的多数がモスク建設に反対だということが判明する。スイス政府はこの結果に恥じ入るあまり、すぐさま結果が違法だと宣言させようとしたほどだった。

移民問題に関する道徳的立場は、貧困やナショナリズム、人種差別などの問題と複雑に絡み合っている。移民の権利に対する現在の見方は、過去におこなわれてきた不当行為への罪悪感によって形成されている。これらの問題のもつれをほぐしてからでなければ、移民政策についての理路整然とした議論はできない。

ほかの国に暮らすとても貧しい人々を支援しなければという道徳的義務は明らかに存在するし、彼らの一部を裕福な社会に移らせるのも支援のひとつの方法だ。だが、貧困層を支援するという義務は、人々が国境を越えて自由に移動することを許可するという一般的な義務にはつながらない。実際、貧しい人々が豊かな国へと自由に移れるべきだと信じる人々は、裕福な人々が貧しい国へと自由に移れる権利に真っ先に反対するだろう。それを許してしまえば、植民地時代の不愉快な記憶がよみがえるからだ。人が貧しいから移住する権利があると主張するのは、きっちりわけておいたほうがいい二つの問題を混同している。貧困層を支援するという富裕層の義務と、国から国へと移動する自由の権利だ。前者を支持するために、後者を主張する必要はない。貧困層を支援するという義務を果たす方法はいくらでもある。社会が貧困国からの移民に扉を開かないという決断を下すのなら、政策のほかの領域で貧困国に対するもっと寛大な対応を選ぶこともできる。たとえば、ノルウェー政府は移民については比較的厳しい制限を設けているが、対照的に寛大な支援プログラムを採用している。

世界の貧しい人々を支援しなければという道徳的義務が移住の権利に関する視点全体に見られるが、それよりも顕著なのが、ナショナリズムに対する嫌悪感だ。ナショナリズムは必ずしも移民に対する制限を示唆するものではないが、ナショナリズム的観点がなければ制限を設ける根拠もないのは明らかだ。人は、同国人とは共通のアイデンティティという大枠の感覚を共有しているはずだ。だがその感覚を外国人と共有する以上の度合いでは同国人と共有していないとしたら、総合的に見て外国人の入国制限に合意するのはおかしい。「私たち」と「彼ら」など存在しないからだ。つまり、ナショナリズムなしには、移住に制限を設けることの倫理的な証明は難しいという理屈になる。

ナショナリズムに対する嫌悪感がもっとも強い地域がヨーロッパだというのは、驚くには値しないだろう。かの地では、ナショナリズムが度々戦争を引き起こしてきたのだから。欧州連合は、この遺産を過去の遺物にしようという高貴な努力の結晶だ。ナショナリズムに対する嫌悪感は必然的に、国境に対する嫌悪感へとつながる。欧州連合の象徴的な成果が、連合内であればヨーロッパ人はどこでも自由に移動できるというものだ。ヨーロッパ人の一部にとって、国民的アイデンティティはもはや過去のものになっている。私の年若い親戚のひとりは、自分がロンドンっ子であるという以外に地理的なアイデンティティを認めようとしない。国民的アイデンティティはもう捨ててしまったほうがいいと言うなら、移民の入国を禁止することにはますます倫理的正当性がなくなるように思える。誰でも好きなところに住めるようにしたら、なぜいけないのか？

国民的アイデンティティの受容性は、国によって著しく異なる。フランス、アメリカ、中国、スカンジナビアでは、国民的アイデンティティはいまだに強力で政治的に中立だが、ドイツとイギリスでは政治的極右によって擁護されたために、タブーとなってしまった。強い国民的アイデンティティを持ったことがない数多くの社会では、国民的アイデンティティの不在はたいてい、後悔と懸念を呼ぶ問題となる。カナダでは政治家マイケル・イグナティエフが最近、ケベック人と英語圏カナダ人との間に共通のアイデンティティを構築しようという言語の壁を越える長年の試みが失敗したと認めて論争を巻き起こした[3]。アフリカでは、部族的アイデンティティと比べて国民的アイデンティティが弱いという呪いは、すぐれたリーダーシップが是正しなければならない任務となっている。ベルギーは現在無政府状態の最長記録を更新しているが——オランダ語系のフラマン人とフランス語系のワロン人がひとつの政府に合意できずにいるからだ——そもそも、共通のアイデンティティを構築しようという努力すらなされたことはない。ベルギー大使のひとりが私の友人なのだが、あるとき夕食を共にしている席で、彼自身のアイデンティティの話になった。彼は自分がベルギー人であるという感覚はまったくないとほがらかに言ってのけたが、それは彼がフラマン人あるいはワロン人だと感じるからというわけでもないのだそうだ。むしろ、彼は自分を世界の市民とみなしている。どこにいるときが一番故郷にいると感じられるか、とあえて聞いてみると、彼はフランスのとある村を選んだ。フランス人大使が同じような感覚を告白するとは、私には到底思えない。カナダもベルギーも、弱い国民的アイデンティティのわりには高い所得を維持できているが、彼らの解決策は異なる言語集団を物理的に完全に分けた上で、それぞれの準国家的地域に政治的権限を持たせる急進的な分権化をおこなうというものだった。公共サービスの提供という現実的な目的から、カナダとベルギーは結束したアイデンティティを持つ四つの州に分かれている。アイデンティティを持たない二つの国家ではないのだ。イギリスでは、国民的アイデンティティを受容するかどうかについては混乱が生じている。比較的最近見られるようになった、イギリス国民の多国籍な構成のためだ。一部の移民を除いて、イギリスの誰も、自分がまずはイギリス人であるとは思っていない。スコットランドでは国民的アイデンティティは主流な文化の一部として堂々と奨励されているが、イングランドではナショナリズムは破壊活動とみなされる。公的に掲げられるイングランドの旗は、スコットランドの旗よりも少ないのだ。

ナショナリズムには、それなりに使い道がある。濫用の可能性があることを忘れてはならないが、共通するアイデンティティという感覚は、協力する姿勢を強化する一助になるのだ。人はさまざまな段階で協力する必要があり、それは国内レベルでも国を越えたレベルでもあてはまる。国民的アイデンティティという共通の感覚だけが協力を実現できる唯一の解決策というわけではないにしても、国家は今でもとりわけ重要なのだ。この傾向は、課税と公共支出にはっきりと見て取ることができる。どちらも政府のさまざまな階層で発生しているが、もっとも重要なのはやはり国レベルだ。したがって、国民的アイデンティティという共通の感覚がそのレベルで人々が協力する能力を強化するのであれば、本当に重要なことを成し遂げているということになる。

　アイデンティティを共有するという感覚は、国として得た富を分け合い、持てる者から持たざる者へと富を再分配する行為を受け入れやすくする。つまり、国民的アイデンティティに対する嫌悪感には、協調性が減って、より平等な社会ではなくなるという大きな代償を伴う危険があるのだ。だが多くの利点があるにもかかわらず、国民的アイデンティティを諦める必要が出てくるかもしれない。ナショナリズムが否応なく攻撃的な敵意につながるのであれば当然、それを諦めることによる代償も受け入れなければならないだろう。ヨーロッパではナショナリズムの衰退以降、かつてないほど長い平和な時代を享受してきた。この考え方がアンゲラ・メルケル首相のような政治家にユーロなど、戦争への回帰に対する防御策としてのヨーロッパ統一のシンボルを推進させたのだ。だがナショナリズムの衰退が暴力減少の要因となったと示唆するのは、因果関係を取り違えている。暴力に対する嫌悪感が、ナショナリズムの衰退を招いたのだ。さらに重要なのは、暴力に対する嫌悪感が暴力のリスクを劇的に減らしたということだ。暴力に対する態度があまりにも根本的に変わったため、ヨーロッパでの戦争はもはや想像もつかないほどだ。

　私は、ナショナリズムが生む悪に対する防御として国民的アイデンティティを諦める必要はもうないと提案したい。共通の国民的アイデンティティが有益なら、平和な国家と安全に共存することができるはずだ。実際、北欧系の国々は間違いなくこれを実証している。それぞれの社会は臆することなく愛国心を前面に押し出し、隣国に対するライバル心もむき出しだ。この地域には、長い戦争の歴史がある。スウェーデンとデンマークはいずれも、それぞれフィンランドとノルウェーを犠牲にして長期にわたって交戦状態にあった。だが、継続的な和平にはいまや疑問の余地がない。それに、ヨーロッパの正式な協力機関が支えるその平和にも。実は、それらの正式な機関は意図せずして、北欧諸国を統一させるのではなく分割してきた。ノルウェーは欧州共同体に属していないが、ほかの3カ国は加盟している。だがこの3カ国のうち、ユーロ圏に所属しているのはフィンランドだけだ。したがって、ヨーロッパの統一機関は、これら4カ国をはっきりと三つのブロックに区分けしている。北欧諸国は、世界でもっとも高い生活水準を実現してきた。国民の高い所得だけでなく、社会的平等も、うまく機能している公共サービスも実現している。愛国心と共通のアイデンティティという感覚の貢献度は定量化できないが、間違いなくそこにある。

貧困層に対する責任感とナショナリズムへの恐怖はいずれも、社会が移民を制限する権利を有するべきかどうかをめぐる混乱に貢献してきたかもしれない。だが国から国へと移動する自由が人間の生まれながらの権利であるという主張にもっとも強い波及効果をもたらしたのは、人種差別反対運動だ。ヨーロッパとアメリカ双方における人種差別の歴史を考えれば、人種差別への反対にこれほど熱がこもっているのは驚くことではないし、いくらでも裏付けられる話だ。貧困国からの移民は移住先となる富裕国の先住人口とは明らかに人種が異なっている場合がほとんどなので、移民に反対することは人種差別に危険なほど近い行為になる。イギリスでは、1960年代におこなわれたある有名な移民反対の演説が、はっきりとこの境界線を越えてしまった。異人種間の暴力が差し迫っているということをどぎつい表現で主張してアフリカ系および南アジア系の移民に反対したこの愚かしい演説は、はるか昔に死んだ二流政治家エノク・パウエルによるものだったが、このためにイギリスにおける移民政策についての議論は40年以上も蓋をされることになった。移民に対する反対が人種差別とは切っても切れないくらい強く結びついてしまったため、広く議論することができなくなったのだ。パウエルの明らかにばかげた「血の川が流れる」という予測は議論に蓋をするだけでなく、正しいとは言い難い恐怖も定義することになった。そこに潜む多大な危険は、パウエルによれば、移民と先住人口による人種間暴力の恐れだった。この眠れる竜を起こすかもしれない行動は、どのようなものでも許すわけにはいかなかったのだ。

　このタブーがようやく破られるようになったのは2010年、ポーランドからの大量移民の結果だった。ポーランドに対するイギリスの移民政策は、その寛容さに特徴があった。ポーランドが欧州共同体に加盟したとき、加盟時の合意により、加盟国はポーランド政府が調整を終えるまではポーランド人の移民を制限する権利を手に入れた。イギリスを除く主要国はすべて、合意に従って入国規制を設ける。イギリス政府がそうしなかったのは、今後イギリスに移住を希望する東ヨーロッパ人が年間1万3000人に満たなくなるという予測を行政府が2003年に出したためかもしれない。だがこの見通しは、見事なほどに間違っていたことがわかる。その後5年間で東欧からイギリスへと実際に移住した人の数は、約100万人だった。[4]この規模の移民は、勤勉な熟練職人の流入に非常に助けられた多くの家庭（我が家も含む）には温かく迎えられたものの、主に先住人口の労働者が仕事を奪われると恐れたために広く忌避されることにもなった。歓迎派も反対派も明らかに利己的だったが、どちらも合理的に考えて人種差別主義者とはいえなかった。なにしろ、ポーランド人は白人だったし、キリスト教徒だったのだ。決定的な、そして実に滑稽な瞬間が訪れたのは2010年の選挙戦の最中、官邸スタッフが選んでお膳立てした一般市民との対談のあと、回収し忘れたマイクがゴードン・ブラウン首相の声を拾ったときだ。折悪しく、その市民は最近の移民の波について苦情を申し立てることを選んだ。ブラウンが人選についてスタッフを叱りつけ、対談相手の女性を「偏屈な女」と非難している様子が録音されたのだ。世間一般には正当とみなされている懸念とこれほどまでに意識がかけ離れた首相のこの醜態は、ブラウンの大々的な敗北の一因となった。労働党の新たな指導者が謝罪し、かつての開放政策が間違っていたと発言する。このときようやく、イギリスが人種差別を匂わせることなく移民問題について議論することが可能になったのかもしれない。

だが、そうではないかもしれない。人種というものは貧困や宗教、文化といったほかの特徴とも密接に関係しているため、これらの基準に基づく移民の制限はどれをとっても、人種差別につながるトロイの木馬とみなされる可能性があるのだ。だとすれば、移民問題について開かれた議論がおこなえるようになるのはまだ先の話かもしれない。私が本書の執筆を決意したのは人種と貧困、文化という側面を区別することが今なら可能だと判断したからにほかならない。人種主義は人種間の遺伝的な相違に対する信条であって、その遺伝的な相違には何も裏付けがない。貧困は所得の問題であって、遺伝子とは関係ない。普通の人を豊かにできるテクノロジーと並行して大量貧困が根強く存在するという事実は今の時代における恥ずべき現実であり、課題だ。文化も、遺伝的に引き継がれるものではない。文化は規範や習慣の流動的な塊であり、重要な物質的影響をもたらすものだ。人種に基づく行動の違いを受け入れることを拒否するのは、人の常識的感覚のあらわれだ。文化に基づく行動の違いを受け入れることを拒否するのは、明白なことに対する偏狭な拒否感のあらわれだ。

これらの区別の正当性を信じつつも、私の判断が間違っているかもしれないことについては強く自覚している。これから明らかにしていくが、この問題が重要なのは移民政策の影響の大部分が所得や文化の違いを生むからだ。これが人種差別につながる暗号だとみなされるのなら、その議論は少なくともイギリスでは試みないほうがいいだろう。私たちはまだ、エノク・パウエルの長い影から逃げ出せていないのかもしれない。このため、私が立てる仮説は、どこでも好きなところに住む権利は人種主義に反対する論理的帰結ではないというものだ。そのような権利はたしかに存在するかもしれないが、のちほど立ち返るが、貧困とナショナリズム、人種差別についての正当な懸念から単純に導き出されるものではないのだ。

三つの集団を思い浮かべてほしい。ひとつは移民、ひとつは母国に残された人々、そして最後に移住先の国の先住人口だ。この三つの集団それぞれに何が起こるかについての理論と証拠が必要になる。最初の集団、移民については、一番わかりやすいので最後にとっておく。移民は移動にかかる莫大な費用をまかなわなければならないという障壁にぶつかるが、それを補って余りあるほどの経済的利益を得ることができる。移民は、移住による経済的利益の一番いいところを取ることができるのだ。最新の興味深い証拠を見ると、この莫大な経済的利益の一部、あるいは見方によっては大部分が、心理的損失によって相殺されてしまうという説もある。だが、この新たな証拠が衝撃的であるとはいえ、それが示唆する影響の総体的な重要性を判断するにはまだ十分な研究がなされていない。

第二の集団、貧しい母国に取り残された人々こそ、私が本書を書こうと思ったそもそものきっかけだ。彼らは世界中でもっとも貧しい社会の人々で、この半世紀の間に、繁栄する世界の大多数から落ちこぼれてしまった。移住による人口流出は、ただでさえ逼迫しているわずかな能力をこれらの社会から奪ってしまうものなのだろうか、それとも仕送りという命綱と変化の触媒を提供するものなのだろうか？　移住が残された人々に与える影響を、完全に閉ざされた扉を基準として評価すれば、移住の結果、残された彼らの状況はずっとましになるはずだ。同じことが、もっとも貧しい社会と世界のほかの国々との移住以外の経済的交流に関しても言える。貿易はないよりあるほうがいいわけで、資本の移動は完全な金融鎖国よりもいい。そして最貧国における専制政治を基準にすれば、これはわけなく越えられるハードルだ。真面目な政策分析家であれば、そのようなものは誰も提案しないだろう。貿易や資本の流れと同様、ここで適切な基準となるのは専制政治ではなく、人口流出の加速または減速に対して現状維持を比べることだ。制御がなければ、もっとも貧しい国からの移住は加速する。すなわち、大量移住《エクソダス》だ。だが、移民政策が設けられるのは貧困国ではなく、富裕国においてだ。自国への移民の流入率を決めるにあたって、富裕国の政府は意図せずして、最貧国からの人口流出率も設定している。現在の移住は移住がまったくないよりも良いことなのはわかるが、その速度は理想的なのだろうか？ 貧困国は、移住が今よりもある程度早いかある程度遅いかによって、得られる利益が変わるだろうか？ このように提起された問題には、つい最近までは答えがなかった。だが今、最底辺の10億人の多くにとって現在の人口流出率が過剰である可能性が高いことを示す、かなり徹底した調査結果が新たに出ている。10年前、資本移動に関する政策の見直しの基礎となる、似たような学術的努力がなされた。調査研究から政策の変更までは長いタイムラグが生まれるものだが、国際通貨基金（ＩＭＦ）は２０１２年11月、資本移動の開放政策が必ずしも貧困国にとって必要な最善の政策であるとはもうみなさないと発表した。こうした微妙な評価のひとつひとつは今後も、道徳的過去から政策選好を引き出す原理主義者たちを激怒させるだろう。

最後の集団、つまり移住先の国における先住人口こそ本書の読者の大半が直接関心を持つ集団だろうと思われるので、本書でもまずそこを取り上げる。移住の規模と速度は先住人口と移民、それに先住人口同士の社会的相互作用にどのように影響するのか？ 先住人口の異なる能力や年齢層それぞれに、どのような経済的影響があるのか？ その影響は、時間の経過とともにどのように変わるのか？ 同じ基準をめぐる問題が、移民の母国に取り残された人々にとっても、移住先の先住人口にとっても発生する。妥当な基準は、移住がゼロになることではなく、現在の移住率より若干高くなるか若干低くなるかだ。答えは当然、国ごとに異なる。オーストラリアのように人口が少ない国は、オランダのように人口密度が高い国と同じ答えには行き着かないだろう。この質問に答えようと試みる中で、私は社会的効果が一般的に経済効果を蹴散らす可能性が高いと主張したい。それはひとつには、経済効果がささやかである場合が多いからだ。先住人口の中の貧窮者にとって、移住の実質的な影響はまず間違いなくマイナスなものになる。

この三つの異なる側面をめぐる長い旅路は、移住についての総合的な評価の構成要素を提供してくれる。だが説明から評価へと移るにあたっては、分析的枠組みと倫理的枠組みの両方が必要だ。移住を擁護する典型的な研究では、分析も倫理も問題を矮小化してしまう。重要な効果がすべて、同じ方向に働いているように見えるからだ。そしてその逆の効果は「賛否両論である」「ごく小さい」あるいは「短期的」と片づけられる。だが率直に分析するなら、勝者と敗者の双方が存在することを認めなければならない。そして特定の集団に対する総合的な効果を見極めることでさえ、利得を損失とどう比べるかによってかなり曖昧になる、ということを認めなくてはならない。誰かが勝者となる陰で誰かが敗者となるのなら、誰の利益が一番優先されるべきなのか？　移住についての経済的分析の大半は、明確で強力な答えにたどりつく。勝者が勝ち取るぶんは敗者が負けるぶんよりもずっと多い。だから敗者はご愁傷さま、というわけだ。金銭的所得という単純な測定基準ひとつとっても、利益は損失をはるかに上回っている。だが経済学者はたいていの場合、金銭からもっと洗練された「効用」という概念へと移っていく。そしてこの基準によって、移住による総合的な利益はますます大きくなる。多くの経済学者にとっては、その答えで問題は解決する。移民政策は、世界的な効用を高めるために設定されるべきなのだ。

第V部では、この結論に異議を申し立てたいと思う。権利は「世界的効用」などという小手先のごまかしで分解されるべきではない、というのが私の主張だ。国家は、重要かつ法にかなった道徳的単位だ。実際、成功している国家という果実こそ、移民を引きつける要因になっている。国家の存在そのものがその国民、とりわけ先住人口の貧困層に権利を付与する。彼らの利益は、世界的効用という利益を求める声によって軽視されるべきものではない。そして、移民の母国に取り残された人々は移住先の先住貧困層よりもさらに脆弱な立場にある。彼らはより貧窮しているだけでなく、移民よりもずっと数が多いのだ。だが移住先の先住貧困層とは異なり、彼らには移民政策によって権利を得られる見込みはない。彼ら自身の政府が、人口流出率を制御できていないのだから。

移民政策は移民の出身国ではなく、移住先の国の政府によって設けられる。民主的社会ならどこでも、政府は国民の大多数の関心を反映しなければならない。だが先住貧困層も最貧国に住む人々も、国民にとっては正当な懸念事項だ。したがって、移民政策を設定するにあたって受入国の政府は先住貧困層の関心と移民の関心、そして貧困国に取り残された人々の関心のバランスをうまく取る必要がある。

移民に敵意を抱く過激な外国人嫌いや人種差別主義者の集団は、移住が先住人口にとって悪いことだと主張するチャンスを見逃さない。そして当然、それが引き起こす反応もある。このような集団に手を貸さないようにと必死の社会科学者たちは、移住が誰にとってもいいことだと証明するべく全力を費やしている。これが意図せずして、外国人嫌いたちにこのような質問を投げかけさせることになった。「移住はいいことか悪いことか?」本書の中核を成すメッセージは、この質問が間違っているということだ。移住についてこのような質問をするのは、「食べるのはいいことか悪いことか?」と聞くくらい愚かだ。どちらの場合も、的を射た質問はそれがいいか悪いかではなく、どのくらいが最適か、なのだ。ある程度の移住は、まったく移住がないよりもほぼ確実に良いはずだ。だが食べ過ぎれば肥満になるのと同様、移住も過剰になってしまう場合がある。私が本書で示すのは、このまま放置すれば移住は加速し続け、過剰になる恐れがあるということだ。だからこそ、ナショナリズムや人種差別主義の恥ずべき痕跡を残さない移住制限は、すべての高所得国における社会政策のますます重要なツールとなるのだ。恥ずべきなのは移住制限を設けることではなく、その内容が不適切であることだ。転じて、これは真剣な議論を妨げてきたタブーを反映するものでもある。

本書は、そのタブーを打ち破ろうとする試みだ。タブーを破ろうとする試みの例に洩れず、そこにリスクが生じることは十分に認識している。原理主義的な正統派擁護者たちが、死刑宣告をもって待ち構えていることもわかっている。だがそろそろ始める頃合いだ。手始めに、なぜ移住が加速するのかを理解することにしよう。

第2章　移住はなぜ加速するのか

第一次世界大戦の勃発から半世紀近く、各国は国境を閉ざしてきた。戦争と大恐慌により移住は事実上困難になり、移民も歓迎されなくなっていたのだ。１９６０年代には、ほとんどの人が生まれた国で暮らしていた。だがその無移動の半世紀の間に、世界経済には劇的な変化が起こっていた。国ごとの所得の間に、大きな溝が開いたのだ。

ひとつの社会の中で見ると、所得の分布図はヒトコブラクダのこぶのような形をしている。大多数が中央付近に集まっていて、左右に伸びる2本の尻尾のうち1本がごくわずかな富裕層、もう1本がごくわずかな貧困層だ。所得の分布が基本的にはこのような形に見える根本的な統計学的理由は、偶然だ。所得を創出する過程は、人が幸運か不運かという状況が繰り返されることに依存する。幸運と不運の累積が、こぶの形を作るのだ。競馬で儲けた金をまるごと次のレースに注ぎこみ、それを繰り返していくように、幸運が倍々で蓄積していけば、わずかな富裕層側の尻尾は伸びていく。一握りの人々が、とてつもない金持ちになっていくというわけだ。この所得創出の増大作用は非常に強力で世界共通なため、地球上のどの国でも、所得の分布図はこの形になっている。

だが1960年代までに、国間の所得分布はこの形とはかけ離れたものになっていた。真ん中にこぶがあるのではなく、両端にそれぞれこぶができたのだ。専門用語では、これを「二峰性」と呼ぶ。もっと一般的な言葉で言えば、豊かな世界と貧しい世界だ。豊かな世界は、かつてない速度でますます豊かになっていった。たとえば、1945年から1975年の間にフランスの1人あたり国民所得は3倍になっている。フランスでは、この時期を「黄金の30年」と呼ぶ。経済学者たちは何がこの新たな現象を突き動かしているのか理解しようと、「成長理論」を構築した。だがその一方で貧しい世界は成長に乗り遅れ、その状態が続いている。経済学者たちは今度は「開発経済学」を構築し、このような差がなぜ生まれ、なぜ根強く続いているのかを理解しようとした。

繁栄の4本の柱

移民政策を議論する際、なぜ一部の国がこれほどまでにほかの国よりも豊かなのかというその理由に多くの問題がかかっているので、ここではこの問題に関する私の専門家としての意見と個人的意見の両方がどのように発展してきたかを簡潔に述べてみよう。開発経済学がまだ生まれたてのころ、所得の圧倒的な格差についてよく耳にした一般的な説明は、資本の遺贈額の違いだというものだった。高所得国の労働者がより生産的なのは、仕事をするために必要な資本がだいぶ多くあるからだというのだ。この説明は完全に否定されたわけではない。だが経済学が折り合いをつけなければならなくなった根本的な変化のひとつが、この資本は国をまたいで移動するようになってきたという事実だ。国から国へと、巨大な資本の流れが存在するのだ。にもかかわらず、資本は最貧国へと大量に流れていくわけではない。貧しい国はやはりわずかしか資本を持たないが、これを彼らが貧しい第一の理由だとみなすことはもうできない。彼らの資本不足と貧困の両方に共通する原因が、何かほかにあるはずだ。経済政策の選択ミス、機能不全なイデオロギー、地理的な条件の悪さ、仕事に対する後ろ向きな態度、植民地時代の負の遺産、教育の不足などがいずれも提案され、理由として検証された。その多くには裏付けとなるもっともらしい根拠があるが、どれも決定的な理由とは言い切れないようだ。たとえば、政策の選択は何もないところから生まれるわけではない。なんらかの政治的プロセスの結果としてなされるものだ。

経済学者や政治学者たちは以前にも増して、政体が編成されるその方法に焦点を当てた説明に結論を集約させつつある。政治的利益団体が、その後の選択に影響を与える永続的な制度をいかに形成するかに関心を持っているのだ。[1] この主張に影響を与えているひとつの説として、繁栄が生まれる初期の主要な条件は、税制度の構築によって政治的エリートが得をすることだ、というものがある。たとえば、歴史的に見て、ヨーロッパでは軍事支出を支える歳入が必要とされた。転じて、税制度は政府にとって経済を拡大する動機となるので、法の支配を構築する動機が生まれる。法の支配は生産的な資産が没収されることはないと国民に確信させ、投資を促す。そして投資は成長を促す。この確実な投資基盤の上にさらに各種制度の層が重なって、所得を分配する。のけ者にされたいくつもの勢力からの強い抗議により、富裕層は包摂的な政治機関に力を注ぐことを余儀なくされる。こうして、財産所有制民主主義の時代が到来するのだ。

これに関連する主張が、主な制度変化は、生産人口から利益を搾り取ろうとする搾取的なエリートの持つ政治力から、生産人口の利益を守ろうとするより包摂的な制度への移行だったとする説だ。最近の重要な研究でダロン・アセモグルとジェームズ・ロビンソンは、国王から議会へと権力を移した1688年のイングランドの名誉革命こそ世界の経済史に初めて起こったこの類の決定的な出来事で、ここから産業革命が爆発的に始まり、世界繁栄への道が開かれたのだと主張している。

このような理由付けは、政治・経済制度が決定的だとしてきた。民主制度が重要であると示唆する要素のひとつとして、指導者が変わった場合に経済発展に大きな影響が出るのは、制度が脆弱な場合だけだというものがある。すぐれた制度であれば、指導者ひとりひとりの個性によって生まれるであろう予測の難しい変動を抑えこめるからだ。(2) このため、きちんとした政治・経済制度は重要だ。高所得国は、低所得国よりもすぐれた政治・経済制度を有しているのだ。

だが、民主的な政治制度が機能できるのは、一般市民が政治家を規律に従わせることができるだけの十分な情報を得られる場合のみだ。移民政策同様、多くの問題は複雑だ。ケインズは先見の明をもって、一般市民が物語《ナラティブ》を通じて複雑さに対処することを提案している。簡単に消化できる、縮図的な理論というわけだ。(3) 物語は簡単に広まって公共財となるが、現実からかけ離れてしまう可能性もある。病気についての物語がその一例だろう。病気が魔術によるものだという物語から細菌論を包含する物語への切り替えは、公衆衛生の改善には欠かせない変化だ。ヨーロッパでは、これが19世紀後半に起こった。だが、ハイチではまだ切り替えの途上だ。大地震があってもなお、人々は病院を信用していなかった。内容によって物語は制度を支持することも、補完することも、損なうこともできる。「ドイツ人はもうこれ以上インフレを容認しない」という物語が、ドイツマルクを下支えした。だが、ユーロについては、ヨーロッパ全土に広まるような同様の物語は生まれていない。ドイツマルクと同様、ユーロには二つの財政規律から成る制度的な防衛機能が備わっている。だが２００１年の発足以来、加盟17カ国のうちドイツを含む16カ国がその規律を破っている。ユーロは、ヨーロッパ全域に広く行き渡っていた異なる経済的な物語に対して新たに共通の制度を受け入れるよう強いるという、勇敢な、あるいは向こう見ずな試みだ。だがその受け入れの速度は遅く、不確実だ。２０１２年になってもまだ、しかも27％という失業率でありながら、スペインのインフレはドイツのそれよりも高いままだったし、総合的に見ると高いインフレが長引いたせいでスペインの競争力は大きく損なわれたと言える。物語は進化するからこそ、重要なものなのだ。

ヨーロッパは異なる経済的物語の例を提供してくれるが、アメリカと南スーダンとの比較は異なる政治的物語の例を提供してくれる。クリントン大統領が選挙戦を勝ち抜けたのは、あの有名なスローガン「経済こそが重要なんだよ、馬鹿者！」のおかげだった。この心情が響く社会は、「ディンカ族はヌエル族に不当な扱いを受けてきた」(4)という物語を持つ政治制度とは異なる政治制度を採用するだろう。同様に、「海外投資イコール雇用」と考える社会が運営する国家投資庁は、「海外投資イコール搾取」と考える社会とはかなり異なるはずだ。虚偽の物語はやがて消えていくが、消滅しきるまでには長い時間がかかる可能性がある。つまり、大きな所得格差の理由のひとつは、低所得国で主流となっている物語よりもずっと機能的な物語が高所得国の制度を下支えしているからかもしれないのだ。

だが、経済行動を支配するルールの多くは非公式なものなので、分析は制度や物語を越えて、社会規範にまで拡大することができる。主要な規範を二つ挙げるとすれば、暴力と協力だろう。暴力的な社会では、法の支配がしょっちゅう覆される。一般家庭や企業は安全のために労力を費やさなければならず、できることが限られた状況では、狙われにくいように貧しいままでいることを選ぶという方法で安全を確保するかもしれない。(5)協力し合えるかどうかは、繁栄に欠かせない要素だ。多くの製品やサービスは「公共財」であって、集合的に提供するのが一番効率がいい。つまり平和と協力の社会的基盤は成長にとって重要なものであって、公式制度の直接の結果ではない。スティーブン・ピンカーは、暴力に関する規範が数世紀をかけてはっきりとした段階を踏みながらかなり劇的に進化してきたという力強い主張を展開している。(6)初期の段階は、無政府状態から力の中央集権化への移行だ。この道筋を、ソマリアはいまだに通っていない。もうひとつが、権力から権威への移行だ。これは、多くの政権がまだ御しきれていない段階でもある。より最近の段階は、他者の苦しみに共感できる能力の強化と、氏族の掟や一族の名誉の消滅で、これにより暴力の苦しみはより容認され難くなっていった。

　協力の基盤はゲームを用いた実験を通じて広く研究されていて、今ではかなり深く理解されている。協力の持続は、信頼に基づく。人がお互いをどの程度信じる気になれるかは、社会によって大きく異なる。信頼の高い社会は互いに協力もしやすく、公的機関に強制されるプロセスに依存する必要が少ないため、取引コストも低くなる。つまり、公式な制度と同様、社会規範も重要なのだ。高所得国に行きわたっている規範の下では、人対人の暴力の度合いがかなり低い。そして信頼の度合いも、低所得国のそれよりずっと高い。

　転じて、制度や物語、規範は、労働人口が生産的でいられるようにする効果的な組織を生みやすくする。典型的には、生産性の高さは労働人口のやる気と生産規模とのバランスを取れるかどうかにかかっている。経済学者たちはかなり前から、大きいことは生産的なことだと認識してきた。大きな組織は、規模の経済から利することができる。だが、やる気についての説得力がある分析がおこなわれるようになったのはつい最近だ。当然ここにはインセンティブが絡んでくるが、ノーベル賞受賞者ジョージ・アカロフとレイチェル・クラントンは、成功する組織がいかにアイデンティティを通じてやる気を出させるかについての新たな見解を発表している。効果的な企業は、生産性に貢献できるアイデンティティを身につけるよう、従業員を説得すると言うのだ。[7] アカロフの考えの中核は、「腕のいい配管工の条件は？」という質問を投げかけるところからきている。アカロフによれば、重要なのは技術的訓練や奨励給制度ではなく、配管工が「自分は腕のいい配管工だ」というアイデンティティを身につけたかどうかなのだそうだ。この一歩を踏み出した配管工は、いい仕事ができなければ自分のアイデンティティを裏切ることになってしまう。民間企業では、競争があるために組織は従業員に生産性を求めざるを得ない。アカロフとクラントンは、成功している企業が実際に従業員に対し、企業の目標を内面化するよう説得するために時間と労力を費やしていることを示す。つまり、従業員を「身内」にしているのだ。公共機関では、政治的説明責任のために組織は同様の対応を強いられる。身内になる従業員の割合が増えれば増えるほど生産性は上がり、みんなが利益を得られるというわけだ。

貧困国が貧しい理由のひとつは、国内に効果的な組織が不足しているからだ。多くは規模の経済から利することができないほど小さく、さらに多く（特に公的機関の多く）が、従業員にやる気を出させられずにいる。たとえば、多くの貧困国では教師が出勤しなかったり、機能的識字力などの基本的な技術を維持していなかったりするということが頻繁にある。そうなると国の教育水準は惨憺たるもので、これは世界共通テストの点数を見れば明らかだ。(8) このような教師は明らかに、「自分はいい教師だ」という重要なアイデンティティを身につけていない。そしてこれは一部には、彼らを雇っている組織のミスなのだ。

国の制度、ルール、規範、そして組織の組み合わせを、私は「社会モデル」と呼ぶ。高所得国間でも、社会モデルは著しく異なる。アメリカは特に強い制度や民間組織を擁しているが、ヨーロッパよりは若干公的組織が弱く、日本はそのどちらよりも強い信頼の規範を誇る。だが細かいところは違うにしても、すべての高所得国は、非常にうまく機能する社会モデルを有している。さまざまな組み合わせがうまくいくのはおそらく、それぞれの要素がお互いにうまく嚙み合うように調整されているからだろう。たとえば、制度と規範は徐々に進化し、物語や組織の状況に合わせて適応していく。だがそのような適応は、自動的におこなわれるわけではない。それどころか、繁栄へと上り詰めるのを手助けできるような社会モデルに行き着くまでに、何百もの多種多様な社会が何千年もの期間にわたって存在してきた。名誉革命でさえ、繁栄を目的におこなわれたわけではない。宗教的偏見と政治的日和見主義の組み合わせによって引き起こされただけだ。18世紀に発生したイギリスの社会モデルは複製され、アメリカで改良された。それが次にはフランスでの社会革命に影響を与え、そこから新たな制度が武力をもって西ヨーロッパへと波及していく。ここで伝えたい重要な点は、西側諸国で享受されている現在の繁栄、今ごろになってようやく広まり始めた繁栄が、避けがたい進歩の行進の結果などではないということだ。20世紀になるまで何千年にもわたって、一般市民はどこの社会でも貧しかった。高い生活水準は搾取的なエリート層の特権であって、生産的な労働に対するあたりまえの報酬ではなかったのだ。ごく最近になって成長に貢献する社会モデルを生み出したいくつかの思いがけない状況の組み合わせがなければ、この陰鬱な状態が今も続いていた可能性はかなり高い。実際、貧困国ではいまだに続いている。

高所得国の繁栄がこの土台の上にあるとすれば、それは移住にとっては大きな意味を持つ。移民は基本的に、機能不全な社会モデルを持つ国から逃げ出しているのだ。今のこの一文を読み直して、その意味を熟考してみるといい。たとえば、「他の文化に敬意を払う」必要がある、という善意に基づく信念に、ほんの少し警戒心が芽生えるかもしれない。貧困社会の文化（すなわち規範や物語）は、その制度や組織と並んで、貧困の主な原因としての疑いをかけられている。もちろん、繁栄に貢献しているかどうかという以外の基準で見れば、これらの文化は高所得国の社会モデルと同等、またはよりすぐれているかもしれない。尊厳や人間性、芸術的創造性、ユーモア、名誉、美徳などはそちらの文化のほうが好ましいかもしれないのだ。だが移民自身が、自らの足をもって高所得国の社会モデルに一票を投じている。ただし、貧困社会が経済的に機能不全に陥っていると認識することは、その社会の人々を見下してもいいということではない。人はぬるま湯のような環境の中で成功しながらでも、厳しい環境の中で奮闘しながらでも、敬意を受ける権利を勝ち取れる。だが、多文化主義の手抜きな主張には警戒するべきだ。人並みの生活水準が重視されるべきものだとすれば、この基準に従って見るとすべての文化が平等ということにはならない。

貧困国から富裕国へと移住する労働者は、社会モデルを乗り換えている。その結果、彼らの生産性は劇的に上昇する。生産性の低い社会から高い社会へと人を移動させる代わりに、機能的な社会モデルが生産性の低い社会に広まれば、同じだけの生産性向上を得ることができる。考え方が結局は決定的なのであって、それはいくつもの経路を伝って流れていく。社会はそうした考え方を拾い上げ、それによって自らを転換する。私が生きてきた間にも、そのような事例はいくつも目にした。１９７０年代のヨーロッパではスペイン、ギリシャ、ポルトガルが独裁政権を追放して民主主義を受け入れた。１９８９年にはソビエト帝国が共産主義を放棄し、この変革は世界中で反響して中南米やアフリカで軍事政権が倒される要因となった。変革の驚異的な波が、今私たちの目の前にある。「アラブの春」はチュニジアとエジプト、リビアを変革したし、今これを書いている最中にも、シリアを変えつつある。これらの変革はいずれも、民主制度という思想の可能性を示すものだ。冷戦が始まったころ、ソ連の指導者だったスターリンは、「法王はどれだけの軍隊を持っているのか？」という修辞的な質問を繰り返し投げかけていたそうだ。ソ連の軍事力が宗教的信仰を蹴散らしたということを意味していた彼のこの言葉は、その後、実に間違っていたことが証明される。考え方が、銃に勝ったのだ。スターリンを悩ませているべきだった質問は、「共産主義の社会モデルは存続可能なのだろうか？」だ。考え方の移転により、かつて貧しかった国の多くが高賃金経済へと急激に転換できるようになってきている。これで移住の必要性は減るはずで、場合によっては逆転させるかもしれない。だが、簡単に複製できる制度の青写真は存在しない。制度、物語、規範、そして組織はどこでも同じである必要はないが、これらの間の一貫性は必要だ。

商品の移動も、人の移動の代わりになり得る。実際、労働者が高賃金国へと移住することになった最初の原動力は、富裕国が貧困国からの輸入品に課した貿易制限をくぐり抜ける必要性だった。イギリスでは、ブラッドフォードとレスターに拠点を置く繊維工場を増強するために大勢のアジア系移民がまず雇われた。経済のほかの分野で賃金が上がっていたため、もうイギリス人の労働者を集めることはできなくなっていたからだ。本来なら繊維工場をアジアに移したほうが効率は良かっただろうし、実際、10年ほどのちにはそうなっている。だが繊維製品の輸入に対するイギリスの貿易障壁が、当時はその選択肢を排除していた。その結果、一時的に工場を守った貿易保護策は、アジア系移民の集団という恒久的な遺産を後世に伝えた。イギリスがしたように商品の移動を制限し、それによって人の移動を誘発することは、全体的に見るとまったく経済的利益をもたらさない。それどころか、幅広い社会的コストを生む。移住が増えるのはグローバル化の避けがたい側面だという主張がよく聞かれる。だが実際には、これは単なる手抜きの美辞麗句だ。人の移動はグローバル化のほかの側面と同じなどではまったくなく、商品や資本、考え方の移動はすべて、人の移動の代替物なのだ。

人の代わりに考え方や商品、金銭を移動させて生産性を上げることが可能な場合は、そうしたほうが間違いなく賢い。これからの100年という時間枠の中で、実際にそうなる可能性は非常に高い。だがここで念を押しておくが、移住の代替物であるこれらの移動は、私たちが生きている間に最貧国と富裕国との間の膨大な所得格差を埋めるには、あまりに速度が遅い。

所得格差が移住にどう影響するか

あの「黄金の30年」の間に富裕国が成長し、貧困国が停滞していたというのは、近代の移住の起こりを理解するためには重要な事実だ。この時代の前例を見ない繁栄は、扉を再び開こうという圧力を生んだ。完全雇用により、雇用主は労働者を必死で探し求めるようになる。また、従業員が集団で行動を起こすことをためらっていた原因である解雇の恐れがなくなったため、労働組合が拡大し、より攻撃的になった。政府はそれ自体が国の一大雇用主であるため、労働力不足に真っ向からぶつかることになったが、同時に、組合の攻撃性に伴うストライキや賃金インフレといった反発にも遭うことになる。成長への競争の中で、生活水準がずっと低い国から労働者を連れてくるのは、うまい考えのように思われた。政治的左翼は、公共サービスとインフラの拡大のために人員を募集する必要があった。政治的右翼は、まさに国民が嫌がるところで働いてくれる移民を必要としていて、それによって成長を加速させて組合の攻撃性を少しでも抑えたかった。こうして政府は移民制限を緩和し、実際に外国からの労働者を積極的に受け入れていったのだ。ドイツはトルコ人、フランスは北アフリカ人に目をつけ、イギリスはカリブ諸島、アメリカは中南米の人々を受け入れた。たとえば、アメリカは1965年の移民法で移住制限を劇的に緩和している。

扉を開いた際、富裕国は外国人が望んでその扉をくぐるだろうと確信できた。貧困国における大きな所得格差は、富裕国へと移る強力な経済的インセンティブになったのだ。だがこの大きな格差にもかかわらず、当初の移民の数は洪水のようではなく、ほんのぽつぽつと滴る程度だった。第6章で述べるが、どのような法的制限でも、国外移住をためらわせるような障害が数多くあるものなのだ。

経済学者がこの分野で使える幅広い技術をもって移住のモデルを形成できるようになったのは、ごく最近のことだ。長らく障害となっていたのは、国外移住についてのデータが悲しくなるほど乏しかったという問題だ。経済学者は理論を立てることはできても、検証ができなかったのだ。ビッグデータセットは、応用経済学における公共資本財だ。このデータをまとめようという努力には長い年月を要するために個人の研究者たちが及び腰になり、その任務は継続的に拠出される資源と公益のために働くという役目を負った国際的経済組織に委ねられた。この数年、そうしたデータセットは少しずつ出てきているが、分析に必要不可欠な材料となるであろう大規模なものを世界銀行が発表したのは、２０１２年になってようやくだった。この5年で増えた私たちの事実的知識は過去50年で増えたぶんよりもはるかに多いが、それでも、そのデータの大部分は２０００年止まりだ。

これを念頭に、国外移住を突き動かす三つの大きな要因が今ではわかっている。ひとつは、移住が所得格差に対する経済的反応であるということ。ほかの条件が同じなら、所得格差が大きければ大きいほど、移住への圧力は強まる。二つ目は、移住には経済的、法的、社会的な障害が山ほどあって、そのすべてが累積的に重要なため、移住という行為自体が投資であるということ。利益を手にする前に、まずは費用を支払わなければならないのだ。この投資費用を一番出しづらいのが貧しい人々であるため、これが大きな所得格差による移住への圧力を相殺する効果を生む。貧困国の人々が絶望的なほどに貧しいことが理由で所得格差が大きいのなら、移住したいという彼らの願いはかなえられず、不満が募ることになる。現在わかっている三つ目の大きな要因は、母国から先に移住した先輩移住者（ディアスポラ）がいると、移住にかかる費用が大幅に緩和されるという点だ。(9) すでに移住している移民のネットワークの規模が大きくなるほど、移住にかかる費用は低くなる。(10) つまり、移住率は格差の大きさと母国の所得レベル、そして先発移住組の規模によって決まるというわけだ。この関係は加法的ではなく乗法的で、格差は大きいが先発移住組が少ない、あるいは格差が小さくて先発移住組が多いという例では、いずれも移住の規模は小さくなる。規模が大きくなるかどうかは、大きな所得格差が大規模な先発移住組、それに母国のそれなりの所得レベルと相互作用を起こすかどうかによって変わってくる。

１９７０年代までに富裕国と貧困国の格差はおぞましいほどに開いていたが、そのころに「黄金の30年」

が終わりを迎え、富裕国の成長率が鈍化した。急速な成長のバトンは徐々に、東アジアを皮切りに開発途上国へと引き継がれていく。1980年代までには人口の3割を占める中国とインドの成長が加速し、1990年代には中南米、そして2000年に入ってからはアフリカも成長を続けている。だが所得格差が最初の時点で十分に大きかったのなら、貧困国が富裕国よりも急速に成長したとしても、絶対的な格差が広がり続けるかなりの期間が生じるはずだ。人口当たり国民所得が富裕国では3万ドルで、貧困国では2000ドルだったとしよう。貧困国は10％の成長率で、富裕国は2％にとどまっているとする。成長率で言えば二つの国は急速に近づきつつあるが、絶対的な所得格差は1年で2万8000ドルから2万8400ドルへと広がっている計算だ。移住における投資利益率を金額で見ると、移住は魅力を失うどころか、ますます魅力的になっている。加えて、貧困国での所得の増加は、移住にかかる初期費用がまかないやすくなってきたことを意味する。複合成長率は、やがて効果を発揮する。貧困国が富裕国よりも急速な成長を維持できれば、いずれは所得の絶対的格差が縮まりはじめ、追加される所得が移住がまかなえるかどうかにほとんど影響しなくなってくる。だが格差が大きなところから始まると、成長率と所得格差収縮の時間差は非常に長い。中国は今ようやく、富裕国との絶対的な所得格差が狭まり始めるかもしれないというところまできた。だが低所得国と富裕国との絶対的な格差は、今後何十年も広がり続けるだろう。加えて、低所得国では、所得があまりに低いため、移住にかかる費用が今でも莫大なままだ。所得が増えれば、移住への投資がまかなえるのに、だ。つまり、貧困国がいずれは追いつくだろうという楽観的な見通しがありはするものの、今後数十年は所得格差は大きいままであり、それが移住への強いインセンティブとなり、実際移住は増えている。

移住はディアスポラを生み、ディアスポラが移住を推進する。どちらがニワトリでどちらが卵なのだろう？　これに関してだけは、謎はない。20世紀、富裕国が貧困国からの移民に国境を閉ざしていた長い期間のため、1960年ごろには大きなディアスポラはなかったことがわかっている。1960年以降、ディアスポラが腰を据える前段階として移住があった。初期のディアスポラは大きな所得格差にもかかわらず取るに足りない数で、国境が開かれてもごくわずかしか移住しなかった。移民を受け入れてくれる先発組がまだいなかったため、移住にかかる費用が高すぎたのだ。

所得格差とディアスポラとの相互作用は、衝撃的ながらもわかりやすい力学を生む。移民の流入《フロー》は、格差に加えて、どれだけの移民がすでにいるかによって変わるのだ。移民の数の蓄積《ストック》につれてあとに続く移民の流れも増えるため、格差が一定であれば、移住は加速する。経済学者は、常に均衡を探す。拮抗する力がバランスをとって、システム全体が静止状態にある地点を求めるのだ。移住のシステムが静止状態になるには、二つのはっきり異なる形がある。移住率が加速せずに一定になるか、あるいは、静止状態をもっと学問的に言えば、国と国の間での人の純フローが止まるということだろう。この所得格差とディアスポラの単純な相互作用のプロセスが、いずれかの均衡をもたらすことはあるだろうか？

均衡が必要ない理由

所得格差を一定とすると、移住の加速が止まるのはディアスポラの増加が止まったときだけだ。移住は常にディアスポラに増員を送りこんでいるので、ディアスポラの規模を減らす相殺的なプロセスがなにかしらなければ、その増加は止まらない。ディアスポラは理解しやすい概念だが、測定するのはやっかいだ。通常、測定にはたとえばその国に住んでいるがそこで生まれたわけではない人の数などの代数変数を用いる。だがディアスポラの妥当な概念はその出自ではなく、行動によって定義される。移住率にとって重要なのは、新たな移民と関係があり、彼らを支援することができる人の数だ。その意味では、ディアスポラからの脱落率は移民の死亡率ではなく、文化や義務感の伝達によって変わってくる。私は移民の孫だが、エルンスバッハからイギリスに移住したいと願う人の役に立つことは一切できない。祖父があとにした美しい村には一度戻ったことがあるものの、そこの人々とも、イギリスにいるほかのドイツ人の子孫たちともなんらつながりを持っていない。つまり、私はディアスポラではないのだ。だが、移民のほかの孫たちの中には、そういう意味でディアスポラに属している者もいる。

ほとんどの社会において、ディアスポラの境界線は曖昧になっている。多くが移民としての過去に片足を、主流の未来に片足を突っこんだ状態だ。だが分析目的では、現実にできるだけ即した明確なカテゴリーや形式化されたプロセスを作っておくほうが便利なことが多い。そのためには完璧な描写の精度を犠牲にして、相互関係が示唆するところを理解させてくれる単純さを選ぼう。そこで、毎年ディアスポラの一定割合が主流に切り替わっていくという過程を経て、まだ吸収されていなかったディアスポラが徐々に主流社会に融合していく定型化された社会を想定する。この切り替えのプロセスは、さまざまな形を取る可能性がある。移民が単に自分の残してきた社会への関心を失ったり、疎遠になったりするのかもしれない。私の父がしたように、移民の子どもが今暮らしている社会の一員として自分を再定義するのかもしれない。あるいは、長い時間を経て、移民家族の子孫が母国から精神的に切り離されていくのかもしれない。切り替わっていくディアスポラの割合は、年ごとに高かったり低かったりするだろう。この割合を、「吸収率」と呼ぼう。たとえば、毎年ディアスポラ100人のうち2人が主流社会に吸収されるとすれば、吸収率は2%になる。

吸収率は、移民がどこから来たか、そしてどこに来たかによって大きく異なる。政策によっても異なる。この影響については第3章でもっと徹底的に議論しよう。だがここでは、吸収率へのわかりやすい影響をひとつだけ紹介する。吸収率は、ディアスポラの規模に直接左右されるのだ。

規模は重要な要素だ。ディアスポラの一員が先住人口と交流すればするほど、現地社会に融合する速度は速くなる。だがそのディアスポラの一員は先住人口と交流しつつ、ディアスポラの他のメンバーとも交流するだろう。ディアスポラの規模が先住人口と比較して大きければ大きいほど、そのディアスポラの一員の先住人口との交流の割合は小さくなる。これは、人間が処理しきれる交流の総数には現実的な上限があるからだ。通常、純粋な対人関係の上限は150人程度と言われる。[11] つまり、ディアスポラの規模が大きければ先住人口との社会的交流は少なくなり、したがって吸収率は鈍化する。注記しておきたいのは原則として、ここに相殺効果があるということだ。ディアスポラが大きくなると、先住人口と交流するディアスポラの数が増え、先住人口がディアスポラの文化をより急速に吸収していく。だがディアスポラは常に少数派であり続けるので、典型的なディアスポラの一員は、典型的な先住民がディアスポラと交流するよりも多く先住民と交流する。こうして双方向に吸収の機会が継続的に存在すると、吸収のプロセスは主に、移民の順応を通じておこなわれることになる。ディアスポラの規模が増加すれば先住民による順応が増えるが、これが移民の順応率の減少を相殺する可能性は低い。[12] ここで重要なのは、ディアスポラが増えれば増えるほど、吸収が遅くなるという事実だ。

モデルの導入

これで、移住の力学を理解するために必要な構成要素三つがすべて揃った。最初の要素は、移住がディアスポラの規模によって決まるというものだ。ディアスポラの規模が大きければ大きいほど、移住はしやすくなる。二つ目は、移民がディアスポラに加わる一方、主流社会への吸収によってディアスポラは減るということ。三つ目は、吸収率はディアスポラの規模によって決まるということ。ディアスポラの規模が大きければば大きいほど、吸収は遅くなる。次は、この三つの構成要素を組み合わせてみよう。直観的な天才なら、手助けなしにこれができるだろう。だが私たちの多くは手助けが必要で、モデルというのはそのためにある。

モデルは有益な手法だ。その利点は、手助けなしに直観で理解できる範囲を超えた複雑な疑問への明確な答えを提供できることだ。モデルは、そのような直観的理解に取って代わるものではない。ともすれば見落としてしまいがちな点を把握する手助けをしてくれる足場を提供するものだ。この特定のモデルがどのように機能するかを説明する一番簡単な方法は、図にすることだろう。図は明快で、難しいなりに多くの見識をもたらしてくれる。本書のところどころで新たな見解を示すために図を用いるので、ちょっとだけ集中して見てほしい。すべての図は、ある空間を示している。ほとんどの人が、横（水平軸）に時間、縦（垂直軸）に失業率などの重要な数字が記された図を新聞などで見慣れているだろう。図2―1は、トンガからニュージーランドへの移住率が縦軸に、ニュージーランド国内におけるトンガ人ディアスポラ（ニュージーランドにすでにいる、まだ吸収されていないディアスポラとその子孫たち）の規模が横軸に記されたものだ。

では、移住がディアスポラの規模によって決まるという最初の構成要素を思い描いてみよう。当然、移住はほかの要素によっても決まる。所得格差がそのひとつだ。だがここでは所得格差を一定に保っておいて、ディアスポラと移住だけに焦点を当てることにする。たとえば、ニュージーランドのような移民受入国と、トンガのような移民の母国を思い浮かべ、トンガからニュージーランドへの移住率がニュージーランドにおけるトンガ人ディアスポラの規模によって変わるということを思い浮かべてみてほしい。すると、図のM―M′のような線が見えてくるはずだ。ディアスポラがまったくなくても、多少の移住はある。所得格差に誘発されて一部の人が移住するからだ。だがトンガ人ディアスポラが増えれば増えるほど、トンガからの移住の速度は上がっていく。この関係には名前をつけておいたほうが便利なので、経済学に敬意を表して「移住関

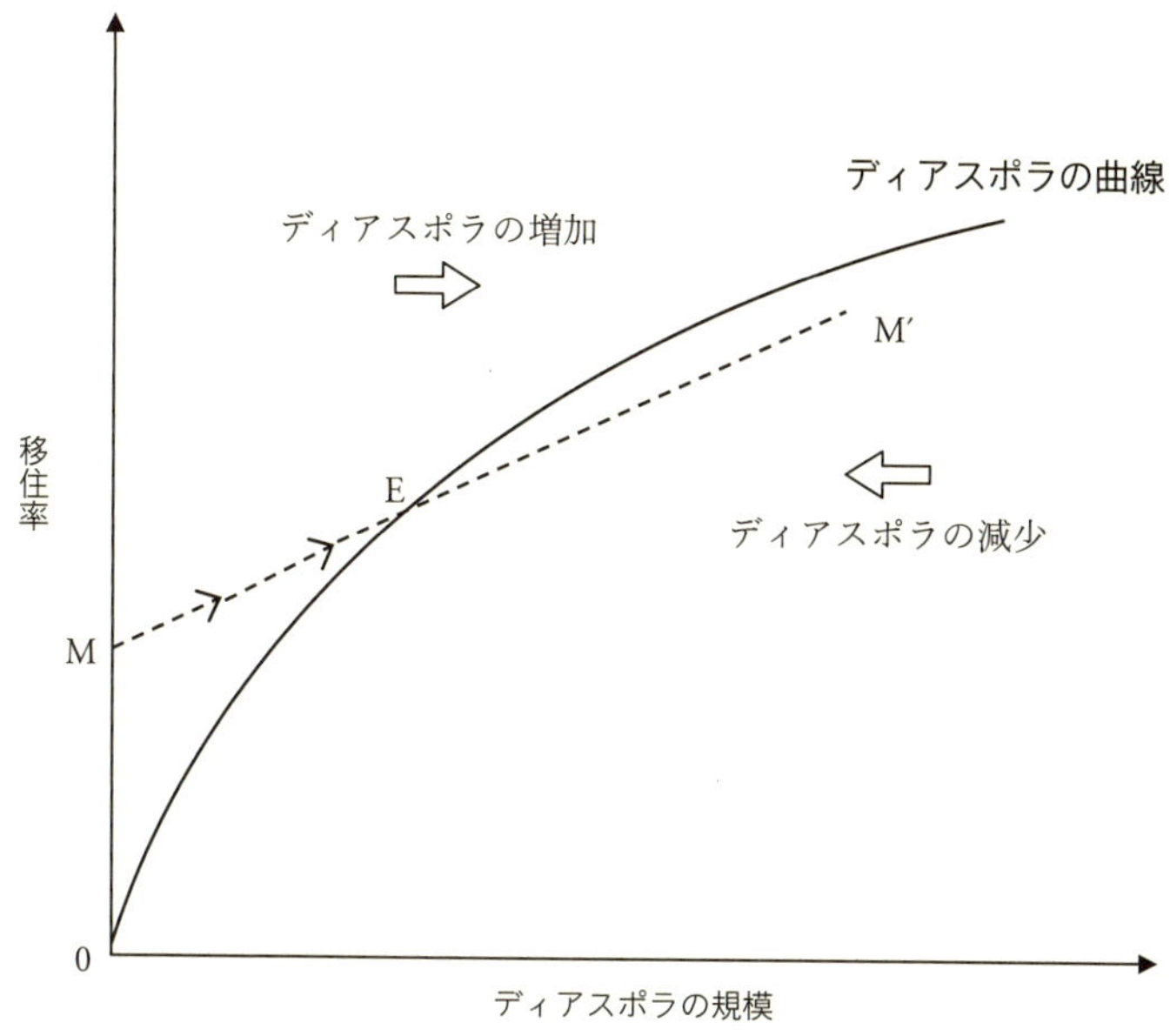

図 2-1　ニュージーランドにおけるトンガからの移民の受け入れ

数」と名づけるが、「移住を支援するディアスポラ」と呼んでもいい。実際に示しているのはそれだけだからだ。

次は、二つ目の構成要素に目を向けよう。ディアスポラへのフローの出入りだ。移住の流入と、吸収による流出とが同量になるディアスポラと移住の組み合わせはどのようなものだろう？　明らかに、ディアスポラに加わる新たなトンガ人移民の数がディアスポラではなくなる過去のトンガ人移民とその子孫たちの数と合致したときにだけ、ディアスポラの数は一定に保持される。さらに、ディアスポラが一定でなければ移住も一定にはならない。トンガ人ディアスポラが増えているから、トンガからの移住も容易になり、移住が加速することになる。

移住とディアスポラとのさまざまな組み合わせが、ディアスポラの規模を一定に保っている。たとえば、トンガ人ディアスポラのうち毎年2％が離れていくとしよう。ニュージーランドのトンガ人ディアスポラが3万人だとすると、毎年600人分の席が空くことになる。つまり、そこへ新たに600人のトンガ人移民がやってくれば、ディアスポラは一定に保たれる。吸収率と移民の数とのこの関係が示すものはシンプルだ。トンガ人ディアスポラは、移住率の50倍に達するまで蓄積し続けるということだ。

ディアスポラを一定に保つディアスポラと移住の組み合わせからは、「ディアスポラ曲線」が割り出される。それはどのようなものか？ ひとつはっきりとしていることがある。ディアスポラも移住もなければ、ディアスポラはゼロのまま一定に保たれる。だから、曲線の線の片方は図の角にあるわけだ。(13)「曲線」の左側にいくと、ディアスポラは小さいので、吸収によって生じた空席が新たな移住と同数にならない。したがって、ディアスポラは増えていく。「曲線」の右側ではディアスポラは減っている。図の中に矢印で示したこれらの変化は、経済学者がもったいぶって「動学《ダイナミクス》」と呼ぶものだ。

まとめると、出来上がった図は移民がディアスポラによる支援を受けていること、そしてディアスポラが移民によって供給を受け、吸収によって減少していることを示している。最後の構成要素は、吸収率がディアスポラによってどう決まるかを示している。ディアスポラが大きければ大きいほど、ディアスポラ内での社会的交流も増え、したがって主流社会への吸収率は鈍化する。吸収率はディアスポラ曲線の「傾き」だ。(14)吸収が遅ければ遅いほど、曲線は平らになる。そしてディアスポラが大きくなればなるほど、なお平らになっていくのだ。

ここでも、直観的な天才なら、三つの異なる力がどのように働くかを知るのにモデルは必要ないだろう。だが、モデルがあったほうが話はわかりやすい。トンガからニュージーランドへの移住率がどこで落ち着くかを実際に予測することができるし、トンガ人ディアスポラの将来的な規模も予測できる。もちろん、この予測はトンガ人移民がディアスポラの規模にどう反応するか、そしてトンガ人の主流社会への吸収率がディアスポラの規模によってどう決まるかに応じて変わる。モデルは、そこに投入される数字以上にはならない。だが、これらの関係がどのように関係しているかを教えてくれるのだ。

図を一見すれば、均衡点がどこになるかがすぐにわかる。線が交差する点だ。この点に到達するとディアスポラに刺激されたトンガ人の移住は吸収率と一致し、ディアスポラの数が一定に保たれる。所与の所得格差に対して移住率も一定に保たれ、トンガ人ディアスポラの規模は変わらない[15]。

そこはただの均衡点ではなく、変化の力が否応なく社会をそこへと導いていく点だ。移住が始まるまで、ニュージーランドにはトンガ人ディアスポラは存在しなかった。つまり、移住はM地点から始まるということになる。そこから、ディアスポラは増えていく。それにつれて移住がしやすくなり、加速する。移住とディアスポラがお互いに燃料となり、共に移住関数の線に沿って進んで行く。だが増える移住率と拡大するディアスポラは、無限に続くわけではない。移住がディアスポラ曲線の地点に到達すると、それ以上の変化は起きなくなる。ディアスポラが、吸収によって生じた空席が移住による新規参入で埋められるくらいまで拡大したということだ。移住とディアスポラは爆発的な相互加速によって増えるが、やがて燃料が切れて、どちらも安定するのだ。

ここで紹介したトンガからニュージーランドへの移住は、まったく仮定の話だ。この国の組み合わせに関する移住関数やディアスポラ曲線の実際の形はわからないし、それがわかる人がいるかどうかもあやしい。同じ仮定分析の精神をもって、所得格差がもうちょっと大きな国の組み合わせを選んで図を少しいじってみよう。21世紀のトンガとニュージーランドではなく、今度は1948年にカリブ海からイギリスへと最初の移民を連れてきた船、ウィンドラッシュ号へと目を向ける。第二次世界大戦と1930年代の大恐慌という

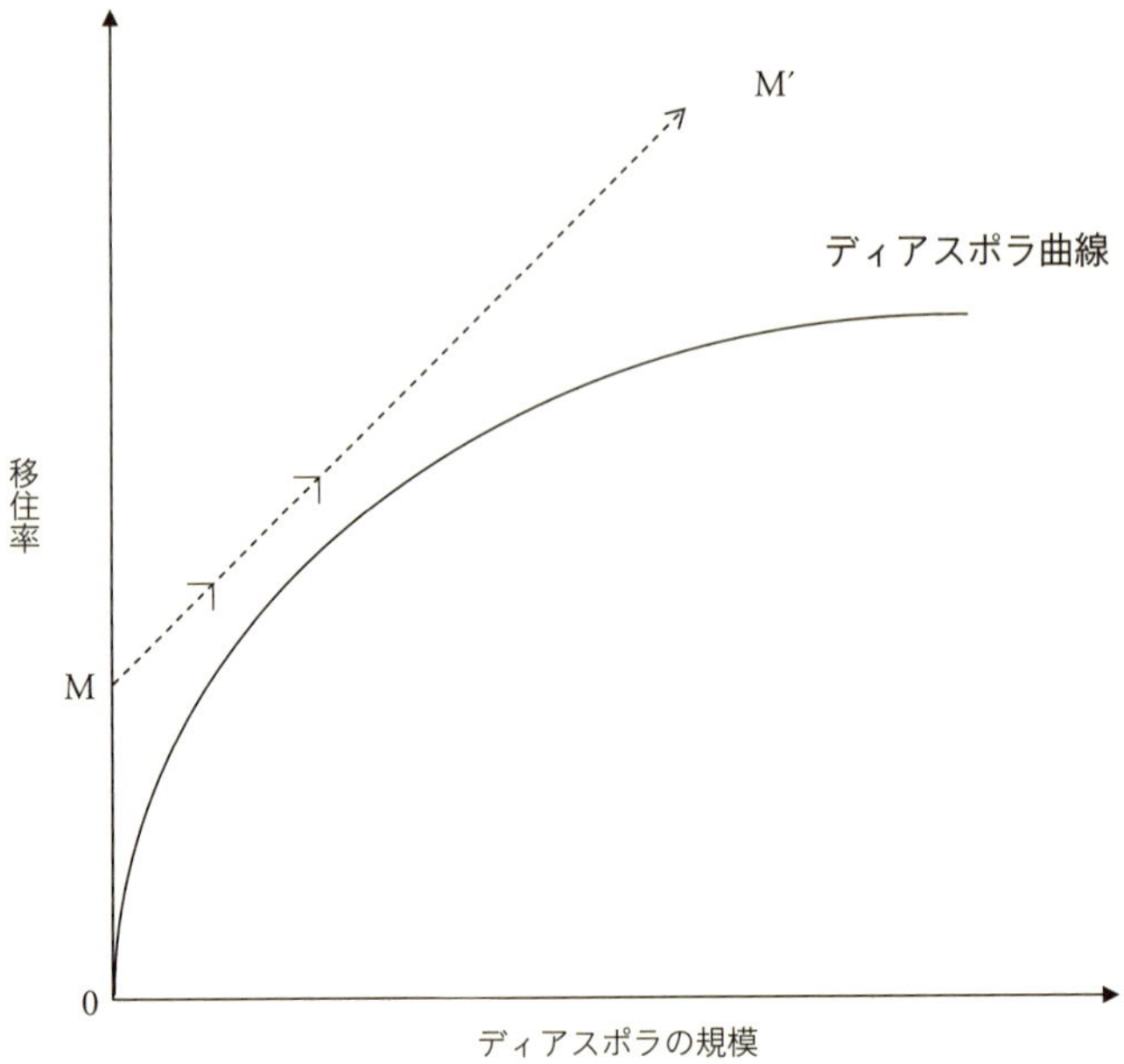

図 2-2　イギリスにおけるカリブ海からの移民の受け入れ

障壁が取り除かれると、移住へのインセンティブはあまりにも強力になり、こちらの移住はトンガからニュージーランドへの移住よりもはるかに大きくなった。これを図2―2に示すと、移住関数は上に移動していることがわかる。ディアスポラのどのような規模に対しても、移民の数のほうが多いのだ。この変化による影響はさほどないように思えるかもしれないが、結果は劇的に違うものだ。先ほどは移住関数とディアスポラ曲線が交差していたが、今度は接触していない。それが意味するところは、均衡が存在しないということだ。移住は加速し続け、ディアスポラは蓄積し続ける。

ここではトンガからニュージーランドへの移住とカリブ海からイギリスへの移住を、プロセスを説明するための定型化された例としてのみ使っているということは強調しておきたい。実際のカリブ海からイギリスへの移住が均衡に達していないと言っているわけではない。加速し続ける移民への強まる反発に懸念を覚えた1968年に、イギリス政府が移住率に制限を課したため、移住が無制限のままだったらどこまで展開したかはもう知りようがない。

だが、モデルの本当の価値は何が起こったかを示すことではなく、政策の変化を含む仮想の状況の効果を予測するために使えるところにある。このモデルは第5章と第12章で移民政策を分析する際にも使う。これを使えば、後手後手の政策がなぜ有害になる傾向にあるか、そしてもっといい代替案があることが示せる。

均衡の第一義、すなわち移住率が安定する地点についてはこのくらいにしておこう。第二の意味、人の純フローが止まる地点は、所得格差が排除されたときにしか発生しない。私が描き出したシステムは、人のストックとフローの簡単な相互関係だ。過去の移民というディアスポラの中のストックと、新たな移民というフローだ。この簡単なストック－フロー・モデルは、ありとあらゆる文脈に共通する。移住にざっくり類似した典型的なストック－フロー・システムは、異なる水位の二つのタンクの間の水の流れのようなもので、水の流れが自ずと、少しずつ水量の差を埋めていく。一方のタンクの水量が増え、もう一方のタンクの水量が減るのだ。移住が受入国の所得を押し下げて母国の所得を押し上げたなら、現在の移住の文脈にもこれがあてはまる。世界的な移住による莫大な所得を予測するための簡単な経済モデルも、まさにこの性質を持っている。移民が、均衡装置なのだ。移動の障壁がなければ、移住は所得の均衡が取れるまで続くだろう。その状態に到達したら、移民たち自身がだまされたように感じるかもしれない。母国に残った人々も自分たちと同じくらい稼げるようになって、はるばる移動してきたのは無駄足だったということになるからだ。受入国の先住人口は負けるわけだが、自分が損をしても、それ以上に誰かが得をしたのだと思えば少しは気が楽になるのではないだろうか。19世紀に起こったヨーロッパから北米への移住の影響、あるいはエルンスバッハからブラッドフォードへの移住の影響として、これはそう悪くない第一近似だ[16]。中西部が拓かれていくと、移住した小規模農家の移民たちはヨーロッパの故郷で耕していたよりも大きな土地を手に入れることができるようになった。中西部が人で満たされ、ヨーロッパの人口が減っていくと、土地の広さは徐々に均等化していく。いずれ、ドイツの農民シュミットは、アイオワの農民シュミットと同じくらい稼げるようになるわけだ。だが、繁栄と近代先進経済に乗り遅れた国からの移住についての分析としては、この単純なモデルは役に立たない。近代の移住は土地を求めての旅ではない。効率を求める旅なのだ。

以降の章で見ていくが、移民の受入国と母国双方における所得に移住が与える影響は弱く、曖昧だ。しかも、移住が加速したとはいえ、その数は受入国でも母国でも、もともといる労働人口のストックに比べれば少ない。つまり、フィードバックの仕組みは小さな変化に依存しており、この仕組みが生み出す反応は弱いということになる。貧困国から富裕国への移住は、所得格差を埋めるのにたいした影響を与えられない可能性が高い。

事実とそれが示唆するもの

ここまでで、強い含意を持ちしっかりとした基盤に立ついくつかの事実に到達した。最初の事実は、貧困国と富裕国との間の所得格差がおぞましいほどに開いており、世界的な成長のプロセスは今後何十年もその格差を大きいまま維持するということ。二つ目は、移住ではこの格差を著しく縮められはしないということ。その理由は、フィードバックの仕組みが弱すぎるからだ。三つ目は、移住が続くにつれ、ディアスポラが数十年にわたって蓄積するということ。こうして所得格差はしぶとく残る一方、移住はどんどん容易になっていく。ここでの含意は、貧困国から富裕国への移住は確実に加速するということだ。予見可能な未来に関して言えば、国際的な移住は均衡には到達しない。私たちは、壮大な規模での不均衡の始まりを観察してきたのだ。

移住の加速は、集計データを見れば明らかだ。全体的に見て、移民の世界的なストックは１９６０年の９２００万から、２０００年には１億６５００万にまで増えている。だがこの全体的な増加は、その内訳に重要な変化があったことを覆い隠している。富裕国から貧困国への移住は、わずか数百万人に縮小した。富裕国間の移住は頭打ちだ。ヨーロッパ内の移動は増えたが、ヨーロッパから新世界への移住が減って相殺されている。この期間、富裕国間では貿易と資本の流れが著しく増加したことに注目してほしい。グローバル化が不可避的に移住の増加につながると言っても、富裕国内ではそのようなことは起こっていないのだ。開発途上国から別の開発途上国への移民ストックの移動は、６０００万から８０００万へと微増した。２０００万以下だったのが６０００万以上へと爆発的に増加したのは、貧困国から富裕国への移住だ。さらに、その増加率は10年ごとに加速している。最大の増加は絶対数でも比率でも１９９０年から２０００年の10年で、世界的なデータは今のところそこで止まっている。２０００年から２０１０年はこの加速が続くと考えるのは、理にかなった予測だろう。

移住が加速するにつれて、高所得社会は移住規制を締め直すという対応を取った。これは主に、移住の加速が高所得経済の成長鈍化と同じタイミングで起こったからだ。「黄金の30年」が終焉を迎えたのだ。移民政策が緩和されたころに2%にまで落ちていた失業率は8%まで上昇し、そのまま減ることはなかった。失業率の増加は移民によって引き起こされたものではなかったが、国境を開かせた明白な主張を排除する結果となり、代わりに国境を閉ざそうという一見明白な主張を生む。国によって異なる政策の実施時期や経済サイクルの違いによって、一部の国が政策を引き締めるのと同時に別の国では緩和するということも起こった。

アメリカで大きな緩和がおこなわれたのは１９６５年のことだ。そしてイギリスが最初に引き締めをおこなったのが１９６８年だった。オーストラリアは１９６０年代は移住にかなりの補助を出していたが、１９９０年代までにはかなり締めつけを厳しくした。

だが、最初に国境を開きだしたのが短期的な政治のご都合主義に過ぎなかったのと同様、その後の引き締め政策もまさしく、移住のプロセスに対する理解もなければ熟考を経た倫理的な立場に基づくものでもなかった。移民政策はこそこそと、恥ずかしげにおこなわれた。あきれたことに、移民政策が有権者の政策優先度のランキング内で急上昇していくと、主流政党はこの問題を避けてとおるようになった。このころまでにはおおむね移民賛成派になっていた左翼の立場は「問題を軽く見て、できるだけ多くの移民を受け入れて、それが成長を促進しているように見えた。一方、おおむね移民反対派になっていた右翼のほうは、「曖昧に移民に反対していると主張」しているが、人種差別主義者と関連づけられたくないためにはっきりとは言わず、成長を鈍化させることは何ひとつしない」ように見えた。自然は空虚を忌み嫌うものだが、それは政治的日和見主義者たちも同様だ。主流政党が残した空白は、すぐさまグロテスクな集団で埋められていった。人種差別主義者、外国人嫌い、サイコパスたちが、主流政党の沈黙にますます懸念を覚えるごく普通のまともな市民を聴衆としていく。これまで、過激政党を抑えこんでいた唯一の要素は小選挙区制の投票制度だった。アメリカとイギリスでは、この投票制度では第三党が生き残ることは難しく、過激政党が力を得ることはなかった。だがもっと包括的な投票制度を採用している事実上すべての国では、移民反対だけを掲げる単一争点政党が、いまや驚くほど高い得票率を獲得している。移民政策についての主流政党による分別ある議論がおこなわれるどころか、過激派の出現によって主流政党はおびえてこの問題から逃げ出してしまった。あなたはこれを普通の人たちの大罪と見るだろうか、それとも主流政党の大罪と見るだろうか？　私は、後者と見る。ヨーロッパ諸国の一部では、正しいにせよ間違っているにせよ、母国が直面するもっとも重要な問題と有権者がみなす案件について主流政党がきちんと議論してくれないからという理由で、先住人口の有権者のうち約5分の1がはみ出し政党に票を無駄遣いしているという事実は、悲惨としか言いようがない。

では、移民政策についての率直な議論では、何について話し合われるべきだろうか？　まず、私が本章で述べた三つの主な項目のように、公平に収集された事実に基づいているべきだ。もちろん、項目はほかにも数多くあり、そのいくつかはこの先の章で紹介していく。これらの事実に基づいて、次は移民制限の倫理問題についての開かれた話し合いがおこなわれるべきだ。すべての制限が先見的に考えて倫理的に違法なのであれば、移住はここ数十年で私たちが経験してきたよりもはるかに高い割合で増えていくだろう。合法であれば、需要圧力の大幅な増加に直面することになる。だからこそ、管理の原理や仕組みがますます重要になっていくのだ。

第II部

移住先の社会——歓迎か憤りか？

第3章　社会的影響

この第Ⅱ部では、将来の移住が受入国の先住人口にどのような影響を与え得るかを検討する。この一文の中にあるキーワードは、「将来」だ。私は基本的に、「移住の結果は良かったのか悪かったのか？」という質問には興味がない。どうしても答えろというなら「良かった」側に寄るだろうが、その質問は妥当ではない。ここでちょっと、あり得ない状況を想像してみてほしい。正しい答えが「悪かった」だと想定しよう。だったとしても、まともな人間なら誰も、移民とその子孫を残らず国外退去にするべきだなどとは主張しないはずだ。現代の高所得社会において、大量追放など考えもよらない。だから、「移住の結果は良かったのか悪かったのか？」が明確でまったくもって有意義な質問だとしても、それは「自分が生まれるべきだったと思うか？」と聞くくらい見当違いなのだ。私が最終的に突き詰めたい質問は、仮定的なものだ。移住が実質的に増加するのであれば、受入国の先住人口にはどのような影響を与えるだろう？　第2章で示したとおり、移住は効果的な管理がなければ加速し続ける。だから、これは仮定ではあっても、妥当な質問だ。考えの方向性を定めるために私のざっくりとした回答を示すなら、それは移住の影響が逆U字型になるというものだ。つまり、緩やかな移住は利益をもたらし、大量の移住は損失をもたらすということだ。したがって重要なのは良いか悪いかではなく、「どのくらいが最適なのか?」だ。そこから展開して、「どのくらい?」という質問への答えは、移民が先住社会にどれだけ急速に融合していくかによって異なるという議論もしていきたい。

第II部は受入国の先住人口におよぶ影響についてのものだから、一部の経済学者が、この質問に答えようと試みることはもちろん、質問を投げかけること自体根拠のない話だと考えていることは認めるべきだろう。経済学においてもっとも一般的に用いられる倫理的枠組みは「最大多数の最大幸福」という、功利主義的なものだ。移民のような世界的な問題にあてはめると、シンプルながらも目を見張るような答えが導かれる。総合的に見たときに、移住によって世界が利する限り、受入国の先住人口に何が起こるかは重要ではない、という答えだ。この道徳的指針、すなわち功利主義的世界論者は経済学的分析においては標準的だが、ほとんどの人の考え方とはまず相容れない。この点については、のちほど戻ってくる。この質問を投げかけることに対するもうひとつの反論は、移住の増加を経済学的に擁護しているマイケル・クレメンスが示しているが、それは「「我々」とは誰なのか?」[1]というものだ。クレメンスは、何世紀か先の未来から見たときに、「我々」は現在における先住人口と移民双方の子孫を指すことになると主張する。彼にとって妥当な質問は、移住が彼ら子孫にとって長期的な利益を生むかどうかだ。これから見ていくとおり、このような将来を想像することは役に立つ場合もある。だがここでは、巧妙なごまかしのように思える。主張の限界を知りたければ、それをとことんまで突き詰めてみるといい。たとえば、まったく仮定の話だが、大量移住のために先住人口のほとんどが国外へ流出してしまったとする。だが残った者たちは移民と婚姻関係を結び、その子孫は幸せに暮らすことになる。この結果を事前に知っていたら、先住人口は、大量移住が利益にならないという合理的結論に至るかもしれない。この一見利己心のようなものを入国規制へと転換させるのが正当かどうかは、移住の自由が世界的な権利かどうかによって決まるのだ。

これと関連する主張が、すべての先住人口は彼ら自身、過去の度重なる移住によって生まれた雑種であるというものだ。これがあてはまるかどうかは、国によって大きく異なる。当然のようにあてはまるのが19世紀の移住を経験した、北米と南洋州《オーストラレーシア》だ。イギリスは島国なので、先住民族が全員、いずれかの時点で入ってきた移民の子孫であることは明白だ。だが20世紀半ばに入るまで、この国の人口内訳は驚くほど安定していた。ＤＮＡ研究の最近の進歩によって、今では性別ごとの遺伝的特徴がたどれるようになっている。息子、父、祖父、そして娘、母、祖母というようにだ。そしてわかったのは、現在のイギリスを占める人口のうち約70％が新石器時代以前、つまり紀元前４０００年よりも前からイギリスに住んでいた人々の直系の子孫だという驚愕の事実だった。[2] 以来、イギリスの人口は定期的な移民の波によって充実してきた。新石器時代の文化と技術は、移民によってもたらされた可能性がかなり高い。アングロサクソン系とノルマン系の移民の子孫が英語という言語を生み、その多文化的な起源が比類ない豊かさを持つ語彙を創り上げた。ユグノー〔16—18世紀フランスのカルヴァン派〕やユダヤ系移民は、商売に重要な刺激をもたらした。だが６０００年以上にわたるこれらの移住は、全体を見ると明らかにごくささやかなものだ。安定にはそれなりの意味がある。つまり、これほど長い期間の中では、繰り返される婚姻関係の結果として、現在子孫が生存してさえいれば大昔の人間は誰でも、今イギリスに住んでいる先住人口すべての祖先にあたるという事態が起こるのだ。この考え方に沿えば、先住人口は文字通り、全員が同じ歴史を共有していることになる。王も女王もその農奴も、皆等しく私たちの共通の祖先なのだ。これに関して、イギリスが例外だとは私は思わない。だが当面の問題は、先住人口自身がはるか遠い昔の移民の子孫であるという事実が、現在の移民を制限する権利を奪うのかどうかというものだ。梯子を上るという幸運に恵まれた者は、その梯子を引き上げるべきではない。だがこれが移民について用いる適切なたとえかどうかは、文脈によって異なる。イギリスにやってきた新石器時代以前の人々は、無人の大地に腰を据えた。世界中のほかの大地に最初に住みついた人々も同様だ。彼らは現代の移民の動機となるような、すでに確立された社会との所得格差を利用したわけではない。実際、最初に人間が住みついてから何千年も、ヨーロッパは世界のほかの地域よりたいして繁栄しているわけではなかった。初期の入植者たちは梯子を上らなかった、だから彼らの子孫は梯子を引き上げることができないのだ。

だがここでは、移民に対する規制が非人道的かどうかという問題をいったん脇へ置いていただきたい。受入国の住人が自分たちの利益を守るために移住を管理する道徳的権利を有しているかどうかはともかく、彼らは現に、そうする法的権利を有している。出国を制限する法的権利を主張する政府はほとんどないので、世界的な移民の流れに対する規制はすべて、最終的には受入国の住人から見た利益によって決められる。だが、高所得国は民主主義であるにもかかわらず、彼らの移民政策は先住人口の有権者の意見を反映していない場合が多い。たとえばイギリスでは人口（移民を含む）の59％が、今すでに移民は「多すぎる」と考えている。それでも、長い目で見ると、民主的国家において先住人口は彼ら自身の利益になるとみなす場合にしか移民を認めようとしない。

さて、難しい話は抜きにして、先住人口に対する移民の影響はどのようなものだろう、そしてその影響は規模によってどのくらい違ってくるのだろう？　幸いにも、これについては最近かなりの研究がおこなわれている。経済学者として当然、私はまず経済的な影響から調べてみた。しかし、移民問題に関しては経済的影響が明白である可能性は低いことにすぐ気づいた。移民問題の賛否両側から聞かれる主張にもかかわらず、総合的な効果は小さい可能性が高いことを示唆する証拠が見られる。ほとんどの社会において、移民政策は経済的影響を基準に決めるべきではない。なので経済的影響よりもまずは社会的影響を先に検討し、そのあとで二つを組み合わせて評価してみようと思う。

相互共感

移民の社会的影響は、移民が受入国の社会にどうかかわっていくかによって異なる。極端な例では、純粋に労働力としてしか扱われず、それ以外のいかなる側面でも社会に参加することを許されない場合もある。いくつかの国がこの手法を採用していて、その国にとっての影響は純粋に経済的なものだ。だがほとんどの国で移民は単なる労働力ではなく社会の一員となるので、さまざまな形で他者と交流していく。移民は、社会の多様性を増す。ある意味、これは有益なことだ。多様性の増加は多様な変化も生むため、刺激と選択肢も増やしてくれる。だが、多様性は問題も増やす。これは近代経済において、幸福が「相互共感」とでも言うべきものによって大きく向上させられるからだ。

「相互共感」という言葉で私が意味しているのは、相互尊重よりも強いものだ。同情や、善意に基づく仲間意識に近いものを指す。相互「尊重」は、全員がお互いに敬意を持った距離を維持することで実現する。「ディスらないでくれよ」という、社会の不干渉だ。一方、相互「共感」は、社会の繁栄に欠かせない二種類の行動を支える。

ひとつは、成功している者があまり成功していない者へと富を移転する意志だ。このような移転はかなり政治化されて自由至上主義《リバタリアニズム》と社会主義《ソーシャリズム》の間のイデオロギー対立に仕立て上げられてしまいがちだが、本来は人がお互いをどう見ているかというところに根本がある。ここで私が言うのは、地球上のどこかほかのところにいる誰かの幸福をどう計測するべきかではない。そのような経済学に共通の功利主義的な考えではなく、私たちが社会の他の一員をどう見るかであり、その延長として、自分が所属する社会として認識しているものの限界をどう定義するかだ。相互共感あるいは同情は、自分が属するコミュニティの恵まれていない一員に対する絆や連帯といった感情を呼び起こす。

相互共感が経済的影響を左右するもうひとつの重要な方法は、助け合いを通じてだ。助け合うことで、人は純然たる市場プロセスだけではうまく供給されない公共財を提供できるようになる。助け合いは信頼によって向上するものだが、非現実的にならないためには、信頼が返ってくるという合理的な前提に裏打ちされていなければならない。合理的な信頼の基盤は、社会が相互共感によって特徴づけられているという理解だ。人がお互いにある程度の同情心を持っているから協力的な行動が返されるという前提に立つのは、理に適っている。

このような助け合いの成果は、脆弱な場合が多い。イギリスでもっとも一般的な公的制度は、国民保健サービス（ＮＨＳ）だ。ＮＨＳに必要なのは一見、助け合いよりも課税を通じた富の移転への意志のように思えるが、実際には両方が必要となる。その文書化されていない慣習のひとつが、小さな間違いに寛容でいる意志だ。この慣習が近年廃れてしまったため、ＮＨＳの予算のますます多くの部分が賠償請求によって食いつぶされている。賠償請求が一般的になってしまえば、間違いの被害者となった人々がその見返りに金銭を求めないのは非現実的だということになる。だが、これでは間違いなく、資金を受ける医療の質が下がってしまう。さらには、ＮＨＳが自らの間違いを認めなくなり、したがってそこから学ぶということもしなくなるという結果も生じる。寛容が訴訟に取って代わられるのも、助け合いによる脆弱な均衡が崩壊した例だ。

多様性の増加がもたらす利益と相互共感の減少がもたらす損失との相殺は、それぞれの社会がこなさなければならない仕事だ。だがひとつ、それなりに明確な原則がある。多様性の増加がもたらす利益は、収穫逓減の法則にあてはまる。つまり、消費のほとんどの場合と同様、余分な単位が作られればそのぶんだけ余剰利益は減るということだ。一方、相互共感の減少がもたらす損失は、助け合いが不安定になる予見不可能な閾値を超えるとまず間違いなく急激に増加する。助け合いのゲームが脆弱なのは、やりすぎれば崩壊するからだ。もっとこじゃれた言葉で言うなら、均衡は局所安定にすぎないのだ。つまり、中程度の移住は総体的な社会的利益をもたらすが、急速な移住の継続は大きなコストを生むリスクがあるということだ。本章では、これらの潜在的リスクを実証していく。

相互共感——信頼と助け合い

実験的経済学の研究を通じて、今では何が助け合いの結果を持続させるかがわかっている。ある意味、助け合いの成功はちょっとした奇跡だ。みんなが助け合っているなら、どんな目的であれ、自分ひとりが助けなかったとしても達成されるはずだ。だったら、どうして助けるというコストを自分が負わなければならないのだろう？　完全な助け合いの成果の周辺では、ひとりひとりがタダ乗りしたいという強い動機を持っているため、助け合いは不安定になるのがあたりまえだ。助け合いの持続は、実は単なる博愛主義の広まり以上の何かに依存している。ここで欠かせない材料は、一苦労をいとわない人が十分にいるはずだという認識だ。その一苦労とは、助け合いをしない人を罰することだ。現代社会のほとんどにおいて、人々は他人の行動について判断を下すことにますます後ろ向きになってきている。だが博愛という心安らぐ側面は、不屈の精神を持って判断を下す一握りの人々に支えられている。懲罰にはコストがかかるので、人は博愛精神だけでなく、タダ乗りする人々に対する道徳的な憤慨を内面化しなければ懲罰を与えようとはしない。助け合いの成果が脆弱なのは、人々が懲罰を敬遠すると、助け合わないことが合理的な戦略になるからだ。非協力を罰する人々が演じるヒーローの役割は、転じて悪玉誕生の可能性を生む。小物の悪役は助け合わない人々だが、ボス級の悪役はヒーローを罰する人々だ。ここでもやはり、懲罰にはコストがかかるので、ヒーローを罰することで体系的に満足を得られる状況は、助け合いを邪魔する人々に対してではなく、助け合いを強要しようとする人々に対して道徳的憤慨を感じる人々がいるときだけだ。このように道徳観念のねじが飛んだような人が、どうしているのだろう？　考えられるのは、一部の人は思想的に助け合いに反対で、個人こそすべてだと信じているため、助け合いを強要しようとする人間はすべて自由の敵だと思っているというものだ。だがそれよりも可能性が高いのは、一部の人が実際には懲罰を受けてもおかしくないことをしているにもかかわらず、懲罰を自分の尊厳に対する攻撃だとみなしているというものだ。さらに言えば、なかには、タダ乗りをしておきながら他人に対する非常に強い絆を感じているため、罰する側に対して憤る人もいるだろう。

信頼と助け合いは、自然に発生するものではない。これは、文明によって損なわれる「高潔な野蛮人」の始原的属性ではないのだ。ジャン゠ジャック・ルソーはとんでもなく間違っていたことになる。証拠はまったく逆を示している。家族を越えた信頼と助け合いは、近代の繁栄した社会の中に蓄積する機能的態度の一環として身につけられる。貧しい社会が貧しい理由のひとつは、この態度が欠けているからだ。アフリカに関する二つのめざましい最新の研究が、いかに信頼の欠如が浸透してきたかを示している。ひとつは、歴史学者たちがここ数十年で成し遂げた、アフリカの遠い過去を再構築するという忍耐強い作業を基にしている。歴史学者たちはこれまでに、１６００年以前に起こった部族間の暴力的な紛争を80件以上記録してきた。ティモシー・ベズリーとマルタ・レイナル゠ケロルはこれらの紛争すべてを独自の空間座標で区分けして、近代の紛争と相関関係があるかどうかを調べた(3)。すると、相関が驚くほど深いことがわかったのだ。４００年以上前の暴力が、現在も不気味なほど根強く残っていた。では、どういう仕組みでこのようなことが起こったのだろう？　研究者たちは、この伝達装置の役割を果したのは、時代を経ても響き続ける暴力が生んだ信頼の欠如だと見ている。非協力は、独自の道徳規範によって強化される。不当行為には不当行為で報復する、血の復讐《ヴェンデッタ》だ。報復行為は、部族を基準とする社会ではあたりまえの考え方だ。歴史的に見ると、部族は社会組織のもっとも一般的な形で、貧困国の多くでは今もそうだと言える。(4) スティーブン・ピンカーが述べているが、報復行為が強化されるのは不当行為が体系的に被害者によって誇張され、加害者によって矮小化されるからだ。最初の不当行為の被害者が正当化されるとみなす報復行為が、その報復行為の被害者から見ればまた新たな不当行為に映る。(5) この独得な道徳規範がまるごと放棄されなければ、報復行為は終わらない。このような変化の典型的な例が、19世紀に西ヨーロッパで決闘が消滅したことだ。文化的革命が起こって決闘がばかげて見えるようになったため、おこなわれなくなったのだ。

アフリカについてのもうひとつの新たな研究は、奴隷貿易の遺産に目を向けたものだ。部族間の紛争が部族と部族の間の信頼を崩壊させるのに対して、奴隷貿易は部族の中での信頼を破壊した。人々が自分の家族の一員を奴隷商人に売り払うことがしばしばあったのだ。ネイサン・ナンとレオナルド・ワンチェコンは、数世紀前の奴隷貿易の激しさがいかに現代の乏しい国民所得に反映されるかを示している。(6) ここでの伝達装置もやはり、根強い信頼の欠如だった。

私がよく知る社会のうち、信頼の度合いがもっとも低いのはナイジェリアだろう。私にとってナイジェリアは、刺激的で活気に満ちた国だ。この国の人々は前向きだし、ウィットに富んでいる。だがナイジェリア人は根本的に、かなり強烈に、お互いを信頼していない。信頼が非現実的だった社会が何十年も、あるいは何百年も続いた結果生まれたのが日和見主義で、それが今では人々の日常に根差している。日和見主義は、貧困を反映しているわけでもない。ナイジェリアで私がいつも泊まるホテルは、客の誰ひとりとして貧しくはないようなランクだ。だが客室にはしばしば、このような注意書きが見られる。「名誉あるお客様へ。ご出発の前には、この部屋の備品すべてを当方の在庫リストと突き合わせて確認させていただきます」。こうしておかなければ、名誉あるお客様たちが備品を持ち逃げするということをホテル側は学んでいるのだ。この社会の日和見主義のもっと深刻な側面は、ナイジェリア人が生命保険をかけられないという点にある。これは、関連職の人々の日和見主義の結果、わざわざ死ななくても死亡証明書が金で買えるようになったからだ。保険金を受け取るのに良心の呵責よりも高額な棚ぼた利益のほうが大事だと考えるナイジェリア人の間で、これは一時期かなり流行した。だがその数が増えるにつれ、生命保険が基盤としていた脆弱な慣習が崩壊する。ここでの根源的な問題は明らかに、医師が職業規範を守らないということにあった。

信頼の度合いが社会によって大きく異なるのであれば、助け合いを要するゲームで人々が選ぶ戦術も異なるはずだ。これこそまさに、実験を通じて最近検証されたことでもある。[7] 研究者のチームが、16カ国の大学生に標準的な実験室条件で同じゲームをプレイしてもらった。すると、一部の国では悪玉がとんでもなく大量に出てくることがわかった。ヒーローがタダ乗りするプレイヤーを罰すると、それに対する怒りの反応として、ヒーローが逆に罰せられるのだ。そこで研究者たちはこうした行動の違いが、学生の住む国の観察可能な特徴と体系的に関連しているかどうかを調べた。直接的には、行動の違いは社会資本、言い換えるなら信頼の違いに関連していた。だがこれは、法の支配の違いと解釈することもできる。法の支配が弱い国では、人々は日和見主義で人を信用せず、助け合いのゲームでは悪玉になる傾向があった。法の支配に関するこのような違いは、氏族の名誉に対する忠誠心に基づく道徳規範の違い、そして善き市民という啓蒙主義的概念に基づく道徳規範の違いにまでさかのぼることができるのではないかと私は考えている。超悪玉は啓蒙主義の基準に従って良心の呵責を覚えるべきだったのだろうが、彼らは氏族への忠誠心という観点から見れば道徳的に行動しているのだ。だからといって悪玉の潔白が証明されるわけではないことには注意してほしい。

道徳的相対主義は、経済的絶対性という緩衝剤にぶつかる。信頼は、繁栄にとって貴重な社会的助け合いを促進するものなのだ。

移民の文化

そういうわけでタダ乗りに対する相互共感、信頼、そして道徳的憤慨はすべて、公正な助け合いの社会を下支えする。これが移民にどう関係するのか？　移民は自分たちの社会で作られた人的資本を持ってくるだけではない。自分たちの社会の道徳規範も持ちこむのだ。したがって、当然のように、ほかの社会に加わるナイジェリア人移民は他人を信用せず日和見主義になる傾向がある。文化的行動の違いについての古典的研究で、レイ・フィスマンとエドワード・ミゲルが、ニューヨークで外交官が支払う駐車違反の罰金を比較した。(8) 調査対象期間中、外交官たちは罰金を法的に免除されているので、支払いを拒否することを躊躇させる唯一の要素は彼らの倫理基準だった。フィスマンとミゲルは、外交官の取った行動が国によって大きく違っただけでなく、一般的な調査で測定されたそれぞれの国の腐敗度合いで説明できることを発見した。外交官たちは、自国の文化も持ちこんでいたのだ。この研究では、ニューヨークに馴染むことで外交官たちが徐々に現地の行動基準を吸収していったかどうかも調べている。この場合、腐敗度が低い国の外交官たちの間ではすでに不払いの割合が低いわけだが、ほかの外交官たちの行動も徐々にそちらへ偏っていくかどうかということだ。だが、実際に起こったのは逆の現象だった。腐敗度が高い国の外交官は相変わらず罰金を無視し続け、そして腐敗度が低い国の外交官が罰金を支払わないようになっていったのだ。この結果に対するもっとも合理的な解釈は、外交官たちがニューヨーカーの行動基準を吸収したのではなく、外交官コミュニティの規範を吸収したというものだ。駐車違反の罰金に対する態度は出身国の文化だけではなく、社会的再分配も反映している。ヘールト・ホフステードが、国ごとの幅広い文化的差異を体系的に測定しようと試みている。(9) 彼の測定結果は、殺人件数など、観測可能な行動における合理的にうまく測定された差異と相関している。つまり、どれほど不愉快であろうとも、社会的行動の重要な側面には大きな文化的差異が組みこまれていて、移民が自国の文化を持ちこむのは事実だということだ。

どのような社会でも、人は家族に対しては相互共感を持ち、通常は地元のコミュニティに対してもそうだ。だが高所得社会の明白な特徴として、その相互共感がもっと大きな集団、具体的には同国民に対しても働くというものがある。したがって、たとえばフランス人は同胞と助け合ったり資源の移転をおこなったりする意志がナイジェリア人よりも強く、これが、フランスをナイジェリアよりもずっと裕福で平等な国にしたさまざまな制度や規範を下支えしている。相互共感についてのこのような違いは、遺伝的なものではない。大昔のフランスは、ナイジェリアのようだった。だがフランスは数々の知的革命を経て、人がお互いをどう見るかを少しずつ変えていったのだ。

そうすると移民の影響は一部にはその規模、そして一部には彼ら移民が受入国社会に存在する信頼の規範にどのくらい早く順応するかによって変わってくる。イギリスで開業しているナイジェリア人医師は現地の医師の規範を身につけるのか、それとも外交官のような自己参照グループのままでいるのか、あるいは極端な場合、ナイジェリアの慣習を保持し続けるナイジェリア人医師の流入が多いため、生命保険の例のように助け合いの習慣が崩壊していくのだろうか？　どの高所得国でも、移民はこれまでに助け合いのモザイク画を大きな危険にさらしてきたのではないかと私は疑っている。だが、私は過去の移住について評価しようとしているわけではない。現在観察可能な関係から、今後の継続的加速によって考え得る影響について予測しようとしているのだ。

移民とその子どもたちが新しい社会の規範を身につけるようにできたかどうかは、国によって異なる。一番成功した国のひとつは、アメリカだ。アメリカで育つ子どもはほぼ例外なく、アメリカの価値観を身につける。だがヨーロッパではまったく逆だ。実際、その証拠が今は山のように見られる。移民の子どもたちはその親以上に、現地の文化に順応することに抵抗を示す。一部の移民集団の子どもたちは、自分の周りで主流となっている国民的アイデンティティとは異なる自己意識を身につけたいようにさえ見える。人は誰しも、複数のアイデンティティを持っているものだ。会社員としての自分、家族としての自分、市民としての自分。移民もほかのみんなと同じように、そうやって複数のアイデンティティを持てばいいだけの話のように思える。だが、それらのアイデンティティのバランスをどう取るかが、彼らの行動に影響を与える。たとえば、非常に興味深いある実験では、アジア系アメリカ人女性に数学のテストを受けさせたのだが、最初に彼女たちにアジア人というアイデンティティ、または女性としてのアイデンティティを強調して伝えた。するとアジア人というアイデンティティを印象付けられた女性は、女性としてのアイデンティティを印象付けられたときよりも大幅に高い点数を取ったそうだ。[10] 企業レベルでのアイデンティティの経済的重要性についてはすでに議論した。[11] 移民に限った話ではないが、型にはまらないながらも共通しているのが、自己改善力だ。移民は、自分や子どもたちにとってもっとも向上心が強い人々の中から自ら手を上げてやってきた。そうやって、住み慣れた土地を離れることを選択したのだ。チャンスをつかもうというこの態度のため、彼らは飛び抜けて優秀な労働者になる。そして、移民とその子どもたちは、別のアイデンティティを保持することが個人の成功にとって障害になるとは考えない可能性がある。これを裏付けるのが、ドイツに住むトルコ系二世の移民に関する新たな研究だ。[12] ドイツは当初、トルコ人移民を一時的に訪れている短期労働者として扱い、その後多文化主義戦略を採用した。当然だが、移民一世も二世も、ドイツの主流社会には融合していかなかった。これを受けて、メルケル首相は最近になって多文化主義を「完全な失敗」と評している。つまり、移民がどのくらい早く融合していくかという尺度で言えば、ドイツは明らかにかなり低いほうの端にいるということになる。この研究では、ドイツ人アイデンティティを選んだか、トルコ人アイデンティティを選んだかによって、トルコ系二世の移民の教育や就職における成功の度合いに違いがあるかを調べた。手法として用いられたのは、移民が育った環境で使われていた第一言語がドイツ語とトルコ語のどちらだったかを辿るというものだ。この言語は親が選択したものになるが、これが子どもの身につけるアイデンティティに強い影響を与えた。トルコ語を第一言語として育った子どもは自分をトルコ人と考え、ドイツ人としてのアイデンティティを持つ割合は低かった。だが、その後ドイツ語が流暢に話せるようになりさえすれば、その後の教育や就職で差が出ることはなかった。つまり、移民自身が別のアイデンティティを保持することで損をするわけではないということだ。だが社会の一員として移民がその国のアイデンティティを拒絶するのであれば、それはよそ者でいることを選んだという意味になる。それは学校や職場といった行動が限定される空間ではあまり大きな問題にはならない。だが社会全般の行動が無制限な空間において、助け合いという非公式ながらも全国的な制度と再分配を政治的に支えるという意味では、問題になるかもしれない。それが高所得社会の明確な特徴だからだ。

若者がアイデンティティを身につけるプロセスは、まだ十分に理解されていない。つい最近まで、経済学ではその疑問を検討すらしなかった。人の嗜好は単に所与のもので、行動の決定要因は人が直面するインセンティブだった。しかし、社会科学における最近の中核的な洞察では、人は他者の行動を模倣すると言われている。これには、どうやら深い神経学的基盤があるらしい。１９９０年代半ばに、自らが行動を起こしたときと他人が行動を起こすのを見たとき、いずれの場合でもミラーニューロンが活動することが判明した。(13)

事実上、模倣は神経学的に見ればデフォルトの選択肢だ。行動の模倣を避けるような動きは、ミラーニューロンを上書きする意図的な判断を要する。だからと言って私たちが他者の行動の奴隷だということにはならないが、実験心理学によると、私たちは気味が悪いほど暗示にかかりやすいそうだ。無礼な行為を観察した被験者は、自らの行動も無礼になった。老人の特性について考えるように指示された被験者は、無意識にゆっくり歩くようになった。若者の行動は単に遺伝子や教育、インセンティブからのみ来るものではない。身近なロールモデルとして目にするものに強く影響されるのだ。では、身近なロールモデルとは何なのだろう?

ロールモデルの中には、ほかよりもかなり身近なものがある。ロールモデルに似た考え方が、ステレオタイプだ。この二つは規範的な含意こそ異なる――ロールモデルは良いもの、ステレオタイプは悪いものという意味合いが示唆される――が、既成のアイデンティティであるという考え方は共通だ。ステレオタイプという考え方から、悪いものという意味合いを剝ぎ取ってみよう。別の、重要な特徴が出てくるはずだ。ロールモデルは通常、特定の個人だ。たとえば、父親は息子の手本となる場合がある。だが、ステレオタイプは文化の産物だ。それは顔見知りという個人的な輪の中でしか認識されない個人ではなく、文化の一員である全員に受容され得る一般的なロールモデルなのだ。この意味で、「腕のいい配管工」という考え方はステレオタイプだ。腕のいい配管工を構成するすべての行動要素を特定する必要はない。それは、その概念を持つ社会ならどこでも、すでに出来上がっている。ロールモデルとステレオタイプの間で中途半端にぶらさがっているのが、セレブリティだ。セレブリティは個人なのでロールモデルになり得るが、文化の一部でもあるので、その文化を共有する誰にとっても受容され得る。典型的には、文化はセレブリティを「等身大の人間」としてではなく、一部の特徴が強調された風刺画として描き出す。セレブリティは事実上、ステレオタイプとしても機能し得るロールモデルなのだ。

ポップカルチャーは、簡単にダウンロードできるステレオタイプのメニューだ。ポップカルチャーに影響されず、エキセントリックな自己を確立して育つ若者もいるだろう。だが大半は既成のアイデンティティをダウンロードしてそれを生き、おそらくは定期的にアイデンティティを入れ替えていく。これが、行動が形成される過程についての妥当な描写だとするなら、公共政策は二つのまったく異なる方法で行動に影響を与えることができる。過去1世紀の間に用いられてきた従来の手法は、インセンティブを通じたものだった。たとえば、喫煙などの社会的に害となる行為には課税をし、育児のように社会的に有益な行為には補助を与えるようなことだ。だが、インセンティブを通じて行動に影響を与えられる範囲はきわめて限定されていることがしばしば証明されてきた。誰かが犯罪者のアイデンティティをダウンロードしてしまったら、社会的に有害な行動を避けさせるようにインセンティブが働きかけられる場合はほとんどない。行動を形成するもうひとつの方法が、ダウンロード可能なステレオタイプのメニューに手を加えることだ。これにはもちろん賛否両論あるが、例を挙げるなら、メディアを通じて暴力行為を繰り返し見ていると、暴力行為に対する抵抗が少なくなるという証拠はいくらでも出てくる。

これが、移民にどう関係するのだろうか？　いま私たちの手元には三つの、一見無関係のように思える考え方がある。ひとつ目が、相互共感だ。これは助け合いを支える信頼と再分配を支える共感にとって、非常に重要なものだ。非常に大きな集団の中では信頼と共感の習慣は自然に生まれるものではなく、繁栄を実現しようというプロセスの一環として育まれる。貧困国からの移民は、新しい社会で他人を信頼し、共感するという前提をあまり持たずにやってくる場合が多い。二つ目は、アイデンティティだ。人が身につけるアイデンティティは、その行動にとって重要だ。多くの人が、文化の中からステレオタイプをダウンロードすることでアイデンティティの一部を身につける。そして三つ目は、移民が身につけるアイデンティティだ。最近の重要な研究では、渡米したヒスパニック系移民の公益のために協力しようとする意志の変化について研究者チームが調査した。これは移民が自分のアイデンティティ、そして自分が取り巻く社会からどの程度除外されているかと考えているかの違いを調べるというものだ。この研究の革新的なところは、他人に対する態度を引き出すために設計された従来の実験室型ゲームに、現実世界で身近にある公共財、たとえば、地元の医療機関や教育機関などに対する態度も含めていた点だ。すると、移民が自分をどのように見ているかによって、公益に協力し、貢献しようという意志が左右されることが顕著に示された。移民が自分をアメリカ人ではなくラテン系と自己認識すればするほど、貢献度は低かった。この研究でとりわけ現実的だったのが、英語の流暢さが重要だという点だ。家庭で英語を使う頻度が高ければ高いほど、アメリカ人としてのアイデンティティは強かった(14)。この研究は新しいもので、ヨーロッパで同様の研究がおこなわれたという話を私は知らない。だが、アメリカの移民は、国民的アイデンティティを身につけることへの抵抗が増加しているように思われるヨーロッパの移民よりも、国民的アイデンティティを身につける傾向にある。妥当な推測としては、ヨーロッパへの移民は社会に浸透した信頼を、アメリカよりもはるかに時間をかけて身につけていくということが考えられる。

移住、信頼、助け合い

信頼の度合いが低い人々の集団が大きくなると、安定を乱す影響がある。助け合いの精神ではなく日和見主義を選ぶ人々が蓄積すれば、ほかの人々が助け合いの精神を発揮し続けることに意味がなくなってしまうかもしれない。助け合いが成功する上で欠かせない要素は、助け合いに参加しない人を罰する意志がある人が十分にいることだ。だが助け合いよりも日和見主義を選ぶ人の圧倒的大多数が移民だった場合、懲罰は人種差別と曲解されがちで、そのため懲罰を選ぶ人がますます躊躇するようになる。さらに、移民グループ内のほかの移民が日和見主義に対する懲罰を自分たちの集団全体に対する差別と解釈し、助け合いを強要して懲罰を与える集団に逆に懲罰を与えるようになるかもしれない。助け合いのゲームの中で、助け合いをもっとも効果的に破綻させるのが彼ら「超悪玉」だということを思い出してほしい。

残念ながら、これらの懸念が単なる仮説ではないことを示す証拠がある。ロバート・パットナムはハーバード大学有数の社会科学者で、「社会資本」という概念に関しては世界でも第一線にいる研究者だ。膨大なアメリカ人のサンプルを用い、パットナムは信頼に対する移民の影響を調査した[15]。彼の調査結果のひとつは、心配になるような内容ではあるが、現実には一般的なものだった。コミュニティ内の移民の割合が大きくなればなるほど、移民と先住人口間の相互信頼の度合いは低くなる。言い換えれば、近くにいるほど相互理解が進むどころか、相互疑念が高まるということだ。この関係は広く研究されていて、パットナムの調査結果は似たようなほかの調査の大部分と一致している。

だが、パットナムはさらに心配になるまったく新しい結果を発表した。コミュニティ内の移民の割合が大きくなればなるほど、信頼の度合いは移民と先住人口間だけでなく、それぞれの集団内でも低くなるというのだ。高レベルの移住が低レベルの信頼と関係づけられたのは、純粋にコミュニティ内の先住人口間だけだった。助け合いをはぐくむのに信頼が重要であることからも予想できる通り、低い信頼はさまざまな形で助け合いの減少となって現れた。パットナムはこの効果を、「閉じこもり」と呼んでいる。移民率の高いコミュニティに住む先住人口が引きこもり、他人を信頼しなくなり、社会活動に参加しなくなり、友人を減らし、テレビばかり見るようになるのだ。今、私はパットナムの調査結果をまるでコミュニティ内の移民の割合と信頼の度合いに単純な相関関係があるかのように説明した。本当にそうだったとしたら、彼の研究には統計的な反論がごまんと押し寄せるだろう。だがパットナムは非常にプロフェッショナルな研究者で、自らの調査結果に考え得るさまざまな誤った説明を慎重に調査し、制御した。社会科学はすべて論議を呼ぶもので、パットナムの調査結果が多くの社会科学者にとって政治的に受け入れがたいものだったため、彼の調査に多くの疑義が投げかけられることは避けようがなかった。その中には誤解を招くようなものもあるが、かといって無視するべきではない。パットナムは自らの調査結果に明らかに居心地の悪さを覚えながらも、こう言っている。「多様性が提示する社会的連帯への挑戦という現実を政治的に正しい進歩主義が否定するとすれば、それは不幸なことだ[16]」

パットナムの分析の大きな限界は、彼自身認識していることだが、それが静止画だということだ。時間の経過に伴う変化を追跡していないのだ。だからといって調査結果が無意味だというわけではないが、移民が今ほど助け合いに害を与えないようにするものは何かということを分析するのにこのデータは使えない。手元にあるのは、移民が先住人口の社会資本を切り崩すことを示すふんだんな調査結果だ。残念ながら、少なくともアメリカにおいて、その影響はかなり強力だ。個別のコミュニティレベルでは、移民の割合が大きければ大きいほどその影響は強く現れる。集団の中でも社会資本が多様性によって減少するという結果は目新しいものだが、コミュニティにおける民族的多様性が助け合いを阻害するというもっと一般的な結果は、さまざまな文脈で見ることができる。明らかに、民族性の際立つ特徴は遺伝的ではなく文化的なものだ。はっきりとした民族性は、はっきりとした文化的アイデンティティの代用となる。その重要な例は、最終的に遺伝的差異が無関係だということを証明している。バークレーのエドワード・ミゲルがおこなった研究では、基本的な公共財の提供、具体的には村の井戸の維持について、ケニアの地方で調べている[17]。ケニアには約50

の異なる民族集団があるため、その民族的多様性によって村の形態も大きく異なる。ミゲルは、多様性が大きな村のほうが井戸を維持するために助け合う能力が低いことを発見した。これについては重要な展開があるので、第11章でまた立ち戻ろう。

パットナムも私も、移民がもたらした現在の多様性が助け合いを著しく危険にさらしたと言っているわけではない。重要なのは過去の移住を非難することではなく、多様性のさらなる増加がもたらし得るリスクを認識することだ。逆説的ではあるが、ヨーロッパの相互共感が高い社会は、アメリカで歴然としている相互共感の低い社会よりも大きなリスクにさらされているかもしれない。移住の歴史が大きく異なることを考えると、ヨーロッパ諸国がアメリカよりももっと団結しているのは当然のことで、彼らの規範はこの強い団結を反映している。パットナムの調査結果は、アメリカにしかあてはまらない。私が知る限り、ヨーロッパについてはまだ同様の分析はおこなわれていない。だが、そこには二つ、あまり希望が持てない要素がある。ひとつは、移民の統合についてはアメリカのほうがヨーロッパよりも成功してきたということ。これはまったく驚くに値しない。ヨーロッパとは異なり、「アメリカ人のアイデンティティは国家意識ではなく、むしろよそ者を歓迎することに根差している」[18]。もうひとつは、近年アメリカにやってくる移民の大部分がヒスパニックであるということだ。前述の調査が示したことだが、中南米から来る人々がほとんどなのだ。多様性は数だけでなく、移民と先住人口との間に横たわる文化的距離によっても決まる。ヒスパニックとその他のアメリカ人との文化的隔たりは一見、貧困国からヨーロッパへと移住する移民と先住ヨーロッパ人との文化的隔たりよりも小さいように思える。だが文化的差異に対するこのような判断は、単なる偏見だろうか？

文化的隔たりを測定する独創的かつ客観的な方法が、言語系統樹を用いるものだ。近代言語学は世界的な言語系統樹を構築し、特定の二つの言語の間に何本の枝が横たわっているかを示す。だが、これで二つの言語間の距離を客観的に測定できるとしても、その測定結果は文化間の距離の代用として多少なりとも影響力を持っているのだろうか？　モンタルヴォとレイナル＝ケロルは最近、ひとつの国の中で発生する集団間の暴力を分析する際に、言語的距離が文化的距離の代理になるかどうかを調査した。[19]　ひとつの国の中に存在する二つの民族的に異なる集団の間の言語的隔たりは、その集団間の暴力的対立の発生しやすさを大きく左右するだろうか？　この調査によれば、言語間の距離が大きければ大きいほど、集団間の暴力の発生しやすさも増加する。この分析は世界規模でおこなわれたものだが、高所得社会では集団間の暴力が非常に限られているため、重要な観察結果はそれ以外の社会で見られたものだ。したがって、言語的に遠い集団の移住によって高所得社会で暴力が著しく発生しやすくなると示唆しているかのようには誤解しないでいただきたい。現代の先進国社会は集団間の暴力に対してあまりにも多くの防御法を確立してきたため、集団間暴力は深刻な問題にはならない。エノク・パウエルが最初に提議し、以来ずっと進歩主義のインテリ層を脅かし続けてきた思想、移民と先住人口との間の暴力によって「血の川」が流れるという不愉快な予測は、移民の規模がどれだけになろうとも、見当はずれのメロドラマに過ぎないのだ。

私が関心を持っているのは集団内における信頼であって、集団間の暴力ではない。だが仮に、集団間の暴力が考えられなくはないという社会において、言語的距離がそれを増幅するのだとしよう。すると妥当な前提は、言語的距離が相互共感を構築する上で直面する一般的な問題の代理となるというものだ。相互嫌悪と相互共感は、同じ分布図の両端に位置する。言語的段階で測定すれば、ヨーロッパにおける移民集団と先住人口との文化的隔たりは実際、アメリカのヒスパニック系移民と先住人口のそれよりも広い場合が多い。したがって、パットナムの調査はアメリカだけを対象にしたものではあるが、ヨーロッパ人が自分たちとは違うというだけの根拠でこの調査結果がヨーロッパにどれだけあてはまるかを無視するのは思慮に欠けるというものだ。以下で、パットナムが分析している先住人口内における社会資本の弱体化のプロセスをまさに反映している、イギリスで最近見られた実例をいくつか紹介しよう。

いくつかの事例的逸話

この項は「いくつかの事例的逸話」と題した。これには重要な意味がある。これから紹介する話は、やや学術的に聞こえる信頼と助け合いについての議論が現実の状況で実際にどう展開するかを読者にわかりやすく説明するためのものだ。社会理論は移民がいかに先住人口内の信頼を弱体化させ得るかについて議論するものなので、事例はまさにそれを描き出している。理論はダニエル・カーネマンが呼ぶところの「遅い」思考でしか読めないが、逸話なら「速い」反応で読める。言い換えれば、知的努力が直観的感情に置き換えられるということだ。著者にしてみれば、これは厄介だ。事例がなければ、あまりに無味乾燥になって概念に意味を持たせられない。描写があれば、爆発を引き起こすリスクが生まれる。そのリスクを軽減するために、これから紹介する事例は分析ではないということをはっきりとさせておきたい。これらの事例に対して私がおこなう解釈は、正しくない可能性も十分にある。だが、正しいかもしれないと思えば、移住には社会的コストが伴うもので、相応の規模があれば移住の社会的コストが莫大になる可能性があるという、より抽象的な見解を把握しやすくしてくれるはずだ。

イギリスの文化のもっとも驚くべき成果は、非武装警官隊という慣習だ。イギリス国内ではそれがあまりにあたりまえの光景なので、誰も疑問に思わない。イギリスには武装する権利はない。むしろ、それは重大な犯罪なのだ。国際的に見ても歴史的に見ても、この国情は実に珍しい。まさに、文明社会の勝利だと言える。だが警察と犯罪者との間で銃は使わないという暗黙の了解がなされていることを前提としているこの慣習は、明らかに脆弱だ。警察が武装していないということは、犯罪者がたったひとりでも武装していれば優位に立てることになる。そして犯罪者が日常的に銃を持って歩きまわるようになれば、警察もそうすることになる。すると、犯罪者コミュニティの中で協調問題が生じる。これまでの数十年間、イギリスの犯罪者はどうにかして、銃を持ち歩かないという掟を守り続けてきた。だが1960年代に入り、ひとりの犯罪者がこの掟を派手に破って、3人の警察官を撃ち殺している。すると、その後の展開が驚異的だった。犯人はロンドンに自分が持っている社会的ネットワークを使って身を隠そうとしたのだが、できなかったのだ。排斥されたことに気づいた彼は僻地の荒野へと逃げ出し、テントで暮らしているところを捕まった。ゲーム理論では、助け合いを守らない者に懲罰を与える意志をほかのプレイヤーが持っているかどうかが好ましい結果を維持できるかどうかには欠かせない要素だということを覚えているだろうか。さて、では時代を早送りして2011年まで進めよう。2人の警察官が、前科のある犯罪者を逮捕した。警察署へと連行する車の中で、被疑者が銃を取り出す。警察も武装していて、被疑者を銃殺してしまった。だが次の展開は、1960年代のときとは実に対照的だった。犯罪者の社会的ネットワークが数百人単位で警察署に押しかけて、激しい抗議をおこなったのだ。犯罪者だったマーク・ドゥッガンは死後、地域のヒーローにまつり上げられた。もちろん、この2件の武装犯罪の事例は、まったく同一ではない。前者では犯罪者が発砲しているが、後者では銃に手をかけこそしたものの、発砲する機会はなかった。さらに、この2件を隔てる数十年の間に、警察に対する信頼も著しく損なわれている。それでも、犯罪者ネットワークによる対照的な反応は印象的だ。1960年代の反応は、犯罪者が銃に頼ることを許すべきではないという慣習を裏打ちした。一方、2011年の反応は逆にそれを損なっている。とりわけ大きな違いは、ドゥッガンがアフリカ・カリブ系で、警察署の前に集まった群衆もやはりアフリカ・カリブ系だったということだ。ロンドンに暮らすアフリカ・カリブ系の人々の絆は、ドゥッガンが銃を所持することで禁忌を破ったという事実よりも、あらゆる意味で明らかに強かった。長い期間を経て、アフリカ・カリブ系コミュニティと警察の相互信頼は崩壊し、警察内には人種差別の証拠が見られるようになった。ドゥッガンの社会的ネットワークのメンバーたちは、警察官が究極の恐怖という切羽詰まった状況に直感的に反応した（実際に起こった出来事の解釈としてはこちらのほうが可能性が高い）と考えるよりも、警察がドゥッガンを不必要に射殺したと考えてニュースに反応している。その結果、ドゥッガンを排斥するどころか、彼のネットワークは連帯感を強め、警察に罰を与えようと行動した。これこそまさに、助け合いのゲームで破滅を引き起こす「超悪玉」の役割だ。このような反応は明らかに、犯罪者も警察も銃を保持しないという脆弱な慣習を損なう恐れを生む。

　この事例で警察が武装していたという事実がすでに、慣習は相当崩壊していたことを示している。この崩壊は一部には、もっと一般的な欧米文化における暴力の受容を反映するものだ。数世紀にわたって徐々に減少していた暴力が１９６０年代から逆転して増え始めたことは、スティーブン・ピンカーが証明した(20)。だが、それはアフリカ・カリブ系移民と先住人口の文化の間に存在する、非常に具体的な差異によって強調されるものでもあったかもしれない。カリブの中でもばらつきはあるものの、ジャマイカの文化は世界でもっとも暴力的なもののひとつだ。たとえば、ジャマイカの殺人率は、イギリスの50倍にもなる。銃はあたりまえに存在するため、ジャマイカ系移民が自国の銃文化を持ちこんだとしても不思議はない。実際、アフリカ・カリブ系コミュニティの銃文化はいまや、イギリスの犯罪政策において特に懸念されている事項だ。この文化があったからこそ、ドゥッガンは銃を持っていたのかもしれない。彼の叔父はマンチェスターの武装ギャング団のリーダーで、それがタブーを破る行為だとは認識していなかった。マンチェスター自体、「銃《ガン》チェスター」という汚名をどうにか返上しようと苦労している街だ。２０１２年にはイギリスで初めて女性警官が

2人銃殺されるという悲劇が、マンチェスターで起こっている。この事件をきっかけに、イギリスの警察も武装するべきかどうかという真剣な議論が世間で沸き起こった。慣習の脆弱さが露呈したのだ。マンチェスターの銃撃事件の犯人は、先住民だった。時代を経て、先住犯罪者の規範も明らかに変わってきている。移住がまったくなかったとしても、この変化が起こっていた可能性はきわめて高い。だが、銃を保持することが社会的慣習である人々が大人数で移住してきたことで善意に基づく社会的均衡が破られた可能性も十分にある。

パットナムの研究の主な予測は、移住によって引き起こされた助け合いの減少が先住コミュニティ内での行動にも波及するというものだったことを思い出してほしい。大きなマイナス効果は、移民と先住人口がお互いを信頼しないことではない。先住人口が自分たち同士の信頼を失い、日和見主義的行動に走ることだ。ドゥッガン事件のあとの展開を見れば、先住人口内で日和見主義に対する抑制が崩壊する様子がわかるかもしれない。ドゥッガン事件の抗議活動は略奪行為へと発展して国中に広まったが、先住人口に属する何千人ものティーンエイジャーたちがこの略奪に参加している。彼らの行動は、わかっている範囲で見る限り、まったくもって政治とは無関係だ。事実、公共施設は無視されていた。標的となったのはショッピングセンターで、ティーンエイジャーたちがショーウインドウを叩き割り、ティーンエイジャーに欠かせない装飾品を嬉々として略奪していった。彼らの行動は、民族性とも無関係だった。事実上、先住のティーンエイジャーたちは、先住民の店から略奪をおこなっていたのだ。先住ティーンエイジャーたちのこのような行動には、前例がない。これは一部には、文化的変化ではなく技術の進歩によるところがある。とりわけIT通な最近のティーンエイジャーたちは携帯電話を活用して略奪を計画し、大人数で行動することで安全を確保した。警察の対応も、批判の的となった。ドゥッガン事件が過剰反応だったと責められた彼らは、略奪に対しては消極的すぎると責められたのだ。だが、犯罪行為に対する警察の反応よりも、犯罪行為そのもののほうが問題を露呈している。略奪は、先住人口における社会資本の減少を反映していると合理的に考えることができるのだ。

ここに、「超悪玉」が社会資本を破壊する例として考え得るものをもうひとつ紹介しよう。こちらは、アフガニスタンに派遣されたイギリス兵の戦死に対する大衆の反応からくるものだ。彼らの遺体はイギリスにある空軍基地まで輸送されるのだが、棺が地元の街中を車で運ばれるときに地元住民が道路脇に並んで敬意を表するという慣習が生まれた。これは、公務における英雄行為が尊敬されるという、より幅広い社会的に重要な慣習を反映するものだ。アフガニスタンで戦うイギリス兵たちはイギリス社会の多民族構成を反映しており、戦死した兵士のひとりはイスラム教徒のイギリス人だった。その遺族が、兵士の勇気と彼の義務感に対する誇りについてテレビでインタビューを受けていた。だが遺族は少数ながらも過激なほかのイギリス人イスラム教徒の報復をおそれるあまり、顔も名前も公開しなかった。インタビューは、シルエットだけでおこなわれたのだ。これは、「超悪玉」に対する恐怖だ。もちろん、その恐怖は考え過ぎだった可能性も十分にあるが、「超悪玉」がこれほどまでに社会資本を破壊できる理由のひとつは、人の行動を変えるのに大勢は必要ないからだ。

逸話は、分析ではない。分析が示そうとしているものを描き出して見せるだけだ。逸話だけを基にすれば、移民が先住人口の社会資本にはっきりと貢献した反例はいくらでも積み上げることができる。その主な例のひとつが、年に一度開催されるヨーロッパ最大のストリートパーティーとなったノッティング・ヒル・カーニバルだ。このカーニバルはアフリカ・カリブ系コミュニティが祖国の伝統にならって始めたもので、今では先住人口も多くが参加している。ストリートパーティーは、パットナムがきわめて貴重だと見る社会資本の範例的なものだ。

そういうわけで、逸話を基にして、気に入った話を裏付けてくれる証拠をいくらでも積み上げることはできる。このため、分析の手段としては有効ではないのだ。むしろ、独断的な主張の産物と言ってもいいだろう。移民反対派はこちらの話を、移民賛成派はそれに対抗する話を持ち出す。移民が社会資本を損なったかのように見える前述のいくつかの逸話の目的は、主張を裏付けるためなどではまったくない。純粋に、パットナムや脆弱な助け合いの分析をおこなうゲーム理論の研究者たちが実際に何に取り組んでいるのかを、読者にわかりやすくするためだけのものだ。

相互共感と公正

ここまでは信頼の源としての、そしてそこから転じて助け合いを下支えする相互共感に焦点を当ててきた。だが、相互共感は平等な社会にとっても重要なものだ。社会における富の移転がなければ、所得の分配はとんでもなく不平等になるだろう。実際、ここ数十年は、不平等方向への技術的圧力はおそらく、社会的圧力によって拍車をかけられた可能性が高い[21]。情報経済の成長もおそらく、特別優秀な知的能力への見返りを増加させてきた。この高学歴の新世代エリートたちは仕事だけではなく、社会的にもかたまる傾向がある。彼らは互いに婚姻関係を結び、その子どもたちは強力な教育的利益を手にする。その結果、社会的移動性が減少する。この傾向は対抗する政策がもっとも弱いアメリカとイギリスで特に顕著だ。急速に広がる社会的不平等が望ましくないものだと思うのは、政治的左翼だけではない。所得の大きな格差は、社会をより暮らしにくくする可能性がある。尊敬を集める教養ある保守的経済学者ラグラム・ラジャンは、アメリカでの財政政策を巡る政治的行き詰まりがアメリカの富裕層と貧困層の間に根源的に存在する関心の違いを反映しているかもしれないと示唆している。中間層の人口が縮小したからだ。

そこで、技術的そして社会的に促進された格差拡大のプロセスに、もっと積極的な再分配をという声が上がる。それは必ずしも左翼が伝統的に呼びかけ続けてきた、より平等な社会を目標としてはいない。むしろ、急速に広がる不平等を予防しようという、もっと控えめで保守的なものだ。だが実際、再分配政策に対する需要は高まっているものの、現実の政策は逆方向に偏ってしまった。所得に対する課税を引き下げるという動きが見られるだけでなく、もっとわかりにくいところでは、かつては政府が提供していた財やサービスの多くが、いまや市場で提供されるようになっている。１９６０年代以来国家の役割を縮小させ、それによって不平等の広がりに貢献してきたこのプロセスを、マイケル・サンデルが見事に解剖してみせた。[22] 低い税率と市場の役割の拡大は、共有する社会という感覚の弱体化に反映し、貢献してきたのだ。

再分配が政治的に実現可能になるためには、十分な数の恵まれた人々が、恵まれない人々を支援する意志を持っていなければならない。したがって、恵まれない人に対する恵まれた人の共感がもっと深まる必要がある。ここで、共感の概念に立ち戻ろう。高所得者は、低所得者を見たときに自分もちょっと運がなかったらこうだったかもしれないと考えられるようでなければならない。共感は、アイデンティティの共有から生まれる。共通のアイデンティティを構築する重要な要素が、相互義務のネットワークにおける共通の所属意識だ。

文化的にかけ離れた人々が移住し、経済の低所得枠を不釣り合いなほどの割合で埋めていくと、この仕組みが弱体化する。低所得層の人々は、高所得層の人々からますますかけ離れていく。この溝が埋められなければ、今度は高所得層が低所得層へ富の移転をしようという意志がそがれていく。多くの要素が、低い税率と市場に対する依存度の増加という政策に影響を与えた。経済の専門家ももちろん、その影響を与えた一因だ。だが、移住によってもたらされた文化的多様性の顕著な増加も、そのひとつだったかもしれない。たとえば、最近イギリスが「開かれた扉」政策に移行したのと時期を同じくして、再分配に資金をまわそうという意志が崩壊した。1991年、イギリス人の過半数（58％）が、たとえ税金が高くなるとしても政府は福祉にもっと支出するべきだと考えていた。それが2012年には、影響力を持たないほどの少数派である28％にまで減っていた。文化的多様性が所得を再分配する意志を減少させるという主張は、ハーバードの著名な2人の教授、アルベルト・アレシナとエドワード・グレイザーによって形式化され、研究されている。[23]彼らは、なぜアメリカよりもヨーロッパのほうが再分配を受け入れる意志がそれほどまでに大きかったのかという質問を投げかけた。そしてそれに対する説明は、典型的なヨーロッパの国において特徴的なものの見方が、その文化の高い均質性に基礎づけられているというものだった。また、再分配への意志を損なう要因は多様性の度合いだけではなく、むしろその拡大の速度だということを示す証拠もある。だが、多様性の度合いが重要であることも、幅広い証拠が裏付けている。[24]彼らの理論が予測している通り、文化的多様性の度合いが大きければ大きいほど、再分配可能な公共財の提供はされにくくなる。

多様性と助け合いの場合と同様、特定の事例は単にわかりやすくするための逸話としての役割しか持たない。それを念頭に、紹介する事例Aはカリフォルニアだ。地理的条件と機会が融合する地であるカリフォルニアは、アメリカのどの州よりも移民の数が多い。そして、1960年代までアメリカの扉は閉ざされていたため、その移民はすべて過去50年間に渡米した人々だ。カリフォルニアの移民の大部分は、所得分配の下のほうにかたまっている。つまり、理論に基づけば、カリフォルニアは高所得層が再分配を負担することを嫌がるようになる条件をまさに備えた地ということになる。カリフォルニアは、とてつもなく裕福な州だ。間違いなく再分配できるだけの富はある。なんといっても、シリコンバレーがあるのだし。だが近年、カリフォルニアでもっとも突出している特徴は、公共サービスの破綻だ。カリフォルニアの学校制度はアメリカのランキングを転げ落ちて、今や最底辺のアラバマに並んでいる。公立大学もかつては世界有数の教育機関だったものが、資金不足にあえいでいる。こうした公共サービスの破綻の一部には、再分配のための資金を刑務所へと回すという変化の影響がある。カリフォルニアはかつては貧しい州民を教育していたのが、今では牢屋に放りこむだけなのだ。だが、問題の核心は支出の内訳ではなく、歳入の不足だ。繁栄しているにもかかわらず、カリフォルニアは激しい歳入不足に悩んでいる。その原因は、高所得層が課税に反対し、財産税に上限を設けることに成功したからだ。カリフォルニアのこの問題の規模を考えると、どれかひとつだけが原因だと言うのはばかげている。だが、容疑がきわめて濃厚なのは、大量移住によって幸運な先住人口の貧困層に対する共感が減ってしまったという事実だ。かつては、成功したカリフォルニア人は恵まれない人々も自分と同じでちょっと運がなかっただけだと思っていたのだが、今では自分や子どもたちとは一切関係のない、まったく別の集団だとみなすようになっているのだ。

先住人口が移民を共通の社会の一員と認識しなくなるのと同様、移民の側も、先住人口をそう認識しなくなる可能性がある。そこで、別の逸話を紹介しよう。事例Bは、イギリスでアジア系の中年男性のグループが先住人口の子どもたちを性的に虐待していたというおぞましい事件に関する、2012年の判例だ。この事件に対する解釈は、このような行動はアジア文化の典型だとする反移民的主張と、これは移民とはまったく関係がなく、単に中年の男は機会さえあればみんな獣になることを示しているのだとする道徳的主張との両極端に分かれる傾向にあった。だがまず、このような行動はアジア社会の典型とは程遠い。実際、虐待を受けた子どもにアジア系はひとりも含まれていなかった。そしてアジアの家族は幼い子どもを性的なものから守ることで知られている。それに、この事件の移民にまつわる側面をまったく無視するのも信用しにくい。

中年男性がみな獣というわけではないのだ。この男たちは明らかに、民族性に従ってまったく異なる行動規範を子どもたちに適用していた。先住民の子どもたちは「あっち側」の、より重要性が低い対象だったのだ。

というわけで、相互共感は助け合いにとっても平等にとっても、社会において貴重なものなのだが、文化的にかけ離れた集団が混じることで挑戦を受ける。まったく異なる文化からの移民は、他者に対する信頼をあまり持たない状態でやってくる可能性が高い。彼らの出身地の社会は不道徳的なわけではないが、道徳の規準が異なっていて、氏族や家族の名誉を反映しているのだ。マーク・ウェイナーが著書『氏族の掟 *The Rule of the Clan*』（２０１１年）で述べているように、かつては名誉の掟が世界的規範だった。そしてそれは今も意外なほどに根強く残っていて、その掟を破ることが欧米社会の偉業のひとつだったのだ。そのような掟社会からやってきた移民たちは先住人口から「あっち側」の人間と見られ、移民も先住人口を「あっち側」と見る可能性が高い。この態度が続けば、社会は助け合いもなく、平等でもない状態になっていく。そこで重要な問題が、果たしてこの状態は続くのか、それとも消滅していくのかということだ。移民は信頼の規範を吸収し、移民と先住人口がお互いを共通の社会の一員と見るようになる日は来るのだろうか？

ディアスポラの吸収率

ディアスポラが社会に吸収される速度は大きな影響を持つ。その強さを決めるのは問題となっているディアスポラそのものだ。第2章では、重要な影響をひとつ紹介した。ディアスポラの規模が大きくなればなるほど移民間での交流が増え、そのぶん先住人口との交流が減っていき、したがって吸収率が鈍化するというものだ。ここで、さらに三つの影響を紹介しよう。ディアスポラの内訳、移民の態度、そして受入国の態度と政策だ。

ディアスポラの吸収と内訳

一定の規模のディアスポラがあったとして、そこに属する移民が移住先の主流文化にどのくらい早く溶けこむかは、そのディアスポラの内訳に影響されるところが大きい。文化的距離は、意味深い概念だ。言語系統樹を用い、二つの文化の言語の間に何段階の隔たりがあるかを数えれば文化的距離を客観的に測定できるということは覚えているだろうか。さらに、そうやって測定した文化的距離は重大な影響力を持っている。移民と先住人口との文化的距離が遠ければ遠いほど吸収速度が遅くなるというのが、合理的な前提だ。これが鉄則だとは言わない。むしろ傾向と言うべきだろう。吸収は移民が移住先文化の要素を受け入れることでも、先住人口が移民の文化の要素を受け入れることでも起こるという話はすでにした。だがいずれにしても特定の政策セットを所与とすれば、二つの文化を隔てている溝が広ければ広いほど、両者が融合するまでにかかる時間は長くなる。

この一見無害に思える前提には、驚くような含意がある。前にも述べたように、直観的な天才ならひとっ跳びに理解できてしまうだろうが、そうではない私たちはモデルにちょっと踏み台の役割をしてもらおう。忘れた人のために記しておくと、ディアスポラ曲線は、移住によるディアスポラへの流入が、ディアスポラから主流社会への融合による流出と均衡する、ディアスポラと移民の組み合わせだ。ディアスポラが先住人口と融合する速度は、ディアスポラ曲線の傾きで示される。吸収の速度が遅いほど、ディアスポラの一定の増加を維持するために必要な移民の数の増加は少なくなるため、吸収が遅いとディアスポラ曲線の傾きは平らになる。図3―1では、先住人口との文化的距離が異なる二つのディアスポラを比較している。わかりやすくするためにイギリスにおけるポーランド系移民とバングラデシュ系移民を選んだが、これは別にアメリ

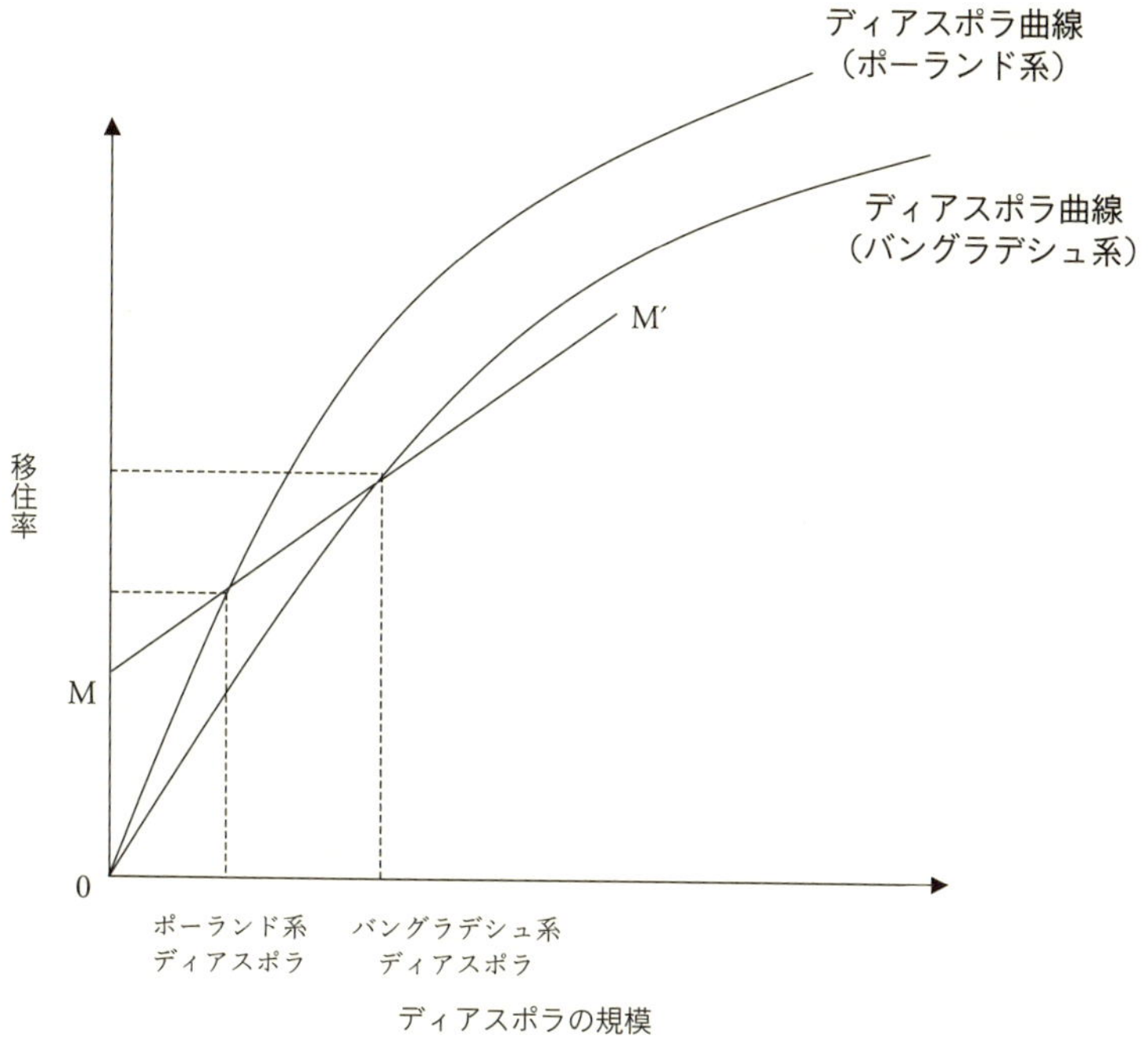

図3-1　ディアスポラと移住の均衡点――イギリスにおけるポーランド系移民とバングラデシュ系移民

カにおけるメキシコ系移民とエリトリア系移民でもいいし、フランスにおけるアルジェリア系移民と中国系移民でもいい。どれでも、共通の規模に対してより距離が遠いほうがディアスポラ曲線の傾きは平らになるはずだ。

この二つの流入が自然に均衡を取るのは、ディアスポラ曲線が移住関数と交わる地点だ。これは、特定の集団の吸収率を変えるような移住規制や戦略などの政策的介入が一切なかった場合に何が起こるかを示している。第2章で議論したように2本の線は交わらないかもしれず、その場合は均衡せずに政策的に未介入の移住の自然率は上がり続ける。つまりひとつの可能性として、文化的によりかけ離れた移住のプロセスは自然均衡しないかもしれない。移住は、政策による介入で止められるまで加速し続けるのだ。だがここで、別の可能性を検討してみよう。文化的に近い集団による移住も、遠い集団による移住も、いずれも自然の均衡点があるという可能性だ。できるだけ物事を単純にしておくために、ディアスポラの違い以外は、バングラデシュ人もポーランド人も移住のきっかけは同じだとしよう。つまり、図の上では、この二つのディアスポラは「M－M′」という共通の移住関数を持つことになる。もちろん、これは現実的ではないが、ここでは移住に対するひとつだけの影響要素として、ディアスポラに焦点を当ててみたい。

たとえば、といってもかなり可能性が高い話だとは思うが、バングラデシュ文化とイギリス文化との距離が、ポーランド文化とイギリス文化の距離よりもずっと遠いとしよう。これには、単純ながら重要な意味が含まれている。ディアスポラが主流文化に融合する速度に文化的距離が大きく影響するという前述の議論に沿って考えると、バングラデシュ人ディアスポラはポーランド人ディアスポラよりも吸収率が遅いはずだ。図で言えば、バングラデシュのディアスポラ曲線は、ポーランドのそれよりも平らになるということになる。落ちが遅ればせになってしまったが、こうするとこの図の値が真価を発揮する。均衡において、文化的によりかけ離れた集団であるバングラデシュ系のほうが、ディアスポラは大きくなるのだ。それは意外ではない。文化的にかけ離れているため、バングラデシュ人は融合に時間がかかる。すると、移住率が共通なら、自分をバングラデシュ人と認識する人の数は、自分をポーランド人と認識する人の数よりも多くなるはずだ。だが、バングラデシュ人とポーランド人の均衡の驚くべき違いは、それぞれの均衡において、バングラデシュ人の移住率が常にポーランド人よりも結局は高くなるということだ。

最初に紹介した意味は直観的にわかりやすいものだが、今紹介した二つ目の意味――文化的によりかけ離れた集団の移住率のほうが常に高いというもの――は、どう考えてもわかりやすくはない。実際、直感的には逆を予想するのではないだろうか。モデルを見れば、その直観がなぜ間違っているがわかる。こうして、出身国と移住先国との特定の所得格差に対して、受入国と出身国が文化的にかけ離れていればいるほど、継続的な移住率は高くなるという逆説的な結果が生まれる。私が知る限り、この結論はこれまで認識されていなかった。だとすれば、モデルが貴重である理由が正当化される。すぐれたモデルの目的は私たちの代わりに考えてくれることではなく、私たちが自力でたどりつける範囲よりもさらに深く理解できるような踏み台を提供してくれることであることを思い出してほしい。

そこで、文化的距離の大きな集団が均衡における移住率を増加させるという新たな知識を基に、これが受入国社会で構築されるディアスポラの内訳にどのような影響を与えるかを考えてみよう。時を経て、文化的に先住人口に近い移民は主流社会に溶けこんでいき、そうでない者はディアスポラに残り続ける。その結果、ディアスポラは蓄積し、平均的に見るとますます文化的にかけ離れていく。これが転じて、吸収率に影響を与える。大きなディアスポラは平均すると先住人口との文化的距離が大きいため、その吸収率が鈍化するのだ。仮に、たとえば、二つの出身国があるとしよう。文化的に近い国「ほぼ一緒国」と、文化的に遠い国「火星国」だ。「ほぼ一緒国」からの移民は、「火星国」からの移民よりも早く吸収されていく。ディアスポラが出来上がっていくとその大部分が「火星国」出身者になり、吸収率の平均が減少する。そうなると、これはディアスポラが増えるにつれてディアスポラ曲線全体（個別のディアスポラすべてを合計した数字）が平板化していく理由となる。この章の後半で、こうした平板化がなぜ重要な影響を持つかを見ていこう。

ロバート・パットナムらが発見した影響は、一定の移住率に対して文化的距離が大きいほど、集団内における信頼の低下と集団間の緊張の増加という社会的コストは高くなるというものだ。そうなると、矛盾が生まれる。移住の経済学は、移民とその家族による、個々の最大化のための決定によって変動する。ディアスポラは移住のコストを引き下げるのだから、出身国からのディアスポラが多ければ多いほど、そこからの移住率は高くなるはずだ。だが、社会的コストはこれら個別の最大化決定が生み出す外部性によって変動する。ここで矛盾というのは、個別の決定の最大化という経済学的論理が、定義としては意思決定者自身にとって最大限の経済的便益をもたらすものであるはずなのにもかかわらず、実際には社会的コストを引き上げているように見えるということだ。

移民の吸収と態度——移住者なのか入植者なのか

ディアスポラがある程度の規模だと、移民の心理も吸収率に影響を与える可能性が高くなる。ポップカルチャーがダウンロード可能なステレオタイプのメニューとみなせるという話はすでにしたが、移民が身につける態度は、所得や技能といった従来どおりの個人別の経済変数だけでなく、彼らが身につけるステレオタイプによっても形成されるかもしれない。移住のステレオタイプは、がっちりと決まったものではない。それは変化するものだし、場合によってはかなり急激に変わることもある。

移民が自らを定義する方法がそうやって変わったのが、1815年のナポレオン戦争終結後だった。輸送費の低下と長い戦争の間溜まりに溜まっていた需要のため、イギリスとアイルランドから北米への大量移住が始まる。このときの移住には、揺るぎない経済的理由があった。入植者には北米の肥沃な大地が与えられたのだ。だがこのときの移住はまだ、一大決心の類だった。北米は楽園ではなく、条件は厳しかったからだ。この移住を研究する経済史学者ジェームズ・ベリッチは最近、移住がいかに概念化されたかについて魅惑的な事実を発見した。(25) 何百件もの新聞記事に使われた言葉を年ごとに慎重に数えることで、1810年と1830年の間には移民を表す言葉の選び方に微妙な変化が生まれていたことに気づいたのだ。1810年頃、新聞でもっとも頻繁に使われていた用語は「移住者 emigrants」だった。だが1830年までには、「移住者」は新たな用語、「入植者 settlers」にその座を譲っている。この変化がまったく取るに足りないものだったとは私は思わない。この二つの用語は、劇的に異なる内容を示唆しているのだ。移住者は事実上、生まれた社会を後にして、新たな社会に加わりに来ている。その一方で入植者は、母国の社会を一緒に持ちこむ。この違いは、重要だろうか？

近年の経済発展に関するもっとも有名な論文は、ハーバードとMITの研究者3人組ダロン・アセモグル、サイモン・ジョンソンとジェームズ・ロビンソンによるものだ。彼らは、移民が歴史的に貴重だったのはまさしく彼らが入植者だったからだと主張する。(26) 論文によれば、移民が持ちこんだのは法規範や契約の神聖さといった独自の制度だった。こうした制度を持ちこむことで、入植者たちはそれまでの人類の大部分が該当していた貧困層から移住先の国が抜け出す手助けをしたのだ。だが、入植者が入植者にとっては間違いなく良いものである一方、先住人口にとっては大きな損失をもたらすこともしばしばだ。北米への入植者が大陸の先住人口にとっていい結果をもたらしたと根拠を持って主張できる人間はいないだろう。オーストラリアへの入植者がアボリジニにとって、あるいはニュージーランドへの入植者がマオリにとって良いものだったと言える人もいないはずだ。長い目で見れば入植者は南アフリカ系黒人にとってはいい結果をもたらしたのかもしれないが、それは入植者から所得を移転することで黒人の利益を確保しようと積極的に取り組む政府へと権力が移ってからの話だ。現在、世界でもっとも有名な入植者と言えばユダヤ系イスラエル人だろう。占領地におけるユダヤ人入植地の権利については激論が交わされていて、それは本書の範囲からは完全に外れているので割愛するが、ユダヤ人がもともとそこに住んでいたパレスチナ人にとっていい結果をもたらしたという理由でユダヤ人入植地を正当化しようとは、誰も試みていない。

ナポレオン時代以降に北米への大量移住が始まったとき、もっとも貪欲な入植者集団はアイルランド北部からのプロテスタント・コミュニティだった（南アイルランドからのカトリックの移住は、1840年代のジャガイモ飢饉までは始まっていない）。この傾向に対するもっとも確実と思われる説明は、アイルランド北部のプロテスタントはそもそも、粗暴な植民地に英国王党派人口を増やそうと、イギリス政府が何代にもわたってスコットランドとイングランドから送りこんだ入植者だったというものだ。もう400年以上も前に最初に住みついた入植者たちはいまだに分断の中に生きていて、「入植者」人口と「先住」人口の区別には実際、残念ながらいまだに意味がある。「先住アイルランド人」に、今振り返ってみてスコットランドからの移住があって良かったかどうかを聞いたとしたら、良かったという答えが過半数を超えるかどうかはあやしい。(27)

入植者は自らの意図だけでなく、文化も一緒に持ってくる。歴史には、少数派の入植者が自分たちの文化を先住人口の文化へと溶けこませてきた事例でいっぱいだ。わかりやすい例が、布教活動だろう。これが宗教的信仰の変容という恒久的な遺産を遺したのも不思議ではない。(28)文化が伝播する過程は、率直に言って残酷な場合がある。中南米でどこに行ってもスペイン語が話されているのは、過去の入植者たちの文化的勢力を反映している。アフリカ南西部のアンゴラで先住人口の誰もがポルトガル系の名前を持っているのも、過去の入植者の文化的支配を反映している。だがときには、圧倒的な文化の伝播が武力によってではなく、むしろ分散化されたプロセスによって起こることもある。

少数派の入植者によるそのような文化的乗っ取りのもっとも完璧な例に私が出会ったのは、イギリスだ。入植者はアングロサクソン人、時期は大体西暦400—600年頃になる。400年以前のイギリスにアングロサクソン人はほとんどおらず、人口のおよそ10％を超えることはなかった。わかっている限り、彼らが武力を持って先住ブリトン人を制圧し、支配下に置いたという事実はない。考古学的記録には、地方で武力が用いられたという痕跡はほとんど見つかっていないのだ。[29] にもかかわらず、アングロサクソンによる文化的乗っ取りの範囲は、言語と宗教を見れば一目瞭然だ。400年より前に話されていた言語はおそらくケルト系で、現代のウェールズ語とラテン語に似ていたはずだ。それが600年には、もう英語に取って代われている。この新たな言語には、もともとあったケルト語の痕跡はまったく残っていなかった。それは入植者たちの方言の混合で、フリジア語の影響をもっとも色濃く受けている。同様に、キリスト教という宗教も、5世紀初頭には国教だったものが、6世紀末にはほぼ完全に消滅していた。キリスト教は、のちにアイルランドとローマから再輸入されなければならなかったのだ。どうにも乏しい証拠からわかる範囲では、アングロサクソン系の入植を受けて、先住ブリトン人は文化の崩壊を経験したようだ。ブリトン人がなぜそこまで極端に土着文化を失ってしまったか、正確な理由はわかっていないが、アングロサクソン人の真似をしたほうがイケていると思わせる何かが明らかに存在したらしい。

土着文化の喪失を嘆くべきかどうかは議論の余地がある。結局のところ、自主的に起こる現象なのだから。だが文化とは、一段とすぐれた公共財だ。誰もが重視するが、継続されたからといって誰かが褒められるものではない。世界規模で見れば、私たちは個人的に経験していなくても他の文化の存在を尊重する。個人的に経験しないことは多くあるが、それらすべてに存在価値があるのだ。個人レベルで見ると、親は普通、自分の文化を子どもに伝えたいと思うものだ。だがそれが現実的かどうかは親の判断だけでなく、周囲の人々の選択によっても変わってくる。したがって、あとから振り返ってみれば文化的変化が後の世代には歓迎されたとしても、変化が起こる前の段階では、先住人口は入植者たちがもたらす文化的変化を警戒するだけの理由がある。よその文化を受け入れたことで孫たちが喜ぶと教えられたとしても、それは必ずしも安心材料にはならないかもしれない。もちろん、入植者たちが促進する文化的変化はいくつもある変化の要因のうちたったひとつだ。だがほかの多くの要因とは異なり、これには選択の余地がある。先住人口が変化を望まなければ、入植者を拒否してもいいのだ。

したがって、富裕国から貧困国への入植者による移住は先住人口にとっては諸刃の剣となる。望ましい制度を持ってきてくれるが、望ましくない文化も持ちこむからだ。ここで仮定の話として、同じプロセスが、逆に貧困国から富裕国への移住で起こるとしよう。貧しい入植者たちが、自国の文化を保持し、広める意図で裕福な社会にやってくる。彼らが持ちこむ社会モデルは、有益なものではない。貧困国が貧しいのは、社会モデルが機能不全だからだ。そうすると、繁栄している社会には、そのような入植者を警戒するだけの動機が生まれる。

もちろん、貧困国は富裕国に入植者を送りこんだりはしない。現代の貧困国から富裕国への移民はたしかにかつての入植者のように振る舞えればいいと思っているかもしれないが、昔の入植者が行使できた圧倒的な武力に基づく政治的権力に類する力は一切持たないからだ。だがひょっとすると、文化的同化と文化的隔絶との現代における区別は、昔の移住者と入植者との区別に似ているのかもしれない。移住者は生まれ育った社会を離れて新たな社会に加わるため、同化する必要性を受け入れることに抵抗がない。一方、入植者には同化する意志がない。彼らは祖国の価値観や文化を保持するつもりでやってくるのだ。

多文化の二つの意味

移民問題に関するものはなんでもそうだが、移民にふさわしい文化的な物語はかなり政治色が濃い。一方の端には同化がある。移民が先住人口と婚姻関係を結び、先住人口のやり方を身につけていくパターンだ。私自身、そのような同化的移住の産物だ。トルコ系移民を祖父に持つロンドン市長ボリス・ジョンソンも同様だ。だが逆の端には、学校や言語が別で、集団外で婚姻関係を結べば排斥という懲罰が待っている閉ざされた社会で暮らす移民たちの恒久的な文化的孤立が見られる。このような人々は法的には市民になっているかもしれないが、社会が多文化的であることを受け入れなければ、社会にとって有意義な一員とはいえない。

多文化主義は、同化の物語に対する反応として始まった。その主な原動力はひょっとすると、移民の多くが同化にそれほど積極的ではないという認識だったのかもしれない。彼らは、祖国の文化を保持する集団の中でかたまるほうを好んだのだ。同化に消極的な移民に対する批判は先住文化の優位性を示唆しているように受け取られるかもしれず、そうするとそれは人種差別すれすれになってしまう。だが多文化主義は徐々に、望ましいものとして進歩主義のエリートたちに前向きにとらえられるようになっていった。このような社会のほうが、単一文化の社会よりも多様性と刺激をもたらすというのだ。この形の多文化主義は、ひとつの国の中ではっきりと異なる文化が恒久的に共存する社会を受容する。国は異なる文化的コミュニティが同じ法的・社会的地位を約束されて平和に共存する地政学的空間として生まれ変わる。先住コミュニティは多数派のままかもしれないしそうではなくなるかもしれないが、いずれにしても特権的地位にはない。多文化主義には移民が先住人口に同化していくのではなく、移民と先住人口の間に文化的融合が生まれるというもうひとつの意味もある。ひょっとすると、こちらのほうが本来の概念に近いかもしれない。同化と異なり、融合は先住文化が移民の文化よりもすぐれているとか特権的地位にあると示唆するものではない。

というわけで、移民に関しては四つの競合する物語が出てきた。昔ながらの移民としてやってきて、先住文化を受け入れ、積極的に同化を望むかもしれない。あるいは文化的融合の意図を持って、みんなが一緒に食事をする同じテーブルに何かまったく新しいものを持ちこむのかもしれない。あるいは文化的分離主義者としてやってきて、経済活動には参加しながらも先住社会とは自分たちを切り離すのかもしれない。事実上のゲストワーカーだ。あるいは入植者として、自国の文化を先住文化に広める意図を持ってやってくるのかもしれない。この四つの物語は、倫理的にも現実的にも、どのように関係しているのだろう？

同化と融合

最近では流行遅れの感こそあるが、同化にはいくつかの大きな利点がある。それも先住人口にとってだけではなく、全員にとってだ。倫理的には、自分がされたいように他者を扱えという黄金律があてはまる。特に移民についていえば、貧しい社会からの移民が四つの物語のいずれかを倫理的に要求できるのは、彼ら自身が母国に戻っても同じ物語に賛同する場合のみだ。そして文化的分離主義で成功した貧困国はいまだ数少ない。貧困国における文化的差異が集団間の暴力件数を増加させる、とモンタルヴォとレイナル＝ケロルが言うのはまさにそのためだ[30]。文化的分離のもっとも極端な支持者は、同化を「文化的虐殺」だと言う。だがこれは用語の許されざる私物化だ。その感情的な強引さは、本当に必要とされるおそろしい状況になるまで取っておくべきだろう。移民の初期の文化は、祖国の力強いプロセスとして生き続ける。入国を許される条件として、移民が先住文化を吸収することを期待されるべきではないと決めつける倫理的な理由はない。具体的に言うなら、移民は現地の言葉を覚えることを期待されるべきなのか？　共通の言語を持つと、明らかにとても便利だ。共通の言語がなければ、共通の政治も持てない。何よりも、相互共感に大きな影響を与える。アメリカへのメキシコ人移民に関する研究で、英語を覚えた移民は公共財の提供に協力する意志がより強かったという結果を覚えているだろうか。そして、現地の言葉を覚える意志がない移民は、共通の言語がはぐくむ一助となった公共財にタダ乗りしていることになる。さらに、彼らは黄金律を破る可能性も高い。彼らは、自分の祖国への移民も現地の言葉を覚えなくていいと思うのだろうか？

同化は倫理的にしっかりとした基盤があるだけでなく、現実世界における影響も平和的だ。移民が先住人口の態度を身につけるため、信頼は高い状態で維持される。移民と先住人口は、先住コミュニティにすでに広まっている相互共感を共に持つようになる。共通の文化的行動様式を持つ先住人口と移民は、お互いを同じ人間として認識するようになる。これは婚姻関係を通じて徐々に強化されていき、共通の子孫が次々に生まれていく。異国間婚姻は、アイデンティティの感じ方に重要となり得る。1950年代までのヨーロッパ諸国のように移住なしに長期間を経た先住人口は、本当の意味で自らをひとつの国民として認識することができる。イギリス人のほとんどが、新石器時代以前からイギリス人だった。だが同化するつもりでやってきた移民も、この物語に加わることができる。子どもたちが同じ国民に属するようになるだけでなく、子どもたち自身が先住人口と同じ祖先を辿れるようになるのだ。シエラレオネからイギリスへの移民がアルフレッド大王の子孫である可能性はかなり低いが、婚姻関係を結べばその孫たちがそうなる可能性は高い。移民自身が未来から過去へとつながるその結びつきに気づけば、新たなアイデンティティを受け入れやすくなるかもしれない。

融合としての多文化主義も、やはり倫理的にしっかりとした基盤を持っている。同化とは異なり、先住人口と同等の尊厳を移民には移民のまま、すぐに与えるのだ。文化に上下の差はなく、そこにあるのは文化的混交がもたらす興奮と独創性だ。融合は移民と先住人口の双方に対し、相手の文化に興味を持って受け入れることを要求する。先住人口の数的優勢を考えれば、新たな混交によって生まれた文化が先住人口中心になることはある程度予測できる。そのため、移民は先住人口よりも多くの文化を受容するつもりでいるべきだ。だが、このような期待はあくまで現実問題であって、倫理的必須要件ではない。イギリスではもともとフィッシュ・アンド・チップスがもっとも一般的な国民食だったが、今ではインド料理のチキン・ティッカがその座を奪っている。チキン・ティッカは、文字通り移民文化の輸入品というわけではない。むしろ、イギリスへの移民が自国の文化的専門知識を生かして、先住人口からのファストフードに対する需要に応えた創意工夫の賜物だ。現実的に見ると、融合は同化と似た影響を生む場合が多い。唯一の違いは、社会モデルの混ざり方によっては機能が有害な方向に薄められてしまうリスクがあることだろう。経済的に見れば、すべての文化が平等ではないことを思い出してほしい。

分離主義と入植者

ヨーロッパではつい最近まで、多文化主義を永続的文化的分離主義の権利と解釈する傾向が政治的エリートの間で優勢だった。この通説とそれを支える政策は、移民の多数派集団の側による文化的分離主義傾向に対応し、合法化されたものだ。分離主義に見られる客観的な特徴のひとつが、移民の住居の分布パターンだ。政策による規制がなければ、移民はかたまる傾向がある。これは不思議なことではない。先に定住した移民は一番わかりやすい情報源だし、新入りを助けてくれる存在でもあるからだ。カナダなど一部の国では、移民が定住する地域を指定することで政府が積極的にこの分布パターンを崩そうとしている。イギリスも同様の政策をごく短い間だけ試みて、一握りのソマリア系移民をグラスゴーに住まわせた。だがものの数週間でそのうちひとりが人種差別的攻撃に遭って殺害されたため、この政策は早々に放棄された。これといった規制がなかったために、イギリスへの移民は着実に一部の都市に凝集するようになる。特に人数が多いのがロンドンだ。2011年の国勢調査では、先住イギリス人が自国の首都で少数派になったことが明らかになった。ほかの都市でも、著しい集中が見られる。ある隔離指数によれば、ブラッドフォードに住むバングラデシュ人は、ヨーロッパに36ある移民集団の中でももっとも空間的に凝集した移民人口だそうだ。ロンドンでは移民が中心地区に集中している一方、先住人口は郊外に移っている。いわゆるドーナツ化現象だ。シティ・オブ・ロンドンとロンドン中心部の10あまりの自治区から成るインナー・ロンドンだけでも、移民の集中度は非常に高い。たとえば、２０１１年のイギリス国勢調査によれば、過去10年にもっとも急速な成長を遂げた区はインナー・ロンドンのタワーハムレッツ区で、その人口は26％増加しているそうだ。この成長は主に、バングラデシュからの移民によるものだ。ロンドン在住のバングラデシュ人の半数近くがこの区に集中しており、見方を変えると、区内の子どもの半数以上が今ではバングラデシュ人になっている。

分離主義は、やや測定しにくい形ではあるが、文化的慣習にも表れる。これは移民集団間すべてにあてはまるものではまったくなく、受入国の政策というよりはむしろ、イスラム原理主義の台頭に関連する可能性が高い。たとえば、フランスのイスラム系移民の二世は、自分の子どもに学校給食を食べさせたがらない傾向が親の世代よりも強い[31]。バングラデシュ系イギリス人の女性は全身を覆うヴェールを受け入れるようになってきているが、バングラデシュではそもそもヴェールはかぶられていない。移民が祖国の社会に根付いていた慣習にしがみついているのではなく、先住人口と自分たちとを区別していることは明白だ。イギリスでは、この文化的分離主義のため、国会はイスラムのシャリーア法に基づく並列的な法制度を導入するべきかもしれないという提案が成されたが、その発言をしたのが誰あろう、カンタベリー大主教だった。これこそまさしく、移民が自国の制度を持ちこんだ例だ。

法的な分離主義からさらに一歩踏みこんだのが、政治的分離主義だ。空間的および文化的分離主義が組み合わさって、それを容易にする。ひとつの特徴としては、母国の政治団体が移住先で再形成されるということがある。たとえば、タワーハムレッツ区の自治体はどうやら、バングラデシュの二大政党、アワミ連盟とバングラデシュ民族主義党の対立を反映しているらしい。このようなイギリス政治におけるバングラデシュの政党の継続は目立たないようにおこなわれているが、かなり目立ったのが2005年にイスラム系イギリス人が結成した独自の政党、リスペクト党だ。この政党はこれまでに議会の補欠選挙で二度当選している。一度はタワーハムレッツ、もう一度はブラッドフォードでの勝利だったが、いずれもイスラム系移民がかなり集中している地区だ。リスペクト党は明らかにイスラム系かつアジア系の政党で、アイデンティティを基盤として有権者に訴えかけている。また、主流政党に強い反対を表明していることも特徴だ。イギリスでは、有権者は直接投票する以外に、郵送でも票を入れることができる。ブラッドフォードでは、リスペクト党は郵送票の4分の3を獲得した。郵便による投票は、警察の非武装と同様、文明社会の便利な取り決めだが、不文律の上に成り立つものでもある。郵便投票は、投票の秘密という原則を破る可能性がある。家長が家族に対してかなりの権力を持つ家族構成において、家庭で記入された投票用紙には過度な影響がおよんでいる可能性がある。もちろん、この批判は家父長制度が色濃い先住家庭にもあてはまる。だが、これは現在のところ、多くの移民家庭と先住人口の規範との間に存在する明白な文化的相違だ。

　タワーハムレッツの自治政府は現在、区から市へと政治的形態を格上げしようと模索している。これが実現すれば権限が大幅に拡大するのだ。移民の空間的集中を考えると、政治的分離主義への継続的な傾向はおそらく、移民優勢の政党が統治する都市を生むだろう。これは都市レベルでの貧困社会から富裕社会への制度の移転に近似している。やや皮肉なことに、これと真逆の提案が成長プロセスの著名な経済学者、ポール・ローマーから出されている。彼は貧困と繁栄の違いに制度が欠かせないという分析を紹介しつつ、一見単純な解決策を提示している。それが、「チャーター都市」だ。[32] チャーター都市は、貧困国の政府が長期リースでどこかの先進国の法の下で統治されることを認める領域の上に作られる。バングラデシュが一定の土地をシンガポールの傘下に置くかもしれないし、それを言うならイギリスの統治下に置くかもしれない。そうやって法規範を確保したうえでなら、投資家も人も大挙してやってくるはずだとローマーは予測している。だがこれを逆にしたとき——母国から受入国へ制度を移転する——の皮肉は、ローマーが正しければだが、移民たちが意識してか無意識にか、入植者として持ちこみたがっている機能不全な制度こそが、彼らが逃げ出してきた当のものである事実だ。

リスペクト党がイギリスで一時的に成功したとはいえ、ほとんどの移民は先住の政治組織から自らを切り離してはいない。にもかかわらず、彼らの支持政党は非常に特徴的である場合が多い。2010年のイギリス国政選挙では、先住有権者が保守党に投じた票は与党労働党を4対3以上の差で上回っていた。その一方、民族的少数派はほぼ1対5の割合で労働党を支持している。[33] 移民による投票の傾向は、ヨーロッパ全域でもはっきりしている。アメリカではややわかりにくくなるが、2012年の選挙ではやはり明白だった。ミット・ロムニーが実施したちょっと威嚇的な「自主的帰国」政策は当然ながら、ヒスパニック系有権者を失う結果となった。

移民の政治的統合の妥当な基準は、移民の忠誠心が先住人口のそれをおおむね反映しているというものだ。これは統合の指標となるだけでなく、確立された民主的プロセスにとってはもっとも脅威になりにくい。民主主義は政党間の権力の入れ替わりが前提となっている。そうすれば、票全体が主要政党間でおおむね公平に分配されるのだ。もし、極端な話、移民全員が特定の政党を支持して大きな投票者集団になったとしたら、政党間の権力のバランスが保持できる唯一の方法は、先住人口の票が移民の支持を集めているのとは逆の政党に偏ることだ。これには二つの望ましくない影響がある。

ひとつには、政治的対立に必ず用いられる攻撃的で口汚い弁舌が、移民問題を汚染する可能性が高いということ。移民票に依存する特定の政党が移民賛成派とみなされ、先住人口票を圧倒的に集める対立政党が移民反対派とみなされるのだ。もうひとつには、政党間の権力の入れ替わりがあると政治の中で移民が効果的に代表されない時期が生じることになり、逆に明確な移民支持政党が優勢になると、先住票の大部分を得る政党が権力を失う時期も生まれるということだ。このような状況は、仮定の話ではない。ロンドンの市長選の際、まさにこのパターンが出現した。政党の戦略は、移民と先住人口のドーナツ型の分配図を反映している。移民票の明確な分布は移住に必ず付随する特徴ではないし、誰かの「せい」でもないのだが、絶対に望ましくない状況だ。移民によるかなりゆがんだ政治的支援にはこのような望ましくない影響があるので、移民政策に関して政党が自らを差別化するべきではないという強い根拠がある。移民問題は証拠に基づく分析の共有を下敷きとした共通の取り組みが望ましい政策分野のひとつだ。ここで共通の取り組みというのはもちろん、主流政党がこの問題を無視すべきだと示唆しているわけではない。

先住人口の移民に対する態度と吸収

低所得国からの移民は、高所得国ではまず歓迎されない。人種差別や職業差別、受入国の先住人口による侮蔑的な態度にも耐えなければならないし、政府の政策に制限されることもあるかもしれない。ここでは吸収率、つまり移民が先住人口に溶けこんでいく速度に焦点を当てるが、こうした態度が障害となることは明白だ。社会的排除は、アイデンティティの分離を進める。

先住人口による外国人嫌いが吸収を促進することはまずないという明らかな点のほかに、社会科学が貢献できることはあるだろうか？　重要かもしれない最新の調査結果によると、先住人口によるもっと全般的な態度、具体的に言うと信頼の度合いが重要だということが判明している。[34] 先住人口側の信頼の度合いが高ければ高いほど、それも移民に対してだけでなくお互いに対しての信頼度が高いほど、移民は溶けこみやすい。

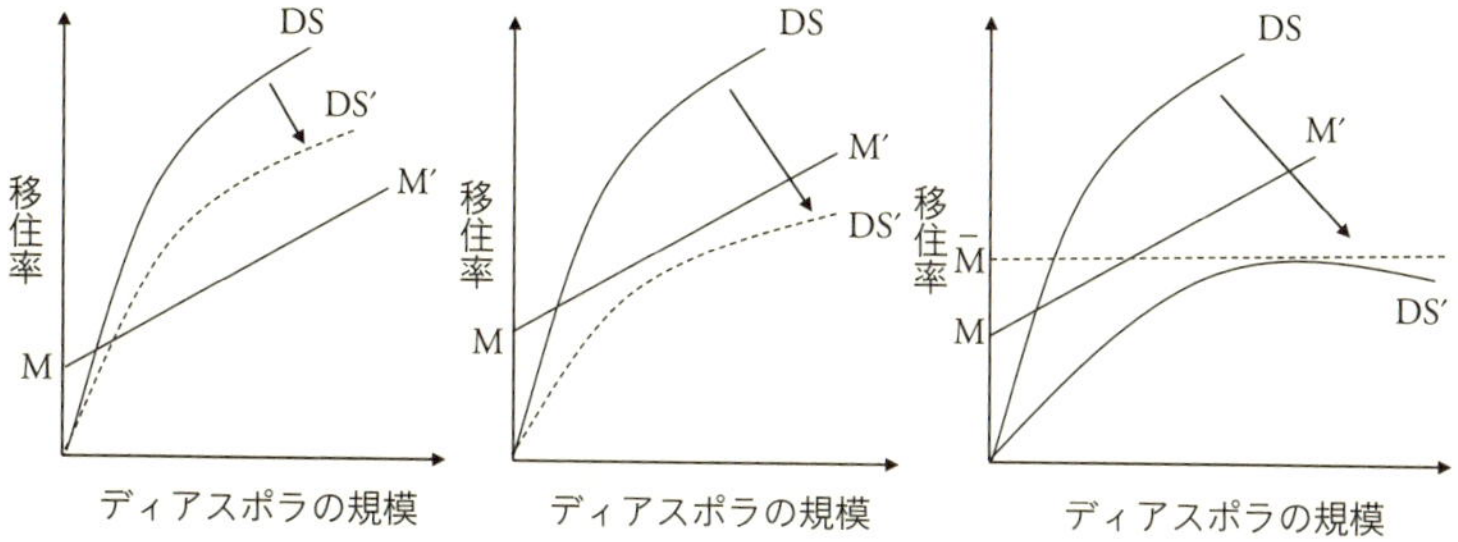

図3-2　信頼とディアスポラの吸収

これは別に驚くようなことではない。移民は、先住人口が信頼できれば新しい社会に愛着を持ちやすいのだ。パットナムが呼ぶところの「橋渡し型資本」というものだ。

だがこれが正しいとすれば、私たちのモデルにさらなるフィードバック機構がもたらされる。パットナムは、多様性が先住人口間の信頼を減少させると述べている。つまり、人々が引きこもってしまうのだと。これを本書の枠組みに合わせて解釈すると、吸収されないディアスポラが多ければ多いほど、信頼は低いということになる。だが、ここでこの信頼減少のフィードバック効果を、ディアスポラが吸収される速度へと加える必要がある。すると、ディアスポラが大きければ大きいほど、吸収率は遅くなる。吸収率はディアスポラ曲線の傾きに反映されている。つまり吸収率が遅いほど、曲線は平らになる。この影響を図示すると、曲線は時計回りに曲がっていく。考え得る影響は、図3―2に示した。

左側の図が示しているのは、より大きなディアスポラとより早い移住率だ。中央の図では自然な均衡はもはや得られない。移民規制がなければ、ディアスポラの規模も移住率も上がり続ける。右側の図では、ディアスポラによる信頼へのフィードバック効果と信頼から吸収率への効果が十分に強いため、ディアスポラの一定規模を超えると、そこから主流社会に吸収される人の数が実は減ることが示されている。これが起こると、移住率が天井をつく。しかし移民規制がこの天井を超えると、ディアスポラは無限に拡大し続けるのだ。

吸収率と受入国政府の政策

受入国政府が採用する政策は、ある程度までは、先住人口と移民両方の行動に影響を与え得る。多文化主義の定義がはっきりと異なる移民文化の維持で、それを公式な政策として採用しているのであれば、文化的に特有な移民の社会的ネットワークは認められ、奨励される。ディアスポラは限られた都市に集中し、そのような都市の学校の中には圧倒的にディアスポラの生徒が多いということもあるかもしれない。単一民族の移民が占める学校の推奨は、1960年代にアメリカ人生徒のための強制バス通学制度を促進していた進歩主義者からすれば、信じがたいという恐れおののきとともに見られるだろう。

だが、多文化政策によって移民集団による自国の文化と社会的独自性の保持が許され推奨される一方で、先住人口向けの政策は必然的に変わってくる。移民差別が起こる可能性があり、また実際起きるのではないかというもっともな懸念を抱く政府は、先住人口間に移民と同様の社会的ネットワークが存在することに強く反対せざるを得ない。移民がやってくる前、国内に存在する社会的ネットワークは当然ながら、先住人口のためだけのものだった。だが、反差別政策は事実上、そのようなネットワークの存在を認めない。適切に考えれば、そうしたネットワークは包摂的にならなければならないのだ。

ルード・クープマンズによる最新の研究では、統合率は実際、こうした政策選択に影響されることがわかっている。[35] 多文化政策のあるところでは、統合は遅い。多文化政策の効果として、公共財提供への協力の意志を減少させる、移民の国語習得率の減少や空間的隔離の増加などが測定されている。クープマンズはまた、寛大な福祉制度も、社会的階層の底辺に居残る動機を移民に与えることで統合を遅くする効果があると述べている。もちろん、これは先住人口にも同じ動機を与えるのだが、著しく低い生活水準に慣れている移民のほうがよりその動機は強くなるようだ。福祉制度が与えてくれるごくささやかな収入でも魅力的に見えるため、仕事に就くことでそれよりも高い収入を得ようというインセンティブが弱いのだ。併せて、多文化主義と寛大な福祉制度は家庭内でも職場でも統合を鈍化させる。クープマンズの数字に基づけば、いずれの影響も甚大だ。

社会的ネットワークは、集団間（ロバート・パットナム言うところの「橋渡し」の社会資本）よりも集団内（「絆を築く」社会資本）のほうが構築しやすい。また、大きい集団よりも小さい集団のほうが構築しやすい。こうして、多文化主義と反差別法の同時発生は意図せずして矛盾を生む。移民は先住人口よりも絆を築く社会資本を構築しやすくなるのだ。移民は祖国の文化を維持する結束の強いコミュニティを形成することが許され、奨励される。実際、「コミュニティ」という呼び名はしばしば、同じ国から移住してきた人々につけられることが多い。たとえば「バングラデシュ人コミュニティ」や「ソマリア人コミュニティ」のようなものだ。その一方、法の規制により、すべての先住人口向け社会的ネットワークは絆を築くものから橋渡しをするものへと変わることが求められる。その結果、移住によるつらい社会的大転換を経験していても、典型的な移民は典型的な先住民よりも濃密な社会的ネットワークに属することになる。ひょっとすると、パットナムが先住人口の分断に気づいたのもこれが理由かもしれない。社会的ネットワークで絆を築く人は減り、パットナムの言葉を借りれば「閉じこもる」のだ。多文化的分離主義政策を移民に適用し、反差別法を先住人口に適用すると、黄金律が破られる。一方が、他方に適用できない扱いを受けるのだ。だがきわめて明白なのは、先住人口が排他的ネットワークの構築を認められないということだ。ここでは、統合主義者の課題が重要になってくる。

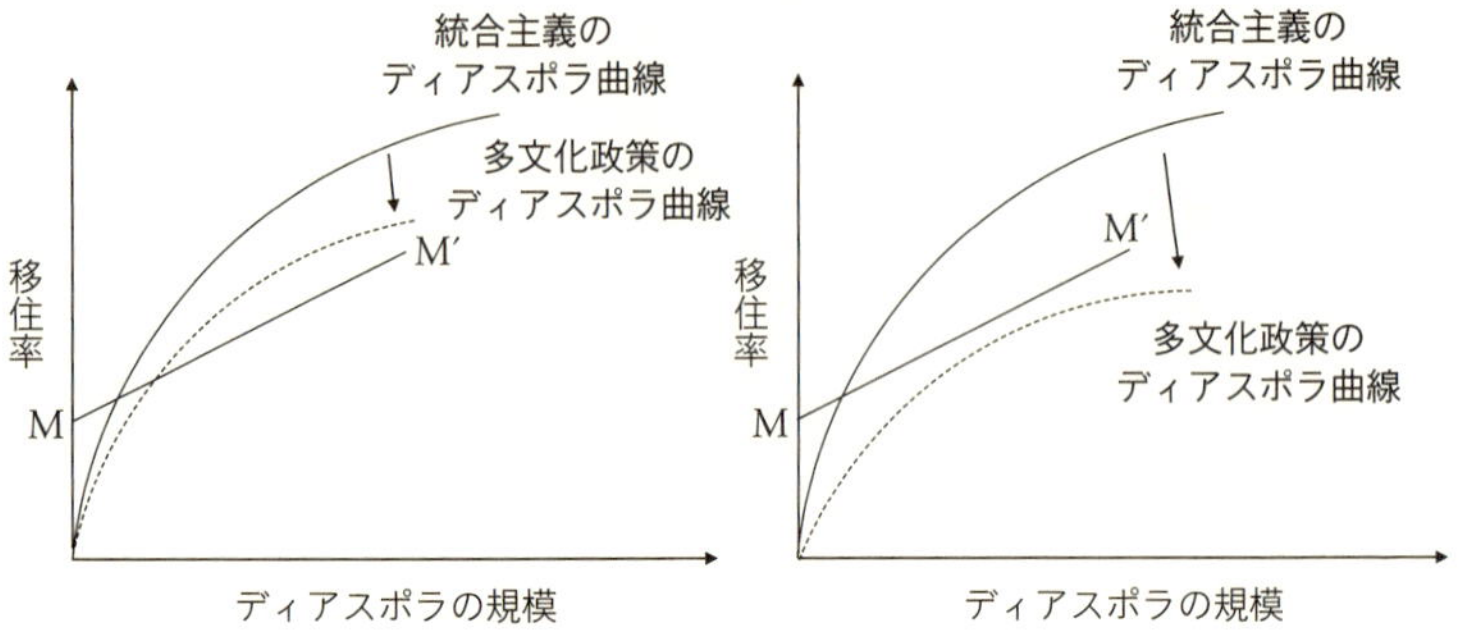

図 3-3　統合主義の均衡と多文化政策の均衡

ヴェール着用の可否に代表される移民の文化的慣習に対するフランスとイギリスの対比は、一貫性のなさを表している。ヴェールの着用はまさに文字通り、相互共感を損なうものだ。フランスではこれが国の標語のひとつである「友愛」と相容れないとして、禁止されることになった。この禁止は共産主義者と主流派右派の両方に支持された。イギリスでは、政治的領域の両側にいる政治家の一部がヴェール着用者の増加に懸念を示したものの、全政党の総意で政府の介入からは自由とすると定義された。だが、フランスの判断が示すように、友愛を損なう自由は人権と認められなくともよい。こうした政策の違いの結果、イスラム人口がフランスよりもずっと少ないイギリスのヴェール着用率はますます一般的になってきている一方で、フランスではほぼ目にすることはない。

ここでもまた例のモデルを使って、移住の加速が容認された場合に統合主義と多文化政策が最終的にどう作用するかを見てみよう。効果としては、吸収率が変わる。統合主義政策は吸収率を高め、多文化政策は低める。吸収率が遅ければ、ディアスポラ曲線は平板化する。吸収速度の低下は、図3―3に示した二つの方法で起こり得る。左の図では、吸収が遅くなることで、多文化政策がやがてディアスポラと吸収率の両方を増加させていく。図3―3では、別の可能性が示される。吸収の遅さが均衡の可能性を取り除くのだ。規制がなければ、ディアスポラと移住率はいずれも増加し続ける。

政策の大失敗の範囲が見え始めただろうか。だが次は、移住が受入国の住人に与える経済的影響に目を向ける段階だ。

第4章　経済的影響

経済学は、移住が受入国の人口に与える影響について二つの明確な予測を提供することができる。これらの予測は必然的に単純化されすぎており、場合によってはまったく間違っていることもあるのだが、物事をあまり複雑にしてしまう前に、単純なところから始めるのも悪くはない。

先住人口の経済的幸福は、一部は個人所得、一部は政府のサービスによって得られる。所得については、経済学の第一原則によれば、労働者の移住によって賃金は引き下げられ、資本収益率が上がる。そうすると先住労働者が割を食い、先住富裕層が得をすることになる。政府が提供するサービスについて言えば、既存の公的資本のストック――学校、病院、道路など――はより多くの人で共有されることになるので、人口あたりの割り当てが減る。より貧しい人々は所得を労働からより多く、資本からより少なく得るようになり、幸福全体は政府が提供するサービスからより多く得るようになる。したがって、経済学の第一原則の予測としては、移住は裕福な先住人口に利するが、貧しい先住人口には損をさせるということになる。滑稽なことだが、このただでさえ単純に過ぎる分析が意味するのは、中流階級が清掃員やベビーシッターなどの典型的な移民労働者の恩恵を受けることができるが、労働階級はもっと低い賃金で働いてもいいという移民労働者との競争に、さらに社会福祉サービスを利用する移民家族との競争に負けるということだ。

賃金への影響

さて、では証拠をいくつか示そう。幸いなことに、イギリスにおける賃金に対する移民の影響については、移住が増加した時期に調査をおこなった、かなり信頼できる新たな研究結果がある。(1) この研究では賃金に対する平均的な影響だけを調べたのではなく、高賃金から低賃金まで、すべての範囲にわたる変化を調べている。そして、経済学の第一原則が予測した通り、最底辺では移住によって実際に賃金が引き下げられたことがわかった。だが、ほかの階層では、賃金は上がっている。さらに、その増加率は減少率よりも大きく、広範囲にわたっていた。先住労働者の多くが、移住によって得をしているのだ。賃金階層の最底辺での賃金低下は経済学の原則に沿っているが、階層の上のほうでの賃金増加は、単純な分析では無視されている影響を考量しなければ説明できない。研究者たちも、移民労働者がもたらした流動性が労働市場の効率を改善したと推測している。つまり移民が、新しい仕事の可能性がもっとも大きい都市部やニッチ市場に集中したというわけだ。つまりは、イングランド南東部の広がり続けるサービス経済に移民が集まっているということになる。移民により拡大が容易に実現できるようになったため、起業家たちは生産性を向上させ、より高い賃金を払えるようになった。

労働市場に対する移住の影響を調べたまた別の新たな研究が、ヨーロッパ全体での影響に目を向けている。(2) それによれば、移住は先住労働者の賃金も引き上げることがわかった。だが、これが起こる仕組みそれ自体、驚くべきものだ。ヨーロッパでは平均的に、先住人口よりも移民のほうが技能がすぐれている。だがこれはひとつには、単に熟練の労働者がヨーロッパ中をぐるぐる回っているだけだということもある。熟練の労働者は未熟な労働者と競合するのではなく補完するので、未熟な労働者の生産性を引き上げる。この影響はもちろん、移民の中に全体的な技能レベルを引き上げるくらいの熟練労働者がどの程度いるかによっても変わってくる。

勝ち組と負け組両方がいるときに経済学者が投げかける標準的な質問は、勝ち組が負け組を十分に補償して、それでもまだ得をすることができるかどうかというものだ。賃金への影響という観点から見れば、裕福な先住家庭は貧困家庭が失うよりも多くを得るので、貧困家庭を補償することができるはずだ。だが、ここで実際に問題となるのは補償が可能かどうかではなく、補償が実際におこなわれるかどうかだ。そうするとすでに議論した相互共感と、幸運な者が不運な者を助ける意志の話へと戻ることになる。移住によってこうした財産の移転の必要性は増えるのだが、それを実行しようという意志は減るかもしれない。

つまり、過去の移住が賃金に与える影響でもっとも可能性が高いのは、ほとんどの先住労働者は得をするが、最底辺の労働者は損をするというものだ。こうした影響は移住を肯定するものだが、その規模はごくささやかだ。移住が先住労働者に与える影響は、大騒ぎしているわりには些末なのだ。だが、実証的研究は、観察できた範囲の多様性の中でしか移住の影響を分析することができない。移住が加速し続けたらどうなるかについては、あまり教えてくれないからだ。それに関しては、そもそものスタート地点だった経済学の第一原則に立ち戻ったほうが安全だろう。ほとんどの先住労働者の賃金は大幅に落ち込み、何年も低いまま推移するのだ。

住居への影響

高所得国では、住居は単独でみればもっとも重要な資産であり、有形資産全体の半分近くを占める。このため、労働から得られる所得のフローに移住が与える影響に加えて、住居の入手しやすさに与える影響も、先住人口の経済的幸福にとっては重要になり得る。明らかに、移民はあらゆる方面から住宅戸数を圧迫する。

もっとも重要になり得る影響は、貧しい状態で家族を連れてやってくる移民が、公営住宅を巡って先住貧困層と競合するというものだ。移住は先住人口よりも貧しく、より大きな家族を抱えている傾向があるので、公営住宅に対する需要が飛び抜けて高い。だが、その需要に応えれば必然的に、先住貧困層が押し出されてしまう。低所得層の先住労働者に対する賃金面での影響は小さいかもしれないが、公営住宅をめぐる競争はもっと大きなものになる。移民は貧しいだけでなく、数少ない貧困地域に密集するからだ。これまでの移住の規模でも、先住人口を押し出すという大きな影響があった可能性が高い。これまで以上に移住が加速していけば、先住貧困層が公営住宅を利用できる可能性がかなり低くなってしまう可能性がある。

移民が公営住宅に対する明確な権利を与えられるべきかどうかは政策論争の活発な領域であり、倫理的にやっかいな問題だ。移民は受入国社会の先住人口と比べると困窮している場合が多いが、母国にとどまった場合に満たされたニーズに比べれば、すでに相当大きな棚ぼた利益を得ている。そんな彼らのさらなる需要に公営住宅で応えると、受入国社会の水準からすれば困窮している先住人口に移転を求めることになる。このように分配される公共サービスは、公営住宅だけではない。特に対立が目立つのが、教室の中だ。現地の言葉を解さない移民の子どもには特別な対応が必要だが、成績が悪い先住貧困層の子どもにも特別な対応が必要だ。細心の注意を払って予算を配分すればこの問題にある程度は対処できるかもしれないが、現実には、どっちを優先するべきかという難しい選択を教師が迫られることになる。万人救済論者の功利主義者はそれでも、移民は彼らが押し出す先住人口よりも困窮しているのだから、全体的に見れば世界の幸福度は上がっているはずだと結論づけるだろう。だが、移民が移住によって個人所得を大幅に増やすという幸運に恵まれたのだから、割に合わないほどの数の公営住宅を彼らに回す理由はないと主張する者もいるかもしれない。

移民と先住人口を平等に扱うという原則は、集団にも個人にも適用することができる。先住人口の一定割合が公営住宅を割り当てられているなら、集団の平等な待遇に基づいて移民も同じだけの割合の住宅を、個別の特徴の違いは無視して割り当てられる権利があるということになる。これは実際、一部地域では慣習となっている。これを後押ししたのは一部には地元先住人口の観点から見た公平性、そして一部には統合に対する現実的な懸念だ。

集団間の平等な権利に対する倫理的反論は、第二級という地位を避けるためには移民ひとりひとりが先住市民ひとりひとりとまったく同じ権利を持つべきだ、というものだ。移民が先住人口よりも困窮しているなら、ニーズベースの基準に従えば、専用の公営住宅を利用できる権利がより多く与えられるべきだ。だが、第二級市民という主張を個人レベルにあてはめることには限界がある。第3章で説明したように、公営住宅のような公共サービスの提供は、無数の助け合いゲームの維持にかかっている。市民権は法的概念だが、それに道徳的な力を持たせるには、相互共感のより深い認識が根底になければならない。市民権とは根本的には、政府の給付金を受け取る権利や法を順守する義務のことではない。他者に対する態度のことだ。公共サービスの継続的な提供は、先住人口同士が持っているのと同じ相互共感の態度を、移民と先住人口の双方が身につけられるかどうかにかかっている。文化的差異の保全が公共サービスへの脅威となり得るにもかかわらず個人の権利とみなされるのなら、この差異に対する権利と、先住文化が実現した公営住宅に対する個人的権利との間には緊張が生まれる。この集団基盤の権利の原則が倫理的に妥当とみなされるかどうかは相当注目に値するので、第6章で立ち戻る。

公営住宅を巡る競争に加え、移民は定着するにつれて一般住宅市場でも競争に加わるようになってくる。

それが、賃料や住宅販売価格を吊り上げていく。イギリスの予算責任局が最近出した国内推計によると、住宅価格は移民の影響で約10％上昇しているそうだ。この住宅に対する影響はやはり、賃金に対する影響よりもかなり大きいように見える。既存の住宅はそのほとんどが年配の富裕層によって所有されているため、移民による住宅価格の上昇は、低所得層からの逆進的な移転を示唆している。さらに、移民が空間的に密集するため、地域によってその影響は大きく異なるはずだ。移民によって全国の住宅価格が10％上昇したというのは国全体で見れば大した影響にはならないが、ロンドンやイングランド南東部地方、そしてほかにもいくつかある移民率の高い地域にとってはかなりの価格上昇になっている。逆説的ではあるが、住宅価格の南北の溝が著しく広がることで、イギリスのほかの地域から南東部に移ることはかなり難しくなった。移住は成長地域で労働者を採用する企業の能力を伸ばしたが、逆に、先住労働者層の国内移動力を低めたのだ。これが、先住労働者の所得損失の仕組みを生む。彼らは、成長地域でもっと賃金のいい仕事を求めて移動できなくなったのだ。

これが移住による先住人口への経済的影響の総体的結果なのだとしたら、経済学者の間で移住がとてもいいことだという圧倒的なほどの総意があるというのは理解に苦しむ。ひょっとすると何か、重要な影響を見落としているのではないだろうか？　そこで、提案された影響のいくつかと、いまだに不当に無視されていると私が考える影響に目を向けてみよう。

移民例外論の影響

移住を支持する側からしばしば聞かれる主張は、長い目で見れば大きな利益が蓄積するというものだ。その根拠は、移民が飛び抜けて革新的である、あるいは型にはまらない考え方をできるくらいには先住人口と異なっているので、革新の全体的なペースを加速化するという点にある。よく引用されるのが、アメリカでは移民とその子どもたちが群を抜いて多くの発明特許を取得しているというデータだ。つまり、移民はとりわけ優秀だということだ。これは重要な主張だ。革新的な人々の移住によって、移民の数と不釣り合いなほどに成長率が上昇するかもしれない。だが、このアメリカの例は、革新的な起業家を引き寄せる磁石としてのアメリカの特性のほうが、世界中の移民の例外的な性質よりも理由としては妥当かもしれない。さらに、移民が例外的な存在を自任してやってきたのだとしても、高所得国の利益は、移民の貧しい母国の損失で相殺されてしまう。貧困国から富裕国への才能の移転は、必ずしも世界的に祝福するべき事態ではない。ダメ押しするなら、移民が飛び抜けて革新的だったとしても、それは革新的な人々が移住する可能性が高いからではなく、移住という経験そのものによって、人々が革新的になるからだ。たとえば、バイリンガルになることで知性が向上するという証拠がいくつか見られる(3)。

移住による長期的成長の影響は、測定するのが難しい。移民例外論それ自体、中期的にしか持続しない可能性が高い。長期的に見れば、移民の子孫は先住人口に融合していくからだ。つまり、移住による明確な長期的影響のひとつは、人口が増えるということになる。高所得層にとって、国の人口規模と所得の間には事実上なんの関係もないので、移住がいずれかの形で長期的な経済的影響を与えることは期待できない。ルクセンブルク、シンガポール、ノルウェー、デンマークはいずれも人口が少ないが、世界的には最高水準の所得を国民にもたらしている。したがって、人口が多いのが得か損かは主に、その国が利用可能な土地に対して人口が過剰か過少かによって決まる。人口不足の候補になる可能性が高いのはオーストラリアだろう。広大な大陸に、たった3000万人しか住んでいない国だ。著名なオーストラリア人経済学者マックス・コーデンは、オーストラリアは人口が大幅に増えればそこから利することができるという説得力のある主張を展開している。[4] その一方、イギリスとオランダはヨーロッパでもっとも人口が密集している国であり、実際、世界でもっとも人口が密集している国のうちに入る。それほど人口が密集すると、使える土地は限られる。人口が増えれば土地がますます使われるようになるだけでなく、住宅やインフラのさらなる需要が絶対的に増える。そうすると大量の移民が長期的な利益をもたらす可能性は低く、最終的には持続不可能になってしまう。[5]

移民が成功する傾向は、中期的には経済を推進する効果があり、それは先住人口にとっては利益となる。だが移住全般に関して言えば、そこそこの規模になると、移民の不釣り合いなほどの成功さえ問題になり得る。先住人口のもっとも恵まれていない階層では移民の成功が刺激になるよりもむしろやる気をそぐことになりかねない。アメリカでは、移民の子どもは平均すると、先住人口の子どもよりも高い教育と高い賃金を得ている。[6] イギリスで根強い大きな社会問題は、労働階級の子どものやる気がないことだ。移民の子どもとは、まったく逆の性質だ。どちらの性質も、自己実現的な傾向がある。数十年にわたって希望を打ち砕かれ続けてきた先住貧困層の間に蔓延している空気は、運命論として進化した。挑戦しなければ、失望することもないというのだ。移民に追い越されることで、失敗が不可避であるという感覚がさらに強められる可能性がある。母国語が英語ではない移民の子どもでさえ、先住労働者の下層に位置する子どもたちよりもいい成績を挙げている。やる気の喪失は、競争によってさらに悪化するかもしれない。社会的圧力によって予測される失敗という未来に立ち向かう労働階級の子どもたちは事実上、大学や研修プログラムというエスカレーターに乗るために、やる気に満ちた移民の子どもたちと競争しているのだ。さらに、移民の子どもたちが直面する言語や差別といった問題は明確であり、相応に活発な政策によって対処可能なため、実際に対処されている。だが、これでは先住人口のやる気のなさという、より漠然として対処が難しい問題が後回しにされてしまいがちだ。

成功の最上層でも、移民の大成功は問題を引き起こす可能性がある。有名なのは、東アジアの「タイガー・ママ」と呼ばれる、子どもにずば抜けていい成績を取るよう厳しく育てるスパルタ教育ママの例だろう。普通の子どもとしての楽しみである空想や遊びといった行為を犠牲にする彼女たちのやり方には、賛否両論ある。子育ての習慣がそれほど厳しくない国に東アジア系の移民が入ると、選択的教育の上澄み部分がこの特定の移民集団に占められるという予期しやすい結果が見られる。たとえばオーストラリアの主要都市であるシドニーでは、都市で一番と長年みなされている学校の生徒はいまや90%が東アジア系だ。ニューヨークでは、公的資金を受けているスタイヴェサントやブロンクス・サイエンスといった一流校でもやはり、70%をアジア系が占めている。先住人口の賢い子どもたちは、居場所を失ってしまった。もちろん、オーストラリアやアメリカの新世代の青年たちは、やる気に満ちた移民との競争がなかった場合よりも、いっそう賢くなるかもしれない。オーストラリア人とアメリカ人が、この賢い世代から全体としてみれば利益を得ることができるというのは、ある程度意味があるだろう。だが、めざましい成功という「豪華賞品」を手にする先住人口の子どもは少ないということも、同じくらいの意味を持つ。先住人口がこれを純利益と見るか純損失と見るかは、根本的に未解決の問題だ。北米の大学の多くが目立たないところでとっている対応のひとつに、東アジア系に事実上の定員を設定しているというものがある。イギリスの私立学校の中には、逆方向に人種差別的に思えるところもある。大学ランキングの上位をめぐる競争が激しいため、高い割合の東アジア系生徒を入れることは成功への魅惑的な近道になるのだ。大学や高校の至るところで見られる不正差別は間違いなく非倫理的だが、政策における空白に対する自然な反応だ。同様に、この空白は公の場における議論でタブー視されてきた結果でもある。

同じことがカナダで、だがもっと大きな規模で起こっている。そして規模は重要だ。東アジア系はいまや法律などの科目で、大学の半数近くを占めている。なので、次世代のカナダ人判事の半数近くが東アジア系になる可能性はかなり高い。司法におけるこの内訳が先住人口にとって懸念するべき事項なのかどうかは、東アジア系がカナダ人社会にどのくらい溶けこむかによっても変わってくる。一方では、東アジア系は単純にカナダ人になるかもしれない。判事の半数が東アジア系であるという事実は、半数が左利きであるという事実と同じくらい意味を持たなくなる。だがもう一方で、仮に多文化主義に後押しされ、東アジア系が閉鎖的コミュニティを形成し、かたまって同族結婚を繰り返し、明らかに異なる価値観や信条を持つ文化を構築していったとしたら？　そうなると、文化的にはっきりと違う集団が審判を下す裁判の割合が高くなることは、先住人口にとっては相応に懸念するべき問題になるかもしれない。

移民が例外的になる傾向があるもうひとつの側面が、資産だ。貧困国の移民の多くは先住人口よりも少ない資産しか持ってこないために公営住宅を巡って競争する一方、財産の有無は入国の権利を割り当てる基準のひとつになっている。その結果、移民間の富の分布は先住人口と比べるとその両端でかなりねじれている。より多くが貧しいだけでなく、より多くが裕福なのだ。裕福な移民を入国させる政策の一般的な根拠は、彼らが持ってくる余分な資産が生産性と賃金を引き上げるというものだ。経済学者は、この主張に疑念を抱くべきだ。資産は高所得国間では容易に移動するので、移民が持ちこむ追加的資産は、金融市場における均衡を回復する流出によって相殺される。だが、富の直接的な流入がきわめて目に見えやすい一方で、相殺する流出は気づかれないため、政治家たちは富をしばしば入国の基準として用いてきた。とはいえ富裕層の移住は、住宅市場には影響をおよぼす。裕福な人々は、高額な不動産を購入するのだ。たとえばロンドンでは、いまや高級住宅の70％が移民によって買い上げられている。これは、社会に影響する可能性がある。経済学者フレッド・ハーシュは、「地位財」と名づけた概念を提唱している。社会的地位をもたらすが、供給が限られている商品だ。(7) ハーシュは、繁栄が増すにつれて、所得が増えたにもかかわらずそうした商品を手に入れられない人々の間で不満が募るという懸念を示している。ハーシュが正しければ、一見無害な、だが屈辱的な国のミッション・ステートメント「あなたの富を私にください」に、疑問の余地が生じることになる。

超富裕層の移住が見た感じほど無害ではないものの、移民反対派は移民が例外的である別の側面を強調する。具体的には、その犯罪性だ。移民による犯罪についてのデータは驚くほど限られているが、測定可能な代理変数として、刑務所に収監されている外国人の数が挙げられる。ヨーロッパでは、さまざまな理由から、刑務所における外国人の割合がかなり高い。その典型がフランスで、外国人の割合は総人口の６％だが、刑務所では21％を占めている。この傾向は、ヨーロッパ以外では一般的ではない。アメリカでは、移民の犯罪率は先住人口と比べると大幅に低いのだ。この事実についてイギリス内務省の科学の最高責任者と議論したことがあるのだが、どうやら四つの明確な影響があるらしい。ひとつは、移民が母国の社会から持ちこむ文化だ。(8) ハーバードの社会学者であるサンプソン教授は、アメリカへの移民の犯罪率が平均以下であるのは、メキシコ人に顕著な社会的特性で説明できると言う。彼はいずれも犯罪率を引き下げる傾向がある強い家族の構造、職業倫理、そして宗教的献身を挙げて、そのすべてが１９５０年代のアメリカ文化のようだと語った。文化は移民集団間で大幅に異なるため、この影響はその規模よりもむしろ、集団の構成によって決まる。第二の影響は、移民が移住先の国で得られる法的な機会だ。あまり技術がなくて労働市場で差別に直面すれば、犯罪に走る可能性が高い。この影響が移住と犯罪性との間に強力なつながりを生むかどうかは、移民の技術の内訳と労働市場における政策の両方によって変わってくる。第三の影響は、人口動態的なものだ。犯罪の多くは若い男性によっておこなわれるため、移住に関する法律が若い男性を不均衡なほどに優遇するものであれば、刑務所の人口に移民の割合が高くなるのも不思議ではない。第四の影響は、社会におけるほかの人々に対する社会的絆だ。非社交的でいれば、犯罪と自尊心は簡単に折り合いをつけてしまう。被害者候補に対する愛着が少なければ少ないほど、相互共感も弱くなる。

異なる時間枠をまたいで先住人口の所得に対する影響をまとめると、短期的影響は先住者がどこに属するかによって違ってくる。所得階層の下の方では先住労働者の賃金がわずかに下がり、移動性も下がり、公営住宅を大きく失うという妥当な証拠があるようだが、ほとんどの労働者は得をする。中期的には、移民が成功する傾向によって所得は引き上げられるが、先住人口は豪華賞品を手にすることができなくなる。長期的には、経済的影響はすべて些末なものだ。ひとつ明らかな長期的影響は、1人あたりの空間が減るということだ。

高齢化の相殺に移民は必要か？

移住を支持するもうひとつ一般的な主張は、特にヨーロッパで聞かれる話だが、人口動態的なものだ。(9)「高齢化しつつあるから、移民が必要だ」という考え方があるのだ。はなはだしく無能な社会政策の結果、先住人口が奇妙な人口動態的特徴を持つようになった社会がいくつかある。そのもっとも極端な例がロシアで、ソ連崩壊後に経済的移行の管理を失敗するという惨劇が起こったために出生率が崩壊し、死亡率が上がるという結果を招いた。ロシアの人口は減少し、最近になってようやく回復してきたところだ。これが示唆するところは、労働年齢1人あたりの被扶養者の数を示す従属人口指数が急激に上昇する時期があるということだ。ロシアの不均衡を正す方法のひとつは、若い労働者の移住を奨励することだろう。そこまで劇的ではないにせよ、イタリアと中国も同じ問題を抱えている。移住が恒久的なものなら、一時的な人口動態の不均衡を正す方法としてはずいぶん劇的だ。ほかにも解決方法はあって、高齢者がよそへ移住するという選択肢もある。ノルウェー人の多くが引退すると南ヨーロッパへ移住するのがその例だ。あるいは、個人が引退後にするように、社会が資産の一部を費やしてもいい。資産を支出することで、社会は輸出するよりも多くの財を輸入できる。そうするとその分野で働いていた労働者が、代わりに高齢者のニーズに応える仕事に就くことができる。このような資産の転用は、巨額の外貨準備と膨大な天然資源を持つロシアには適しているはずだ。

だが、社会が高齢化しているという事実だけでは、追加で労働者が必要になるという理由にはならない。科学と公共政策との相互作用によるもっとも勇気づけられる成果は、10年ごとに約2年の割合で世界の平均寿命が伸びていることだ。父より40年あとに生まれた私の平均余命は、8年長いということになる。マスコミは悲観的になりがちなので、これはまるで問題でもあるかのように報道されることがある。身体の弱い高齢者という負担が増えるというのだ。だが実際には、総寿命と同じくらい、活動的平均余命も急速に伸びている。高齢化が問題になり得る唯一の理由は、政策の不手際だ。一般的には20世紀半ばごろに法的な定年退職年齢と年金制度が導入されたとき、政治家たちは手抜きをして、引退年齢を平均余命に相対する年齢ではなく、65歳や60歳といった具体的な数字で固定した。つまり10年ごとに平均余命が2年伸びるとすれば、退職後の年数も自動的にそのぶん伸びていくことになる。そこで政治家が勇んで、平均余命の伸びに合わせて退職年齢を引き上げようとすると、今度は社会が憤懣やるかたないといった反応を示す。平均余命がこれほど急速に伸びている中、退職後の生活が長くなるのでは負担が重すぎる。社会が豊かになっていくにつれ、退職年齢を平均余命に合わせて調整できるようになるはずだが、そもそもの前提として、具体的な年齢に固定するべきではないのだ。

政府が退職年齢を固定するという不手際をしているのだから、なぜ若者の移住によって自分たちを救おうとしてはいけないのか？　理由は、そのような戦略が持続不可能だからだ。労働年齢の移民の流入が社会にもたらすのは一時的な棚ぼた利益に過ぎず、その一方で平均余命の伸びは継続的に起こる。経済学は、一時的棚ぼた利益をどう扱うべきかについて明確な分析をおこなってきた。その答えは貯蓄だ。たとえば、政府は若者の移住による一時的な増収を、公的債務の軽減に回してもいい。だが絶対にしてはならないのはそれを年金などの新たな、継続的な支出義務に使うことだ。だが、「高齢化に対抗するために移民が必要だ」という議論は、まさにそれをしろと言っている。

さらに、人口動態的な主張では移民が従属人口指数を低下させると仮定している。若い彼らは労働力の一部なので、増え続ける先住人口の定年退職者と釣り合いを取るのだと。だが、労働年齢の移民には子どもも親もいる。低所得社会に特徴的な規範として、女性が持ちたがる子どもの数が挙げられる。高所得の規範に合わせるようになるまで、低所得社会からの移民は飛び抜けて多くの子どもを持つ傾向があるのだ。移民が扶養する両親も移住先へ連れてくるかどうかは、受入国の移民政策によって大きく異なる。イギリスでは、低所得国からの移民が扶養家族を連れてきたいという要望があまりにも強かったため、１９９７年までにやってきた移民のうち、実際の労働者はわずか12％だった。子どもと親の双方を加味すると、移民がたとえ一時的にでも従属人口指数を引き下げるという推定は成り立たない。デンマークの経済学教授トルベン・アンデルセンが最近発表した一連の論文は、スカンジナビア流の寛大な福祉制度の持続性に移民が与え得る影響について調査したものだ。アンデルセンの結論は、制度を維持するどころか、移民によって制度が存続不能になるかもしれないというものだった。移民の技能水準が低く、従属人口指数が高いからだ[10]。

技能不足を埋めるのに移民は必要か？

移民のメリットとしてもうひとつ考えられるのは、技能不足の補完だ。先住人口では特定の技能分野が埋められず、選ばれた移民で埋めるのがもっとも簡単だという場合がしばしばある。ドイツは１９９０年代にＩＴ関係の人員不足に気づき、その分野の技能に長けたアジア系の短期移民を奨励してその穴を埋めようとした。１９５０年代にはフランスも建設労働者不足に気づいて、北アフリカから労働者を呼びこんでいる。１９７０年代にはイギリスが看護師不足に気づき、イギリス連邦の各地から広く採用した。イギリスでは長い間、「イギリス医師会」という国内医師の労働組合を丁寧に言い換えた団体が、医師の供給を制限してきた（表向きは基準を維持するためとのことだったが、実際には高い賃金を正当化できるように医師不足を演出したかったのではないだろうか）。その結果、イギリスの医師はヨーロッパでもっとも高い部類の報酬を受け取っている。そのため、イギリスの医療サービスは移民の医師を雇い入れることになったのだ。求められる技能に対する需要をすべて予測できる社会はない。だが、イギリス人医師の例が示すように、移民という安全弁は長期的には、問題の根源である技能訓練に取り組もうというインセンティブを削いでしまうかもしれない。

先住労働者に対する技能訓練に移民が与える影響は、私が知る限り、十分に研究されていない。ヨーロッパでは移民の技能がすぐれていたために先住労働者が恩恵を受けたことを思い出してほしい。未熟練の先住労働者が、熟練の移民労働者と一緒に働くことができるのだ。だがこれは未熟練労働者にとって直接的にはいい知らせでも、間接的にはそうとも言えないかもしれない。若い労働者に技能訓練を施すかどうかは、企業が訓練に投資しようと決断するかどうかによって決まる。訓練にはコストがかかり、訓練を受けた労働者が転職してしまう可能性もあるため、個々の企業にとってもっとも有利な戦略は、すでに技能を持っている労働者をほかの会社から引き抜いてくることだ。引き抜き行為は誰かが得をすれば誰かが損をするゼロサムゲームなので、業界団体はピア・プレッシャーを使って、共同で訓練に取り組もうとすることもある。業界のすべての企業がそれぞれの分担の訓練を引き受けるのだ。だが、連携を前提とする成果はすべて、脆弱になりがちだ。ちょっとでも衝撃が加われば、パターンが壊れてしまうかもしれない。訓練を受けた移民の流入がその衝撃の役割を果たし、業界全体の訓練制度を揺るがしてしまう可能性があるのだ。熟練の移民労働者が大量にやってくると、すでに訓練を受けた労働者を採用することで一時的にゼロサムゲームは成立しなくなる。ほかの企業から引き抜く必要がないからだ。訓練制度が崩壊したとしても、訓練のコストをかけずに熟練労働者を手に入れられれば企業は総体的には得をする。だが、企業が訓練に投資してくれなくなるので、若い先住労働者は損をすることになる。

この影響の実証的な重要性はまだ研究されていないが、一見するとイギリスで起こっていそうな話だ。イギリスでは企業主催の訓練制度の崩壊があった。特筆すべきは、徒弟制度の多くが放棄されたことだろう。若者の訓練からの撤退は、大きく見ると移住の増加と時期を同じくしていた。ピーク時には新規雇用の80％が移民によって埋められていたが、それが偶然だったのか、原因だったのか、それとも結果だったのかは不明だ。いずれにせよ、いったん失われてしまった業界全体の徒弟制度は、連携にかかるコストが大きすぎるために復活させるのが難しい。

ビジネスにとっていいこととは、必ずしも先住人口にとっていいこととは限らない。ビジネスの短期的関心は、開かれた扉政策だ。すでに技術を身につけている移民を雇うほうが若い先住労働者を訓練するよりも安上がりだし、扉が開かれていたほうが選べる人材の幅は広がる。その国の社会モデルから恩恵を受けたい企業が若者を訓練して労働者を雇用するように圧力をかけるのは、先住人口の関心事だ。ドイツは、そのような政策が企業を外国へ追いやってしまうことはないと実証している。だが企業と国民との間に関心の差があるため、人々は企業の移民政策についての発表に疑いを抱くようになるはずだ。新聞には毎週のように、どこかのCEOが移民の制限を声高に非難している投稿が載っている。だが熟練労働者が必要なら、どうして自分で育てないのだろう？　彼らのもったいぶった発表は、「ゼネラル・モーターズにとっていいことは国にとっていいことだ」という大言壮語のつまらないバリエーションにすぎない。

移民の流入は国外流出を誘発するか？

移住に関するイギリスの政策は現在、人の純移動として定義されている。目標は、国内流入マイナス国外流出だ。一部の長期的目標のためには、これは正しい政策定義方法だ。目的が住民1人あたりのオープンスペース比率を維持することであれば、純移住は、出生率にもよるが、ゼロかそのあたりに設定されるべきだ。だがそれ以外の目的であれば、国内流入と国外流出は個別に検討するべきだろう。ほとんどの高所得国において、国外移住は政策で取り上げられるほどの懸念事項にはなっていない。だが最近の証拠を見ると、ヨーロッパ諸国では国外移住が残留人口に深刻な損失をもたらしているようだ。[11]　国外移住者は平均的な国民よりも技能がすぐれている傾向があり、アメリカやオーストラリアなどの賃金が高くて急速に成長を遂げている国に惹きつけられていく。では、移民の流入が国外移住を加速化させると考えるような理由がなにかしらあるのだろうか？

移住の標準的に定型化された経済モデルでは、移住の権利を受けるに値するかどうかを決定するポイント制度が、入国移住と出国移住との間に直接的な関連を生む。ポイント制度の標準的な特徴がディアスポラの親戚を優遇するものだということは覚えているだろうか。世界的な移住のこれまでの歴史を見ると、結果的にヨーロッパ人は低賃金国の移民よりもアメリカ、カナダ、オーストラリア、ニュージーランドへの移住がしやすかったことがわかる。これがどう展開するかを見るには、三つしか国がない世界を想像してみるといい。イメージしやすいように実在する国の名前を挙げるが、実際の国のことを言っているわけではない。単に、仮定の特徴を備えた概念というだけだ。国A（アメリカ）と国B（イギリス）はよく似た、どちらも高賃金の経済国だが、国C（チャド）は低賃金国だ。アメリカはイギリス国民の移住を認めているが、チャドからの移民は認めていない。ここで、イギリスが開かれた扉政策を採用して、チャドからの移民を受け入れるようになる。その結果、チャド人がイギリスに移住し、イギリスの賃金がわずかに下がる。このわずかな低下はチャドからの移住をやめさせるほどの額ではないため、移住による利益のほうが大幅に上回り続ける。だが、今度はイギリス人にアメリカへ移住する経済的インセンティブが生まれる。この単純化されたモデルでイギリスからの移住を促進する仕組みは、賃金の低下だ。これは実際の移住ではそれほど大きな規模では起こらないことがわかっている。だが、賃金が下がらないからといって、生活水準が下がらないというわけではない。たとえば、都市が人口過密になってくると、賃金による利益は混雑によって相殺されてしまう。現在、ロンドンの人口の半数以上が移民だが、その数はほぼすべての住民が先住人口だった1950年代から変わっていない。では移住がなければロンドンの人口が今の半分だったかというとそれは考えられないので、唯一の妥当な解釈は、移住によって先住人口がロンドンを離れたというものだ。その人々はどこへ行ってしまったのだろう？　その多くは、単に郊外へと移っただけだ[12]。だが現在、イギリスもオランダも、高い入国移住率と同時に高い出国移住率を経験している。この二つの移動の間に因果関係があるかどうかは、まだ研究されていない。

入国移住が先住人口の出国移住を促進している仕組みはおそらく、好況と不況のサイクルだ。資本と労働の世界的な流れが好況を増幅し、意図せずしてその後の不況も増幅する。1990年代に起こった東アジアへの資本流入が、1998年の不況を招いた。アジア通貨危機だ。同様に、移民への開かれた扉政策が1997—2007年のアメリカ、アイルランド、イギリス、スペインの好況を増幅した。そのころ、ゴードン・ブラウンのような政治家は、好況と不況のサイクルを撲滅したと主張していた。だが実際に彼らがやったのは、好況を長引かせてこのサイクルを強化することだった。インフレを恐れてかつての政府は好況をハンドリングしなくてはならなかったが、国内移住は、インフレの引き金を引かずに政府と民間両方の過剰支出の継続を可能にしたのだ。その結果が、2008年の大不況だ。入国移住は好況と不況のサイクルの原因ではないが、世界的な資本の流れと同様に、サイクルを増幅し、それによって不況を深刻化したのだ。不況の間、新規雇用はなくなり、労働市場に入る若者世代の失業率はかなり高くなった。たとえばスペインでは、若者の失業率は現在50％近い。すでに働いている移民が新たな先住労働者のためにその座を明け渡すという仕組みは存在しない。仕事が見つからない若い先住人口が出国移住を考えるのは理解できる。だが新たな移民が仕事を見つけられなかった場合に母国に戻るかどうかは、両国間の所得格差と、移動の容易さによって異なる。スペインへの移民の多くは、賃金がずっと低いアフリカから来ている。スペインに来るのはかなり難しいので、帰国という選択肢はないかもしれない。このため、スペインで何年か無職でいるほうが、帰国するよりもいい選択肢になり得る。その一方、好況のころにアイルランドにやってきた移民のほとんどは、東ヨーロッパ出身だった。所得格差が小さく、移動も簡単だったため、アイルランドが不況にみまわれている間は多くの移民が母国に戻り、労働市場の調整を容易にした。それでも、アイルランドは2011年までに19世紀以来最速の国外流出を経験している。ポルトガルでは、不況によって若い先住人口の失業率があまりにも深刻になったため、政府は公的な政策として出国移住を積極的に奨励した。好況期の入国移住は意図せずして、不況期の先住人口の出国移住を生み出したのだ。

移民が出国移住を誘発するとして、それが問題になるだろうか？　個人的観点からは、功利主義であろうがリバタリアニズムであろうが、先住人口自らの意志による引っ越しは特に重要ではない。実際、イギリスで入国移住が増えた結果として先住人口が住宅から資産売却益を得て、その金でスペインに移住できるようになったとしたら、全員が得をしたことになる。一番いいのはすべての入国移住制限を撤廃することだろうが、次善策は国ごとの違いをうまく利用して、高賃金を得る機会を法的に手に入れられるかどうかに応じて世界中の人たちをシャッフルすることだろう。この結論に気まずさを覚えたとしたら、それは国家という概念に、単に個人に機会を提供する手段として以上の価値をなにかしら見出しているからだ。人口構成を根本的に変えてしまわない限り、出国移住に前述の経済効果以上の重要性はない。だが入国移住と出国移住のつながりが人口を大きく変える強力な回転扉になるとしたら、たしかに懸念が広がる問題だろう。チャドがからっぽになったように、世界中で文化的損失が起こる。アイスランドが中国人で埋めつくされるにつれて、アイスランド人がみんなノルウェーに移住したらと考えてみるといい。有効な倫理的枠組みの中で合理的に考えてどうしてこれが損失となるかについては、第Ｖ部で立ち戻る。

ゲストワーカーの経済学

ここまでに、移住による経済効果を幅広く見てきた。入国移住が先住労働者の賃金を引き下げるという話も、入国移住が経済的に必要だという話も、事実ではない。真実を言えば、中程度の移住には先住人口に対する経済効果があって、それは短中期的には微々たるものだし、たいていの場合はそれなりにプラスに働くはずだ。長期的な影響はすべて、考慮するほどのものではない。その一方、急速な移住が持続すれば賃金に対する影響が生じ、さらにわずかな公共財を共有しなければならなくなるため、先住人口の大半の生活水準が下がる。このため、移住制限は生活水準を守るためには重要ではあるが、中程度の移住にはそれなりにメリットがある。だがもし、日本のように同質社会を維持したいという国があれば、扉を閉ざし続けていられる限りは経済的コストもそれなりに抑えられるだろう。結局のところ、日本は入国移住がなくても世界有数の富裕国であり続けているのだから。言い換えれば、経済的証拠を見る限り、経済学が移民政策を決定する重要な基準である必要はないということだ。

経済学にその役割がないなら、何を基準にするべきなのだろうか？　より不明瞭な、場合によっては経済的幸福にとって逆効果となり得る帰結が、第3章で議論した社会的効果を通じて現れる可能性がある。経済効果だけを残して事実上すべての社会的効果を避ける方法は、ひとつしかない。移民が労働力として以外に社会に溶けこむことを一切許さない、つまり、ドイツの婉曲的表現を借りれば、「ゲストワーカー」だ。純粋なゲストワーカー・プログラムは、労働市場に移民をもたらすが、それ以外に影響は一切およばない。

一部の国、特に中東は、かなり徹底的なゲストワーカー・プログラムを採用している。これらの国々は小さく裕福なため、このような移民政策に対する先住人口の支持は大きい。社会の構成を変えることなく、他国民に仕事だけをやらせるのだ。ドバイはこのモデルを使ってラグジュアリー・サービス大国になっていて、今では石油による収益はわずか2%だ。ドバイの総人口のうち、驚愕の95%を移民が占めている。このような人口流入に耐えられる国などないと思うだろうが、ドバイの移民はそれだけの数になっても脅威にはなり得ない。市民権どころか、永住権すら手に入れられないからだ。ゲストワーカーの滞在は彼らの雇用契約と態度が条件になっている。賃金は国民の賃金水準とは無関係で、単純に彼らの技能レベルに対して世界市場で一般的な水準を反映している。ドバイを訪問すると、世界的格差をまざまざと見せつけられて落ち着かない気分になる。構造上、この国のビジネスモデルはまさしく世界の所得の両極端を惹きつけているからだ。

大富豪は豪華ホテルに滞在するためにやってきて、極貧人はそこで働くためにやってくる。だが、ドバイが世界的不平等の生み出すチャンスを活用しているからといって、その不平等を引き起こしているわけではない。むしろ、ドバイが生み出す雇用は貧しい人々を助けているのだ。

本質的に、移住に対する経済学者たちの熱烈な関心は、このゲストワーカー・モデルに対するものだ。ゲストワーカー・プログラムへの支持がはっきり表明されないことが多いのは、移住によるほかのすべての影響が無視されるためだ。だが移住を専門とする著名な経済学者のアラン・ウィンターズ教授は、ゲストワーカー・モデルを明示的に擁護するという知的誠実さを備えている。具体的に言うと、彼はすべての高賃金国が貧困国の未熟練労働者の短期的移住を大量に受け入れるべきだと提案しているのだ[13]。経済的観点から、この提案に欠点を見つけるのは難しい。これなら実際に世界規模の経済的利益が生み出され、関係するほぼ全員が恩恵を受けられるだろう。「上の階と下の階」の世界が再現され、最底辺の10億人だった奴隷階級のメイドが、すべての中流階級家庭の屋根裏部屋に押しこめられるのだ。だがこの提案を台無しにするのは、実際的な倫理と完全に切り離されているという事実だ。湾岸諸国の閉鎖的な独裁社会はたしかに、先住人口と移民の権利や資格を完全に切り離す、冷酷な政策を徹底することができるだろう。同様に、定められた契約期間が終われば有無を言わせずに移民を国外へ追い出すこともできる。だが西洋の開かれた、自由な社会がこのような政策を実行することなどとてもできない。移民がいったん入国してしまったら、排出することはきわめて難しい。事実上、アメリカを例外として、ここでの「難しい」は「不可能」と読み替えてもいいくらいだ。アメリカでは、オバマ政権が年間40万人の国外退去率を維持した。その一方、ヨーロッパでは国外退去はまれで、法的手続きは長引くし、社会的にも賛否両論がある。１９５０年代にもともとは一時的にトルコからドイツにやってきただけだったはずのゲストワーカーたちも、そのまま定住した。高賃金の民主主義国家への移民は単なる労働力の一部ではない。社会の一員なのだ。このまぎれもない事実を受け入れて、その影響が先住人口に与える利益や損失の全体的な均衡について考えたほうが得策だろう。

第5章　移民政策を取り違える

移住が受入国の先住人口や母国に取り残された人々、そして移民自身に与える影響を巡る長い旅路の中で、ちょうどいい休憩地点にやってきた。受入国人口に対する社会的・経済的影響を見てきたところで、今度は移民政策の初期評価とその初期の適用について見る番だ。

経済的・社会的影響を組み合わせる

これまでの章で見てきた証拠を合理的に評価して、自分の道徳的偏見にもっとも適した形で光を当てたいという圧倒的なほどの欲求を剝ぎ取ってみよう。すると結論は、中程度の移住は基本的には先住人口に好ましい経済効果をもたらし、その社会的影響は曖昧だというものになる。文化的多様性が増えることには利益があるが、それは多様性が相互共感にもたらす逆効果によって相殺される。また、機能不全な社会モデルを引きずったままのディアスポラが、機能的な社会モデルを弱体化させる可能性もある。急速な移住が持続すれば、それはまったく別の問題だ。経済的影響も社会的影響も、受入国住民にとってはまず間違いなくマイナスになるだろう。単純なモデルの基本的な経済諸力が効き、賃金が引き下げられて公的資金は薄く広く分配されることになる。多様性の増加による社会的便益はおそらく収穫逓減の法則に当てはまり、多様性と機能不全の社会モデルによる社会的コストは増える可能性が高い。具体的に考えるために、社会モデルが明らかにきわめて機能不全である低所得国からの移住を思い浮かべてみよう。例を挙げるなら、ソマリアだ。受入国がどこであれ、最初に移住する1万人のソマリア人移民はおそらく、文化的多様性を気持ち良く向上させる以上の影響はもたらさないだろう。だが文化的に切り離されたソマリア人ディアスポラを100万人から200万人へと増やす移住は多様性をそれ以上向上させることがなく、逆に相互共感を弱体化させて、悪い社会モデルにかなりの重心が寄っていくようになる。

したがってある程度の制御が必要になるわけだが、その目的は移民を締め出すためではなく、移住の加速を抑えるためだ。この本の読者は移住賛成派と移住反対派に二分されているだろうから、この仮の評価を通じて、すでに原理主義者を目覚めさせてしまっていることだろう。だが、こうした効果をまとめる方法は何かないのだろうか？

この段階では移住賛成派は、形の定まらない、そしていかがわしいわずかばかりの社会的影響のために、大きく確実な経済的利益と多様性がもたらす喜びをまとめて犠牲にするなどとんでもない、という反応を見せるだろう。同様に移住反対派は、わずかばかりの一時的な金銭のためにこの社会の基礎構造を根本から引っくり返すべきではないと言うだろう。だが効果が対立するなら、正味の効果はどうやって見極めればいい？

ひとつの方法は、長い目で見たときにどちらの効果が優勢になるかを見定めることだ。短期的には移住の代償が勝つが長期的には利益が上回るのであれば、移住は投資として再概念化できるかもしれない。その場合、移住に対する制限は近視眼的だ。だが、移住の効果はこの短期的パターンにあてはまるのだろうか？

長期的に見たときの移住による唯一の効果は、人口が増えるというだけだ。オーストラリアやカナダのように人口密度が低い国では、これはおそらく利益になるだろう。オランダやイギリスのように人口密集国では、おそらく害になる。もっともわかりやすい経済的利益は、短期的なものだ。若い労働者の流入が一時的に従属人口指数を引き下げ、経済は1997―2007年のときのように、インフレなしにフルスピードで成長することができる。中期的にも、移民の例外主義がもたらす利益がもう少し得られるかもしれない。革新を起こす割合が高いというやつだ。だが、これについての証拠は一般的なものではなく、受入国と母国それぞれの詳細な条件によって変わってくる。多様性が増し、機能不全な社会モデルをひきずるディアスポラのために助け合いと寛大さが減少するという社会コストは、中期的なものだ。習慣的な社会性は短期的に見れば頑健で、多様性の増加をもたらす。長期的に見るとそれぞれの人口が融合していくので、当初の社会性は再構築され得るだろう。このパターンから、経済的利益と社会的コストの衝突を解決することはできるだろうか？　人口が少ない国では、できると思う。長期的影響が優勢であり続ける可能性が高いので、これらの国々にとっては先々を見通せば移住は好ましい。だがそれ以外の国に関しては、開かれた扉政策こそ近視眼的選択肢かもしれない。持続不可能な好景気に続いて、複雑で長引く社会問題が発生するのだ。

経済的利益を社会的コストとどう比較するか。それを解決するもうひとつの方法は、共通の測定基準を使って組み合わせるというものだ。社会科学において最近もっとも有望な展開は、所得が暮らしの質を表す指標としてはあまり適していないという理解が広まってきたことだ。リチャード・レイヤードのような学者を筆頭に、一部の経済学者は公共政策を幸福の最大化として再形成しつつある。レイヤードはイギリスの首相デイヴィッド・キャメロンの側近に任命された人物で、政府は幸福の変化を所得と切り離して追跡する公的な測定方法を導入した。幸福は人生で唯一の目標ではないが、かなり根本的なものではある。幸福を置き換え得るほかのいくつもの目標——尊厳、目標達成、平安、尊敬——は、幸福の代替品というよりは幸福に至る道筋だ。

幸福の測定によって、経済的・社会的効果を共通の測定基準に統合して、政策目的で使えるようにしうるかもしれない。幸いなことに、受入国の先住人口の幸福に対する移住の総合的影響を測定する研究が存在する。具体的に言うと、ロバート・パットナムによる研究だ。パットナムの研究の焦点は信頼と社会資本に対する移住の影響だったのだが、幸福に対する影響も測定している。

パットナムは経済的影響を測定したわけではないが、結果がプラスであったであろうことは合理的に推測できる。移民が大きく得をして先住人口の大半がちょっとしか得をしないという通常のパターン以外に、パットナムが選んだ地方が移住の経済的影響を経験したと考えるような理由は見当たらない。だが、パットナムは幸福に対する影響が社会的コストによって大きく異なることに気づいた。コミュニティ内における移民の密集度が高ければ高いほど先住人口の幸福度は下がり、ほかの特性も左右されるのだ。マイナスの社会的影響が移住によるプラスの所得効果を上回るという事実は、幸福の研究者たちを驚かせはしないだろう。比較的低い所得の基準値を超えると、所得の増加が幸福の著しい持続的な増加につながらないことを彼らは発見しているのだ。さらに、移住によって先住人口が手にする所得増は、ごくささやかなものであった可能性が高い。幸福についての研究は、所得のわずかな変化よりも社会的関係のほうがずっと重要であり、「閉じこもり」は事実上、このような関係の崩壊につながるということを発見したのだ。

たったひとつの研究から、あまり多くを推察するのは良くない。だが残念ながら、私が文献を探した範囲では、先住人口の幸福に対する移住の影響を測定した徹底的な研究はほかに見当たらない。研究によって埋められるべき空白がそこにはある。現時点での限られた知識を考えると、唯一保証できるのは、移民への開かれた扉政策を社会科学者が過剰なほどに熱く支持していることに対して警鐘を鳴らすべきだという事実だ。先住人口の総合的な幸福に対する現時点での影響は、ささやかかつ曖昧なものであるように見受けられる。移住の経済的・社会的いずれの影響もある程度まではプラスだが、そこを超えるとマイナスになる可能性が高い。現段階の分析で、とりわけ経済学者たちがなぜ移住の増加をそこまで強く支持しているのかは、謎だ。受入国住民に対する影響が理由のはずはない。考え得る根拠については、次の章で触れよう。

パニックの政治経済

受入国政府はどのような移民政策を採用するのか、採用する傾向があるのはどのような政策だろうか？受入国政府が選べる政策のうち、もっとも熱い議論が交わされているのは移住率の量的制限についてだ。だが、ほかの政策のほうが重要だという可能性もある。さまざまな政策が合わされば、移民の構成のさまざまな側面に影響する。技能レベル、労働者と扶養家族とのバランス、移民がどの程度社会モデルになじんでいるかなどだ。政策はまた、先住人口へのディアスポラの吸収率にも影響を与える。これらは、量的制限よりも重要な政策だ。これを見るために、これからモデルを使って、すぐれた分析がなければ移住と政策がどう展開するかについての不幸な物語を語ってみよう。

この物語には四つの段階がある。それを図5―1に示した。第一段階では、移住に制限はないため、移住は矢印が示すとおり、移住関数に沿って自然に上がり続ける。移住したいという欲求があまりにも強いので、移住関数はディアスポラ曲線と交差せず、自然の均衡は存在しない。移住の継続的な加速は突出した政治的問題となるので、この初期段階を「不安段階」と名づけよう。やがて、政府は量的制限を設けることになり、それ以上の増加を防ぐために増加率を＊Mに固定する。

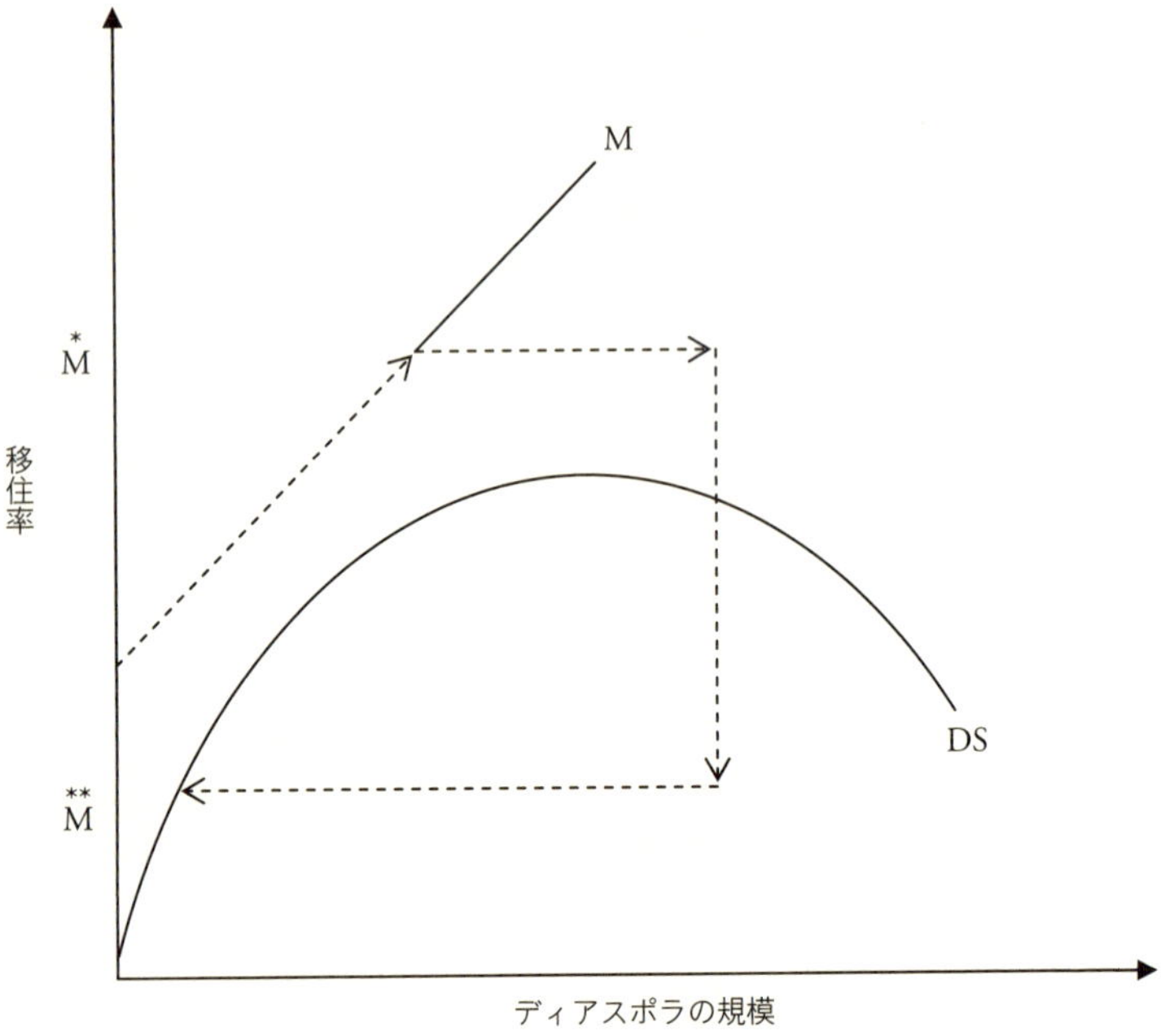

図 5-1　パニックの政治経済――量的移住制限

これを受けて、次の第二段階へと移行する。これを、「パニック段階」と呼ぼう。移住率の制限によってそれ以上の移住の加速は防がれるものの、それだけでディアスポラの均衡点に到達することはできない。ディアスポラの規模が大きくなるにつれて、先住人口との交流の減少、移民の構成における文化的距離の広がり、さらに信頼の減少によるフィードバックがすべて吸収率を減らし、ある程度の規模を超えるとディアスポラ曲線が下向きになるのだ。この政策のシナリオでは、移住がたまたま凍結された移住率、すなわち＊Mは、安定したディアスポラとは両立しない。したがってパニック段階においては、移住が凍結されていても、吸収されないディアスポラは増え続ける。これは横軸に沿った矢印で示してある。つまり移住管理に縛られているということだ。吸収されないディアスポラが増え続けるにつれて、先住人口内の信頼の低下やディアスポラと先住人口との間の福祉をめぐる競争といった社会的コストの上昇が、いずれかの時点で新たな政策を求める圧力を生む。このシナリオの場合、政府が用いる唯一の政策は移住率に対する量的制限だ。したがって、政府はさらに制限を厳しくすることになる。

そうすると次は第三段階、私が「醜悪段階」と呼ぶ地点に到達する。この段階が醜悪なのは、移住がディアスポラ曲線を下回るくらい減少するまでは、どれほど減ったとしても吸収されないディアスポラは増え続け、社会的コストと政策に対する圧力も高まり続けるからだ。これは＊Mから＊＊Mへと延びる矢印で表されていて、この地点で移住率は著しく減少し、ディアスポラが減り始める。

こうして、最後の段階である「ディアスポラ吸収」に到達する。何十年もかかるかもしれないが、この段階において移住は厳しく制限され、その間にディアスポラはゆっくりと先住人口に吸収されていき、社会的信用が取り戻され、助け合いの脆弱な均衡が再構築されるのだ。

今述べた移住の物語は、取り立てて勇気づけられるものではない。移住率には非常に大きな変化がある。非常に高いところから非常に低いところまで、乱高下するのだ。これはどのような観点からも、最善とは言い難い。また、ディアスポラの規模も大きく変化する。その変化にはかなり長い時間を要するため、先住人口に多大な社会的コストを強いることになるかもしれない。

勇気づけられるものではないとは言ったが、この事態は避けられないわけでもない。最後の章ではこのシナリオに立ち戻り、まさしく同じ目標を持つ条件――同じ移住関数と同じディアスポラ曲線――から始める。そして、政策をどう変えればずっとましな結果を生み出せるかを示すつもりだ。

だがまずは、高所得社会である受入国の先住人口の関心から、そこに加わりに来る移民へと目を転じよう。

移住に対するゲストワーカーとしてのアプローチ以外では、移民は新しい社会の一員となる。これは、どのような影響をおよぼすだろうか?

第Ⅲ部

移民——苦情か感謝か？

第6章　移民——移住の勝ち組

移民は移住によって経済的に大きな利益を得る勝ち組と、大損をする負け組のどちらでもある。経済的な利己心だけが人の行動を左右する要素だとすれば、貧困国の人々はなにがなんでも富裕国へ移住しようとし、いったん自分が入国したら今度は移住制限を厳しくすることを主張する政党に投票するはずだ。移住が移民にどう影響するかについてのこの経済的分析から導かれる結論はあまりにも突飛なものなので、段階に分けて少しずつ見ていこう。

移民が移住の勝ち組になる理由

第一の段階は、予想通り。移民が移住で大きく得をする勝ち組になるというものだ。労働者がわずかしか賃金を支払われない国からたっぷりと支払われる国へと移動することによって、大きな利益が発生する。富裕国と貧困国との賃金格差は、圧倒的だ。それは実際、経済協力開発機構（ＯＥＣＤ）の富裕国と、最底辺の10億人が占める貧困国との総合的な所得格差の鏡写しになっている。低賃金国から高賃金国に労働者を移せばすぐに高賃金が稼げるという推論を、賃金格差から直接導き出すことはできない。経済学者なら誰もがあたりまえのこととして受け止めているが、それ以外の人々を不安にさせる事実は、賃金の違いが一義的には生産性の違いを反映している、つまり、賃金が労働者の価値をおおむね反映しているということだ。もちろん、そんなことはないというまぎれもない事実があるのは誰もが知っているだろう。働いた分の賃金を受け取っていない人もいれば、働いた以上の賃金を受け取っている人もいる。だがもし雇用主が生産性と賃金の釣り合いをとる際に大きな体系的ミスを犯していたら、会社は破産してしまう。そこで重要な問題は、高賃金国の労働者が低賃金国の労働者よりもはるかに生産的かどうかではなく、なぜそうなのかという点だ。

論理的には、可能性は二つしかない。生産性の格差を生むのは、労働者の性質か国の性質か、そのいずれかだ。経済学者たちがこの問題を研究して、大きな格差は国民よりも国そのものの性質に起因すると考えている。どうやってその結論に至ったのだろう?

労働者の性質の重要性を見るには、いくつかの賢い方法がある。ひとつは、移民の出身国と移住先の国で、同等の仕事を比較する方法。仕事と仕事を突き合わせると、賃金格差は膨大だ。たとえば、ハイチからアメリカに移住して母国にいたときと同じ仕事をしたとしたら、典型的な労働者の収入は10倍になる。(1) もうひとつの方法は、受入国の先住人口と移民とを比較することだ。移民は、実は先住労働者と同じくらい生産性が高い。これでも、決定的な証拠にはならない。考えられるのは、出身国でもっとも生産的なトップクラスの労働者が移住を選択しているということだ。この可能性をうまく避けるには、多少の創意工夫が必要だ。コツは、移住がランダム化された自然実験を見つけることだ。ランダムな移住はあり得なさそうに思えるが、一部のビザについての文字通りランダムな発給プロセスが統計的な理想値にかなり近い数値を出してくれる。たとえば、アメリカは毎年5万件のビザを抽選で発給していて、そこに約1400万人の申請が集まる。当選した幸運な人間はまず間違いなくそのビザを受け取るだろうが、それ以外の条件は当選しなかった不運なほかの大多数と同じだ。ニュージーランドも、トンガからの移住希望者に対して同様の抽選を実施している。幸運な少数が母国で飛び抜けて生産的だったかどうかを調べた研究では、そんなことはなかったと結論づけている。個人的特性も、移民がよじのぼる生産性の高い壁の大部分には影響を与えていない[2]。最後に紹介する方法は、国の特性の違いだけに目を向けて生産性の違いを説明しようとするものだ。これも、同じ結論に到達する。富裕国と貧困国の賃金格差は、すべてではないにしてもそのほとんどが、労働者個人の特性よりは国の特性に起因しているのだ。これは、第2章で説明した所得格差の原因とも一致する。つまり、社会モデルの違いだ。

移民と先住人口の労働者が同程度の教育を受けていたとしても、生産性の違いはある程度残る。通常、移民はもともと持っている学歴に表面上ふさわしい仕事よりも数段階下の職に就く場合が多い。これは純粋に差別によるものかもしれないが、基本的な技能の違いも反映しているかもしれない。だが、仮にそうだとしても、貧困国と富裕国の賃金格差に対する影響は微々たるものだ。

富裕国と最底辺の10億人との所得格差が労働者の性質ではなく主に国の性質に起因するものだという説には、強い含意がある。ひとつは、最底辺の10億人が先進国に追いつくために何が必要かということ。つまり、貧困国の主な性質が変わらなければならないのだ。国民に技能訓練を施せばいいだけではない。第2章で説明したように、移民の出身国は社会モデルを変える必要がある。ここから導かれる不愉快な推論は、移民が母国の社会モデルを移住先に持ちこむのが望ましくないということだ。移民が意識していようがいまいが、彼らが母国を出たいと思うのは国民に低い生産性を強いている母国のそうした側面から逃れるためなのだ。同じ理屈で、国外移住が母国に抜本的な影響を与えるためには、社会モデルの変化を促していかなければならない。

所得格差が国の性質の違いによるものだと示唆するもうひとつの要素は、移民が国を選り好みするという点だ。私がアンケ・ホーフラーと共同でおこなった研究では、世界的な移民のフローを巨大な行列で表現し、移民の出身国それぞれに対し、移住先として可能性がある国をすべて示した。その結果、特定の移住先に対する特定の国からの移住率はその両国間の賃金格差だけでなく、移住先の賃金とほかの移住先候補との賃金格差にも影響されていることがわかった。

国選びは移住先候補の平均所得の差だけでなく、移民が入りたいと思っている所得分布層でも決まる。平均よりも低い賃金でいいと思っている移民は高い再分配税制の国を好むだろうが、平均より高い賃金を稼ぐつもりの移民はより不平等な国を選ぶだろう。移民は自分が求める賃金だけでなく、好みの税（すなわち福祉）制度も基準にする。これは、最初に認識されたときは、単なる理論上の可能性でしかなかった。技能の低い移民は平等な国を好み、技能の高い移民は不平等な国を好むという推測だ。[3] だが、この予期されるパターンには最近になって、それなりの実証的証拠が出てきた。ヨーロッパとアメリカへの移民の技能レベルは、この推測に沿っているのだ。[4] ヨーロッパはより平等で、世界でもっとも福祉制度が寛大な部類に入るが、そこに惹き寄せられる移民の技能レベルは低い傾向にある。ただし、この移民構成を説明する理由はほかにもあるかもしれない。

最後の含意は、単に労働者を機能不全な社会からより機能的な社会へと動かすだけで、その労働者の生産性が10倍になるというものだ。これは、生産性を向上させられるほかのどのプロセスよりも大きな規模での向上だ。世界的に見ると、技術開発の膨大な基盤のおかげで、生産性は毎年数%ずつじりじりと向上している。そんな中、中国はここ20年でまさしく圧倒的なほどの例外となってきた。累積的に、生産性を10倍も向上させたのだ。だがこれは歴史的に前例のない話ではなく、消費を先送りにするという驚異的な意志を求めるものだった。当初は貧しかった中国だが、この20年間、所得の半分近くが貯蓄され、投資に回されてきたのだ。だが、飛行機に飛び乗りさえすれば、労働者は中国が汗水たらして勝ち取ったこの爆発的な生産性向上を簡単に再現できる。だからこそ経済学者は移住の促進にこれほど興奮するのだ。なんといっても世界経済が一番タダ飯に近いものを手に入れられるチャンスなのだから。

移住による利益は誰のもの？

では、そのタダ飯は誰が食べるべきなのか？　つまり、移住による生産性の向上は誰が手にするべきなのだろう？　市場経済において、基本的に生産性が生む利益は生産者のものだ。労働者は、その生産性に応じて支払いを受けるのだ。したがって、政策による介入がなければ、移住による利益は移民が手にするはずだ。所得と生産性をつなぐ経済的理論が説明するのは物事がどうあるべきかではなくどうなるかだが、ある程度の道徳的な力は持っている。明らかな前提は、労働による果実は労働者のものであるべきだ、というものだ。だが原則的には他者の便益のために所得に課税しても良いと考えられているから、移民は生産性からの利益を独り占めする権利は得られない。もちろん、受入国の先住労働者と同様、移民もその国の税制度の対象となるわけだが、これは決して移民だけのことではない。移民にこれ以上の貢献を求めるべき倫理的基準はあるのだろうか、そしてあるとすれば、それは誰に対しての貢献なのだろうか？

そのような主張のもっとも声高なものは、移民の母国から聞かれる。コロンビア大学の非常に著名な経済学者で自身もインドからの移民であるジャグディシュ・バグワティ教授は長年、移民労働者が特別な追加税を支払うべきだと提言してきた。その税収は、母国に還元するべきだと言うのだ。少なくとも表面上、これはかなり倫理的に魅力的だ。移民は膨大な棚ぼた利益を手にするため、劇的に恵まれた立場を手に入れることができる。したがって、母国に残してきたずっと貧しい同胞に手を差し伸べることができるはずだ。功利主義的世界論者の観点で言うと、このような所得の移転は非常にメリットが大きい。移民は母国に残してきた人々よりもずっと恵まれているのだから、金銭的移転によって減る移民の利益は、受け取り手の側で増える利益よりもずっと少ない。もちろん、功利主義的世界論者の枠組みにおいては、この同じ主張に基づいて高所得国の先住人口から税金による多額な移転を正当化することもできる。

だが功利主義者の倫理的枠組みでは納得しきれない場合、移民限定の課税を正当化する十分な理由を見つけるのはやや難しくなる。特別税は、移民が母国で受けてきた教育に対する補償と見ることができる。だがその教育コストは、生産性の向上に比べればささやかなものだ。つまり、大きな税率を正当化することはできないかもしれない。実際、移民はこう反論する可能性がある。母国のエリート層が国の運営をあまりにもひどく誤ったせいで、自分の生産能力を存分に活かすためには移住するしかなかったのだと。それは正当な主張だ。したがって、社会を運営するエリート層は、強制的な税の移転という報酬を受け取るべきではない。

移民はまた、仕送りしたいと思うくらい母国のことを十分気にかけているが、エリート層を信頼できないから、個人的に身内に送るほうを選ぶのだと言うかもしれない。この行為には実際、ふんだんな裏付けがある。典型的な移民が毎年母国に送る金額は、約1000ドルになるのだ。移民が母国の政府に高額な税金を支払わなければならないとしたら、送金額を減らすだろう。その税金によって可処分所得が減るだけでなく、親戚への気前の良さが減ることの言い訳にもなってしまう。つまり、公的福祉の分配により、個人による慈善行為が減るということだ(5)。

移民の母国が移住による生産性棚ぼた利益に対する正当な所有権を主張する声は思ったより小さいかもしれないが、受入国からの声はそれよりもう少し大きい。なんといっても、生産性の増加は受入国のすぐれた社会モデルのおかげなのだから。この社会モデルは、公的資本の形を取る。長期にわたって蓄積した生産的な資産であり、道路網ほどしっかりと目に見えはしないが、重要性が低いわけではない。この公的資本は、先住人口が支払ってきたものだ。この支払いの形は目に見えにくいものかもしれない。現在の経済学者たちは包摂的政治制度を経済発展に欠かせないものと考えており、この制度は、政治闘争の中から生まれてくる場合が多い。現代の生産性は、利己的で搾取的なエリート層の権力にひびを入れる過去のデモや抗議によって築かれたものなのだ。したがって、移住による棚ぼた利益は突き詰めると、先住人口が築き上げた公的資本に起因するものということになる。市場経済において、これらの利益は先住人口ではなくむしろ移民に集まる。だがそれはその利益が公共財によって生まれたものであるからであり、その公共財は利益を確保するような形で組織化されたものではない。移民は、大きな代償を支払って築き上げられた財産から労力なしに恩恵を受けていることになる。

とはいえ、移民税に対しては非常に強い反論がある。そのような課税はすべて、母国に支払われるものであれ移住先に支払われるものであれ、受入国の先住人口の純所得と比べて移民の純所得を引き下げるからだ。移民の純所得が少なくなれば、彼らは移住先の生活水準や生活様式に合わせることがより困難になる。移民への課税は彼らを二級市民にするもっとも確実な方法であり、統合はますます難しくなる。移民税がなかったとしても、一部の移住先社会において移民は先住人口よりも低い教育水準、高い生産性に貢献する暗黙の知識の欠如、差別などの組み合わせによって下層階級に属しがちだ。こうなれば、この状態は相応の資源が振り分けられるべき社会問題だと認識するのが適切だ。一方の手で移民に税を課し、もう一方の手でその影響を取り除こうとするのは、矛盾する政策だ。

加えて、移民税による歳入が先住人口に回されるとすれば、それは先住人口の移民に対する敵対心を強めるという逆説的効果を生みかねない。移民税の真の論理的根拠は、先住人口がこうむった損失に対する補償ではない。むしろ、公共財による棚ぼた利益だ。だが、移民に対して本能的に敵意をむき出しにする政治勢力は間違いなく、移民税は移住が有害だということをエリート層が認めた証拠と解釈するだろう。そうすると、こんな物話が出来上がる。移民税は、他者に対する損害を形ばかり認めたエリートによる、なだめすかしにすぎないのだ、と。言い換えれば、移民が先住人口にとって経済的に有害であるという世間一般の誤解に、意図せずしてお墨付きを与えてしまうのだ。

肝心なのは、移民が機能不全な社会から機能的社会へと移動することで得た棚ぼた的生産性向上がもたらすタダ飯は、移民に蓄積し続けるという点だ。つまり、移民こそが移住による受益者なのだ。

投資としての移住

これらの利益が大きいものであるため、貧困国の人々が移住をかなり魅力的に感じるというのは当然の推論だ。もちろん、もっとも直接的な証拠は移住そのものに見られる。第2章で述べたとおり、貧困国から富裕国への移住は急激に増えつつある。それに、母国に戻ると決断するほど移住を後悔している兆候を示す移民はほんの一握りだ。

誰かが移住したという事実はその人物が移住したかったのだという合理的な証拠になるかもしれないが、誰かが移住しなかったという事実はその人物が移住したくなかったという証拠にはならない。移住には経済的なものも法的なものも含め、多くの壁が立ちはだかるのだ。

多くの人が、そもそも移住できるほど金を持っていない。移住は、ある種の投資なのだ。投資の常として代金は先に支払わなければならず、利益はあとから少しずつしか手に入らない。移住にかかるコストは高額になり得るもので、貧困国の所得水準に照らせばいっそう高額だ。もっとも貧しい国の典型的な所得は年間2000ドル以下なので、国際便の運賃だけでも何年分もの稼ぎを要する。だが、移住するのに最適なタイミングは、労働者がまだ若いうちだ。若者はそれほど扶養家族が多くなく、投資を回収できるだけの働ける年数が長く残っている。だが、若者は投資の元手を手に入れるのがもっとも難しい層でもある。

移住には高い初期投資が伴うわりにほんの少しずつしか元手が回収できないだけでなく、その元手回収もかなりリスクが高い。通常、移民は職が確保できているわけではなく、移住の判断が間違っていたことがわかったとしても、帰国するにも金がかかる。帰国してまた職を探すという物理的なコストだけでなく、多くの移民が成功したと思われている中で公に失敗を認めるという心理的コストも発生するのだ。ほかの家では息子がどれだけ成功したかを自慢しているところへ、自分の息子が無一文で帰国する場面を想像してみるといい。失敗のコストが高ければ、そこにはリスク回避の行動が生まれる。オッズがかなりいいとしても、人はリスクを取ることを避けるものだ。

高所得国では、コストが高くリスクも高い投資に自己資金を投じる必要はない。さまざまな手段で資金は集められる。だが最貧国では、金融機関は普通の国民にはサービスを提供してくれない。唯一の資金源は、家族だ。ここで、二つの重要な特徴が生まれる。所得による選別と、家族の決断による選別だ。

一見しただけでは、もっとも移住しそうなのはもっとも貧しい人々だと思うかもしれない。なんといっても移住の原動力は所得格差なのだし、もっとも貧しい移民予備軍にとってこそ、母国と移住先の所得格差はもっとも大きいのだから。だが、所得格差が最終的な見返りを決定する一方、もともとの所得レベルが資金を調達する能力を決定づけるのも事実だ。この二つの対立する影響力が組み合わさると、所得と移住傾向との関係は逆U字のような形になる。もっとも貧しい人々は移住したいが、そのための金がない。もっとも裕福な人々は移住する金はあるが、移住してもたいして得がない。そして所得分布の中間層の人々は移住する強い動機がある上に、移住できるだけの資金力を持っている。移住は人の暮らしを変える手助けをするが、その人々はもっとも貧しいうちには入らない。所得による選別は、国の中で誰が移住するか（つまり中間所得層）を決め、どの国からの移住がもっとも多くなるかを決めるうえで重要な条件になる。たとえば、世界でもっとも貧しいサヘル地域は、その極端な貧困に釣り合うほどの国外移住率を経験していない。圧倒的に貧しいこの地域の住民は移住にかかる費用を捻出することができず、さらに内陸にあるために移住がとりわけ高額になってしまうからだ。経済的制約は、わかりやすい矛盾を生む。母国の所得向上が、国外移住率を増加させるのだ。

若い人々は通常、自分の移住を自分でまかなえる立場にはない。一番わかりやすい選択肢は家族に頼ることだが、家族は見返りを求める可能性が高い。それも無理はない。親は、子どもの教育のために多大な犠牲を支払うものだ。ヨークシャーの有名な古い言い回し、「母さん、僕のために一生懸命働いてくれたね。さあ、今度は自分のために働いてくれ(6)」を実際に口にする息子はそう多くはないだろう。加えて、若い労働力を失った家族は、稼ぎ手が1人減ってしまうことにもなる。もっともわかりやすい見返りの可能性は、仕送りだ。そこでこんな取引が成立する。今移住の資金を出してやるから、あとで稼ぎの一部を仕送りしろ。魅力的な取引に聞こえるが、そこには問題が潜んでいる。まず法的効力がない。あくまで口約束だ。その上、実現の見込みがとりわけ薄い約束で、経済学者はこれを「時間非整合性」と呼ぶ。経済学者は、合理的な利己心のみに基づいて行動する人々しかいない、やや冷たい世界に住んでいる。幸いにも、現実世界はもっと寛大な精神（つまり相互共感）に満ち溢れているが、残酷なほどの合理的利己心をあっさり無視するわけにもいかない。若い移民予備軍が片道切符を手に入れるために仕送りを約束するのが合理的だったとしても、いったん切符を手にしてしまえば、その約束を反故にするのも残念ながら彼らにとっては合理的な判断だ。海外移住は母国に暮らす家族の束縛から逃れる手段なので、約束を果たさせることは通常の場合よりも難しい。明らかに、ここで重要となるのは信頼だ。信頼の度合いが全般的に低い貧困社会では特に、家族は強い信頼の孤島のような役割を果たす。だがそれでも、約束を守る意志がある移民は定期的に故郷の家族に便りを送り、できるだけのことはやっていると伝えたいと思うだろう。仕送りの分析に近年見られるようになった矛盾のひとつ、具体的には移民が故郷に少額を定期的に仕送りすることを選ぶ場合が多いという現象は、これで説明できるかもしれない。(7) 愚直に経済的な観点だけで考えれば、少額を定期的に送るという行為はばかげている。送金手数料には、少額の仕送りがかなり損になるような固定費が含まれている。稼いだ金を貯めておいて、ときどき高額な仕送りを一度だけするほうがずっと安くつくのだ。定期的な少額の仕送りというよく見られる傾向で唯一大きく得をしているのは、国際送金サービスのウエスタンユニオンぐらいだろう。だが、このような行動についてあまり検討されていない理由としては、少額で定期的な仕送りが故郷の家族に対する、「忘れたわけじゃないよ」というサインだというものだ。この行為を見ると、移民が何か仕送りしようと常に奮闘している印象がある。逆に、家族がごくたまに高額な仕送りしか受けなかった場合（仮に合計額が同じだったとしても）、その行為は移民が大成功しているのに、たまにしか約束のことを思い出していないと誤解されるかもしれないのだ。

家族が移住のコストを支払い、その後の仕送りによって利益を受けているのだとしたら、移住するという判断が純粋に移民本人だけのものではなく、その家族によるものである可能性がある。そうであることを裏付ける移住研究は数多い。(8) 実際、全員が住む国を変えることを選ぶよりも、家族が国境をまたいで存在することを選ぶ場合のほうが多いのだ。貧困国の家族は、富裕国の企業の鏡写しのような存在だ。多国籍企業は主に高所得国に拠点を置いているが、多国籍家族は主に低所得国に拠点を置いている。企業を通じて、高所得国の家庭は余剰資金を貧困国へと送る。一方、家族を通じて、低所得国の家族は余剰の労働力を富裕国へと送るのだ。

どうぞ入れてください

移住資金を捻出する必要性は、移住を妨げる数多い壁のひとつでしかない。移住したいと思う人間が必要な資金を手に入れたとしても、移住したい国での移民制限のために入国できないということもあるかもしれない。実際、第2章で説明したように、加速する移住に対抗して、すべての高所得国が今ではなにかしらの移民制限を設けている。このような制限を受けて、移住希望者には故郷に残る以外に三つの選択肢がある。まず、条件を満たせるような資質を身につけることができる。あるいは、不正行為をして、必要な資質がないにもかかわらず許可を得ようとすることもできる。もっと切羽詰まると、移住許可がない者の入国を妨げる物理的な壁を乗り越えようとするかもしれない。これらの選択肢を検討する移民予備軍の立場に立ってみてほしい。

受入国が移民に課している制限は、国によって大きく異なる。ほとんどは最低限の学歴を条件とし、そこに専門技能を付加する国もある。これは、受入国の先住人口が、教育を受けていない移民よりも高学歴の移民からのほうが恩恵を受けられるからだ。第一に、もっとも稼ぎの少ない先住労働者と移民との自由競争が起こりにくいため、分配の結果がより良いものになるかもしれない。オーストラリアとカナダは学歴を移住の条件に含めた最初の国だが、それはこの2国があまりにもわかりやすい移民社会であるため、移民政策の詳細が主流政党では動かせないからかもしれない。移民政策は積極的に議論され、かなり首尾一貫して先住人口が得をするよう設計されている。これを反映して、オーストラリアとカナダの学歴要件はもっとも厳しい。次がアメリカで、これはやはり、移住がアメリカのDNAに組みこまれているため、政治的議論がもう少し開かれているからかもしれない。ヨーロッパは、学歴の条件がもっとも低い。これは当然、第1章でも述べたことだが、移民問題についての筋の通った政治的議論がおこなわれていないためだ。ヨーロッパにおける移住の条件は近年厳しくなりつつあるが、これは相応な理由のある主張がなされたからというよりは、なにか態度を示す必要性に迫られたからではないだろうか。

こうした制限の意図せぬ影響として、貧困国での教育に対する需要の高まりがある。学歴があれば、国を出るパスポートが手に入るのだ。若者は自分が移住したいかどうかすらわかっていないかもしれないが、教育は一種の保険の役割を果たす。これは、母国で差別に遭っている民族的な少数派にとっては特に重要だ。教育が、防御となってくれるのだ。この例が見られるのが、フィジーにおけるインド系少数派だ。長年にわたって平和的に共存してきた彼らだが、先住民族の軍将校によるクーデターの結果、反インド系の空気が蔓延して差別がおこなわれるようになったために、多くのインド系フィジー人が国を去らざるを得なくなった。以来、暫定政府が権力を失って政治が通常通りに戻ってからも、インド系フィジー人は教育に多額の投資をし、必要とあらばオーストラリアに移れるようにしている。その結果、インド系フィジー人は先住人口よりもはるかに高い学歴を持つようになった。移住の機会のために教育を受けるという対応は母国に大きな影響を与えることになる。これについては第Ⅳ部で触れよう。

学歴の条件はますます一般的になってきているが、受入国はほかにもさまざまな条件を課している。その中でもっとも重要なものは、家族の絆に関するものだ。移民は、受入国の市民となっている家族がいればそこに加わることができる。だが、家族の絆は石のように硬いものではない。結婚で簡単に結べるものだ。実際、世界中で（少なくとも移民の母国で）一般的に認識されている真実が、高賃金国にいる未婚の移民は配偶者を求めているというものだ。とりわけ、家族が伴侶を決める見合い結婚においては、母国の家族は入国制限を婚姻によって乗り越えようとするかもしれない。結婚が純粋に入国の権利を手に入れるためだけの一時的手段として取り決められたものだとしたら、それは明らかに権利の濫用だ。だが家族が経済的適性を基準に結婚相手を決めるのがあたりまえのことなら、先輩移住者を結婚相手に選ぶことは理解できるし、実際避けられないことだ。そうすると、移住制限の影響としては、母国の家族が子どもにできる限りの教育を受けさせようとがんばり、未婚の子どもの一番見栄えがいい写真を受入国にすでに定着している移民に送りつけるというものが予測できる。

入国するもうひとつの選択肢が、不正行為をして非合法な手段で法的な移住の許可を手に入れるというものだ。一番わかりやすい手段としては、受入国の現地大使館でビザを担当している役人に賄賂を渡すことだろう。このビザ担当官は大抵あまり地位が高くなく、したがって給料もそれほどよくない。そして転勤でその国に一時的に暮らす間に、必然的に地元の人々と交流するようになる。それに、彼らの仕事は内的報酬によってとりわけ豊かになるようなものでもない。膨大な量の要望を押し返しつつ、複雑怪奇でどう見ても恣意的な、しかもころころ変わる要件を満たすことのできたごくわずかの幸運な申請者に、きわめて貴重な権利を与えるという仕事だ。このような状況で、何人かの役人が便宜の見返りに現金を受諾したとしても不思議はない。役人がこの行為と自分の良心との折り合いをつける方法はいくらでもある。規則が不公平だ、応募者が切羽詰まっている、あるいは受け取った金額が懲罰のリスクを冒してもいいくらい高いということもあるかもしれない。ビザを手に入れるのが明らかに難しいため、結果として生じるのが非合法に取得するビザの「相場」だ。移住によって得られる利益があまりにも大きいので、相場は通常、数千ドルにものぼる。(9)

不正行為のまた別の方法は、入国の資格を満たしている同国人になりすますというものだ。たとえば、スウェーデンは1980年代、エリトリア（当時は内戦に苦しんでいたエチオピアの州だった）からの亡命希望者に市民権を与える寛大な政策を取っていた。だが、亡命希望者の数が増えるにつれ、この政策は少しずつ厳しくなっていく。それに対抗して、先にスウェーデンの市民権を取得していたエリトリア移民が風貌の似た友人や親戚にパスポートを貸すようになった。生体認識技術が導入される前、スウェーデンの入国管理担当者がパスポートの写真だけで本人かどうかを見極めることは困難だった。そこで、スウェーデン当局は写真に頼らない区別の方法を見つける。すでにスウェーデン市民になっているエリトリア人は当然、ある程度のスウェーデン語を覚えているが、身分詐称を試みている者はスウェーデン語がしゃべれない。だが移民候補が教育を受けることも、移民に入国資格を持たせられる伴侶が教育を受けることもできるのと同様、彼らは母国にいてもスウェーデン語を学ぶことができる。内戦と飢餓のさなか、切羽詰まったエリトリア人たちはスウェーデン市民になりすますため、必死でスウェーデン語を覚えた。なりすましのもう一歩進んだバージョンが、亡命希望者に扮することだった。多くの貧困国ではおぞましいほどの抑圧があったため、明らかに亡命の必要性が生まれた。だが、亡命を認める制度があれば、不正行為に及ぶ機会が生まれる。亡命希望者になりすます行為は二重に非難されるべきだ。なぜなら、それは欠くべからざる人道的制度の正当性を損なうからだ。だがこのような倫理的配慮も、逼迫した人々にとっては無駄かもしれない。亡命希望者の数は、合法的に亡命が認められる人数よりもはるかに多いと思われる。つまり、当局による不当行為に公式に異議を唱えるのがそれだけ難しいということだ。加えて、移民の出身国が抑圧的かどうかを受入国の裁判所が判断するために要求するガバナンスの水準は、あきれるほど高い。たとえば、アフリカ54カ国のうち、イギリスの裁判所が強制帰国を命令できるほどの条件を満たしていたのは4カ国だけだった。これなら、どうにかして入国さえしてしまえば追い返される可能性は低いということになる。

最後の手段は、高額な上にリスクも高い。許可なく受入国にもぐりこみ、物理的制約を避けようとするものだ。国境警備がますます高度になる中、密入国には専門家の知識が求められるようになってきた。そこで生まれたのが、密入国請負業という職業だ。不正直なビザ担当官と同様、彼らは密入国船に乗る切符を売り、コンテナトラックに隠れる場所を売り、国境を乗り越える集団に加わる権利を数千ドルで売る。法的に入国する権利を非合法に手に入れる手段と大きく違う点は、そのリスクだ。わかりやすいリスクは、発見されることだろう。非合法にオーストラリアに入国しようとして捕まった密入国者は現在、本土から離れた場所にある拘置所に入れられている。そして長いことそこに入れられたままになる場合もある。アメリカへの不法移民は、かなりの数が国外追放されている。２０１１年の人数は、40万人という驚異的な数だ。発見されることによる代償は屈辱、一時的に制限された暮らし、失敗した試みによって無駄になった前金だ。二つ目のリスクは、物理的な危険だ。船が転覆すれば、遭難者は溺死するか凍死する。三つ目の、そしてもっともやっかいなリスクは、密入国請負業者だ。その性質上、密入国は犯罪者が運営する無規制のビジネスで、顧客と企業の関係は一度限りだ。前金を支払ってしまった密入国者は、業者が失敗したり約束を果たさなかったりしてもなんの補償も得られない。金銭的余裕がない不法入国者は、受入国に無事到着するまで全額支払わなくてもいいという申し出に魅力を感じるかもしれない。だがそのような申し出をする業者は、債務を取りたてられる仕組みを作っている。不法入国者は事実上、一時的に業者の奴隷となるのだ。奴隷に強制できて利益の上がる選択肢は少ないが、そのなかでももっともわかりやすいのは売春だろう。秘書を夢見ていた不法入国者が、性奴隷という結末を迎えるのだ。密入国請負業者がそのような強制力のある仕組みを作り上げてしまったら、元本を回収するだけでやめるだろうか？　奴隷は、逃げ出すか死ぬかするまで奴隷のままだ。

入国した不法入国者は、業者への依存から逃れられたとしても選択肢が限られている。生き延びるためには、法的には手に入れられないような額の収入が必要なのだ。そこで不法入国者は税金逃れをする雇い主の手に堕ちるか、犯罪などの法の枠を超えた自営業を始めるかしかなくなる。不法入国の問題に対処する政策は、移住に関する政策全体の目も当てられない基準からしても、これまでずっと無力だった。もっとうまい運営の仕方については、最終章で提案しよう。

命綱

移民予備軍の観点からすると、高額な投資である移住資金を調達する必要性と、法的制約を乗り越える低リスクの手段に対する必要性との組み合わせにはひとつの、もっとも使われる解決策がある。先に移住した家族に頼ることだ。ディアスポラは、移住の傾向と規模を決定づける上で圧倒的に重要な要素だ。ディアスポラが、数多くのはっきりとした道筋を通じて、移住を容易にしてくれるのだ。

ビザの発給に際しては親族関係が優先されるため、ディアスポラはあとから来る移民が法的に入国できる機会を生む。予想にたがわず、移住先に定着した移民は母国の家族から、法的手続きを手伝えという強いプレッシャーをかけられる。法的手続きは、母国の問題の多い大使館を訪れるよりも、移住先の国でやるほうがずっと簡単だ。さらに、移民がいったん市民になってしまえば、投票権が手に入る。つまり、自分たちの代わりに役人に手紙を書いてくれるよう、地元の政治家に働きかけることもできるようになるのだ。たとえば、イギリスの移民率が高い自治体では、議員への訪問客の最大95％もが、家族の移住に関して相談に来ている。

ディアスポラは、どのようなチャンスがあるかについての地元ならではの情報も提供してくれる。たとえば、最近おこなわれた実験的研究ではニジェールの家庭に携帯電話が支給され、それがその後の移住に影響を与えるかどうかが調べられた。労働者が外国の労働市場にいる親戚や友人とよりつながりやすくなったため、国外移住は著しく増加した。[10] ただし、外国にいる親戚が教えてくれた情報は、実際には多少誇張されていたかもしれない。移民は自分の成功を大げさに言う傾向があるからだ。ディアスポラはチャンスについての情報だけでなく、チャンスそのものも生み出す。多くの移民が小規模事業を立ち上げる。これは移住に伴う野心と、労働市場で彼らがしばしば直面する差別とが組み合わさって自然に生じる結果だ。彼らが立ち上げる事業は、新たにやってくる親戚の一時的な受け皿となる。生産性が低かったとしても、最低賃金に関する法律を回避することは簡単だからだ。情報とチャンスだけでなく、ディアスポラは入国にかかる費用も大幅に引き下げてくれる。仕事を探す間、移民はすでに住居を構えている親戚のもとに身を寄せることができるのだ。

それよりも重要かもしれないディアスポラの役割が、移住への投資にかかる金銭的コストの肩代わりだ。移住先で定着した移民は多くの場合、渡航費をもっとも支払いやすい立場にある。彼らは、母国の親戚よりもはるかに高額の収入を得ているのだ。その渡航費が借金の形で提供されたなら、彼らは返済を要求できる強い立場にある。成功したならそれが見てわかるので、借り手は借金を返さなければやっかいなことになる。取引は、無期限であることはあまりない。資金が母国に残っている家族によって提供されたのだとしても、ディアスポラの社会的ネットワークが新参者の移民にプレッシャーを与え、送金する義務を果たすよう促す。このため、資金提供のリスクは低くなる。

このような力がすべて集まることで、ディアスポラは重要な要素となる。このため、移民は第3章で説明したように、いくつかの限られた都市に集中するようになる。ディアスポラはあとから来る移民が住む場所の選択肢に影響を与えるだけでなく、移住の規模を決定づける唯一かつもっとも重要な影響力なのだ。それが、本書のモデルで示されている図だ。蓄積した移民のストックがフローを増やすため、移住は加速しやすくなる。最初の移民は、100万人目の移民よりもはるかに多くの困難な壁を乗り越えなければならない。私は同僚のアンケ・ホーフラーと共に、貧困国から富裕国への移住にディアスポラが与える典型的な効果を推計しようと試みた。その結果はあくまで暫定的なものだが、なぜディアスポラが原動力となる移住が急激に加速する可能性が高いのかを示している。[11] 10年という時間軸の最初にやってきた10人の追加ディアスポラは、その10年の間にもう7人の追加移民を呼び寄せる。その結果、次の10年は17人の追加ディアスポラから始まり、その10年の間に12人の追加移民を引き寄せる。このプロセスを1960年から2000年まで繰り返すと、10人から始まったディアスポラは、2000年までには83人に増えている計算だ。

だが、現在経済学者がもっとも注目しているディアスポラの影響は、彼らが移住率を加速させる点ではなく、移民の内訳を変えている点だ。先住人口の観点からすれば、学歴の低い労働者と扶養家族よりも、高学歴の移民が来てくれたほうがありがたい。入国を割り振るポイント制度は、その目的で設定されている。だが、ディアスポラは移民にこのポイント制度を乗り越えさせる。ディアスポラの効果はあまりにも強力なため、親族関係が入国の権利を確保できる場合は必ず、教育や技能を基準とする割り振りの効果を上回るのだ。[12] 最近おこなわれた研究に見られるこの傾向は、移民の個人的権利に基づく観点と、先住人口の権利や利益に基づく観点との激しい衝突の可能性を生む。

現在の移民政策は、一般的には移住を加速させる傾向をさらに強化し、ポイント制度を無力化する。なぜなら、家族再統合プログラムのため、既存の移民の親戚が優遇されるからだ。だが、移住する権利があるからといって、移民が別の移民に移住する権利を与えるということになるのだろうか？　であれば、その移民に移住する権利を与えられた移民も、また別の移民に移住する権利を与えることができるのだろうか？　言うまでもなく、もし権利がそのような構造になっていたら、学歴に基づくポイント制は非現実的になってしまう。親戚が、高学歴者を押し出してしまうのだ。

ここで、本書でもっとも重要な倫理的選択の場面がやってきた。公営住宅の話をしたときに、集団の権利と個人の権利の違いについては説明した。移民は先住人口よりも困窮しているため、個人の権利に基づけば先住人口よりも多く公営住宅を割り当てられることになるが、集団の権利に基づけば同じ割り当てになるという話だ。しかし、公営住宅は、親戚を呼び寄せる権利に比べれば取るに足りない問題に色あせてしまう。先住人口のうち、外国から伴侶やほかの親戚を呼び寄せたいと思う者はごくわずかだ。だからこそ、権利にまでなったのだろう。一方、ディアスポラの大多数が、外国から親戚を呼び寄せたいと思っている。このため、移民が先住人口と同じ個人的権利を与えられたとすれば、移民の内訳は激しく扶養家族に偏ることになる。そうなると、集団レベルでの平等な扱いを明示せよという、現実的な（もしくは法的倫理的なものかもしれないが）強い主張がなされるようになる。移民は公営住宅などの排除的公共財の恩恵を集団として受けるべきで、先住人口と同じように親戚を呼び寄せる権利を集団として与えられるべきだという主張だ。

公営住宅の割り当ては現時点ですでに、地方自治体によっては集団的な公正に基づいているところもある。その一方、親戚を入国させる権利の割り当てについては現在、なにかしらの明確な原則に基づいているものはほとんどない。だが、集団的公正を基準として入国の権利を付与する仕組みがわかりやすいだろう。一部の国はすでに、割り当ての決まった抽選を通じて入国の権利を区分している。これは、固定目標と平等なアクセスを調和させる、世界的にも標準とされる方法だ。移民ひとりひとりが親戚を呼び寄せられる無制限の権利を得られるよう、移民ルールを策定する社会もあるかもしれない。だがそのような政策は寛大ではあっても、倫理的アプローチに合致する唯一のルールではない。親戚や将来の親戚を呼び寄せるディアスポラの権利を制限するのは、移民の総数を管理するためではなく、主にその内訳を管理するためだ。学歴に基づくポイント制度が効果を発揮するのは、ディアスポラ個人の権利が制度の定める目標に拘束されているときだけなのだ。

ドラマチックな含意

ここまでの話をまとめると、貧困国から富裕国への移住は、生産性の格差が生む膨大な棚ぼた利益を生み、その利益は移民が手に入れる。この利益を手に入れるには、二つの大きな壁がある。移住という初期投資のための資金を調達することと、入国に際しての無数の法的制約を乗り越えることだ。ディアスポラはこの二つの壁をどちらも低くしてくれるため、移住が進んで移民のストックが蓄積すると、より多くの人々が移住による利益を手に入れられるようになる。つまり移民のフローは、毎年加速していく。世界経済におけるその他の変化も、移住を増加させる傾向にある。技術の進歩により移動費は大幅に下がり、電話代が劇的に安くなったので、ディアスポラは母国とのつながりを維持しやすくなった。最貧国では所得が上がってきたので移住資金が出しやすくなったが、絶対的な所得格差は広がったままだ。移民は生産性の大きな伸びを手にするが、その伸びは相応の規模の壁に妨げられている、というのがありのままの現実だ。

移住への壁の存在からは、ある予測ができる。実際の移住は、移住希望者よりも大幅に少ないはずなのだ。移住希望者についてのデータの一般的な情報源は、世界中の膨大な人々をサンプルとするギャラップ社の調査だ。合計すると貧困国の人口のおよそ40％が、できることなら裕福な国に移住したいと答えている[13]。これですら、金銭的・法的障害がなかったときに移住がどう変わるかを過小評価した数字だろう。実際に人口の

40％がひとつの国から出て行ったと想像してみてほしい。その結果生まれるディアスポラは巨大なもので、おそらくはごく限られた高所得都市に集中するはずだ。それらの都市は、母国の首都よりもはるかに高い所得を得ているため、社会の新たな文化的中心地となる可能性がきわめて高い。母国に残った若者には、別のどこかから誘惑があるだろう。

経済学者たちは、ギャラップ社のこのような調査で示される意図に当然ながら懸念を覚えている。意図は、実際の決断には直結しないかもしれない。比較的低所得の社会が高所得社会に無条件で移れるとしたらどうなるかという貴重な自然実験がおこなわれたら、それは非常に興味深いことだ。この実験が見られるのが、トルコ系キプロスだ。ここは経済的にはトルコに近く、したがってヨーロッパの水準からすれば非常に貧しい。だが、複雑な政治的歴史のため、トルコ系キプロス人は優先的にイギリスに移住することができる。彼らはこの権利を活用しただろうか？　移住の経済理論によれば、そのような場合、均衡はないということを思い出してほしい。トルコ系キプロスはもっとも移住が容易な中所得層に属しているため、そして受入国にも比較的近いため、トルコ系キプロス人の集団は急速にディアスポラを形成するだろう。そしてディアスポラは増え続け、トルコ系キプロスがからっぽになってしまうまで続く。これは、考え得る多くの相殺要因をまるで無視した、実に厳しい予想だ。では、実際に起こったことと比べてみるとどうだろう？　残念ながら、イギリスの移民に関する統計は非常に少ない。だが１９４５年の時点でイギリスにはおそらく２０００人程度しかトルコ系キプロス人がいなかったであろうことがわかる。そして、現在イギリスに住んでいるトルコ系キプロス人の推計数は、13万人から30万人と幅広い。ちなみに、多いほうの数字はイギリス内務省の公的な推定値だ。その一方、キプロスに住んでいるトルコ系キプロス人の数は１９６０年の人口統計にある10万２０００人から、２００１年には８万５０００人まで減っている。つまり、今イギリスにはキプロスの倍もトルコ系キプロス人がいるということになる。キプロスは本当にからっぽにこそならなかったが、ギャラップの調査が示した40%という移住希望者数はあながち間違っていなかったわけだ。だが、北キプロスの人口は減ったわけではない。逆にトルコからの移民が大量に流入してきた。いまや、先住トルコ系キプロス人は、北キプロスでは少数派になっているのだ。

壁がなければ低所得国はからっぽになるという証拠は、善かれ悪しかれ、壁にはそれなりの存在意義があることを示唆している。移住候補国の先住人口からすれば、ある程度の壁がそこにあり続けて時間とともに移住率の加速に応じて高くなれば、そのほうがいいだろう。賃金を引き下げ、相互共感を危険にさらし得る、膨大な数の流入を防ぐにはそれしかない。母国に残る人々からすれば、膨大な数で長期間にわたって国外に移住する人々も大きな影響をもたらす。これについては第Ⅳ部で議論しよう。だが功利主義的世界論者とリバタリアンの倫理的観点からすると、壁は苛立たしい惨劇の源だ。数億人の貧しい人々が、得られるはずの莫大な利益を拒否されているのだ。功利主義者は、幸福の減少が避けられるはずなのにと嘆く。そしてリバタリアンは、自由の制限を嘆くのだ。

第7章　移民——移住の負け組

さて、では次は意外な面を見ていこう。移民が移住によって大損をする負け組になるというのはどういうことだろう？　その答えは、すでに移住した者が、少なくとも経済的観点からは、あとから来る移民のせいで損をするということだ。第4章で、移民が低賃金の先住労働者と競合するという議論を検討して実質的には否定した。だがそこに実はひとかけらの真実が混じっているため、彼らは損をするのだ。移民が先住人口と直接競合することはめったにない。暗黙知と蓄積された経験、そして差別の組み合わせによって、先住人口は移民よりもはるかに優位に立っているからだ。移民が直接競合するのは技能の低い先住人口とではなく、お互いとなのだ。

移民は、学歴が同程度の先住労働者とでさえ、互角には競合していない[1]。受入国の言語をうまくしゃべれる、あるいは社会慣習に対する暗黙知があるというアドバンテージのおかげで、先住人口はより生産的になれる。あるいは、雇用主が移民労働者を差別するということもあるかもしれない。理由付けがなんであれ、結論としては移民がはっきりと分かれた労働者区分を形成するということになる。このため、あとからやってくる移民は既存の移民の稼ぎを減らす。これは実際、移住が賃金に与える大きな影響として唯一、はっきりと実証されたものだ。第4章で述べたが、先住労働者の賃金に対する移民の影響は、ほんの少しの損失とささやかな利益の間に落ち着いている。移民政策が賃金に対する影響に基づいて策定されるとしたら、もっと制限を厳しくするべきだとわざわざ主張するほど関心を持つのは移民だけだろう。

移民ひとりひとりの行動は明らかに、この関心とは矛盾している。移民は一般的に、親戚のためにビザを取得しようとかなりの労力を費やす。だが、この二つの関心は相反しているわけではない。親戚を呼び寄せる移民はそこから生まれる交友関係、呼んでくれたことに対する称賛、そして義務を果たしたことで得られる心の平安という利益を得られる。移民が増えたために労働市場で生まれる競争の激化で困るのは、ほかの移民だ。事実上、移民政策を厳しくすることは既存の移民コミュニティ全体にとっては公共善だが、自分の親戚が移住するのを助けることはそれぞれの移民の個人的関心事なのだ。

既存の移民が政策を厳しくすることに関心を持つのには、ほかにも社会的な理由があるかもしれない。社会的信頼は、移民人口の規模が増えるにつれて減る可能性がある。移民のストックの規模も、先住人口の移民に対する態度に影響を与える。接触が増えれば寛大になるはずだという期待に反して、逆の現象が起こっているようだ。先住人口は、移民の数が多いよりも少ないほうが寛大になる。不寛容は移民が全体として苦しめられる公共悪であり、これは意図したわけではないにしても、あとから来る移民ひとりひとりが移住しようという決断を最大化させたことによって生じたものだ。不寛容の高まりは、これらの決断の結果だ。それは移民個人によって考慮されるものではないが、既存の移民のストックに対して累積的に深刻な影響を与える。

ここで、移住の矛盾が出てくる。移民は個人としては、移住によって大幅な生産性の増加という利益を得て成功する。だが移民全体を見ると、個々の移民にとってはまさしく何よりも有害な政策、つまり入国制限に関心を持っている。

移民は移住による生産性の増加という大きな分け前を手に入れ、渡航にかかった初期投資の元をこれで十分に取ることができる。だが、文化的にどこか異質な環境で移民でいるということに、継続的なコストはないのだろうか？ 受入国の住民に対する正味の効果と同様、データがあれば、経済的利益と社会的コストの統合的な測定として幸福度を使うことができる。幸福が福利のすぐれた測定指標かどうかについては、現在議論が交わされている。研究によれば、ある程度の所得閾値を超えると、それ以上収入が増えても幸福度が増し続けるということはないが、一時的な効果はあるそうだ。宝くじが当たれば気分がいいのと同じことだ。だがその余韻は、数カ月もすれば薄れていく。これを移住にあてはめれば、低所得国から高所得国に移住した典型的な移民にとって、所得の増加は過剰なのだ。所得は、閾値のはるか下からかなり上へと急増する。幸福の経済学によれば、最初の数千ドルは幸福度を増すが、そこから先は伸び悩む。閾値を超えた先の幸福度を決定づけるもっとも強力な要因は、社会的なものであるらしい。結婚、出産、友情こそが幸福にとって重要なものであって、給与明細の額ではないのだ。移住はこうした社会的特性に明確な影響を与えるが、それはネガティブなものだ。家族は引き裂かれ、移民は文化的に異質な環境で暮らさなければならない。母国のラジオを聞き、ディアスポラの友人に囲まれ、毎年故郷に帰るかもしれないが、祖国から離れて過ごす日々が長くなるほど、幸福度は下がっていくかもしれない。幸福が人生の質をうまく表していると認めるのであれば、ここでの議論の目的として便利な特性は、幸福が高い所得と非金銭的な心理的コストによる影響の両方を包含するというものだ。対立する力の正味の効果が得られるのだ。

だが、幸福度は福利の測定指標として所得の代わりに使える唯一の選択肢ではない。一部の経済学者が好む手法のひとつに、「人生の梯子」というものがある。これは人生において最悪の事態と最高の事態を10段階で評価してもらい、自分がどこに位置するかを答えてもらうものだ。[2]この手法で得られる自己申告による福利の推定値は、所得が増える度合いと比例して増えている。このため、移住がもたらす所得の増加が、福利の観点からは過剰だと結論づけることは必ずしもできない。

幸福度と人生の梯子のどちらも、移住が移民の福利を向上させるかどうかという質問に答えるために使うことができるだろう。すでに、このような効果を測定したと主張する学術書はいくつも出ているが、残念ながら、そこに使われている手法は信頼に足る結果を求める需要に応えきれていない。たとえば、複数の研究で、移民が受入国の先住人口より幸福度が低い傾向があることが示されている。だがこれに基づき、移住したことで移住しなかった場合よりも人々の幸福が減ると推測するのは妄信だ。移住する前、先住人口と同じくらい幸せだったと思う理由はどこにもないのだ。研究において、こうした落とし穴をうまく避けられる手法を展開した研究は2件しか見つけられなかった。どちらもかなり最近のものでまだ公表はされておらず、おそらくは学会の厳しい査読プロセスを通過するにはまだ至っていないのだろう。だが、私が見る限り、この興味深い質問についてそれなりに信頼できる世界的なデータは、これくらいしかない。

ひとつ目の研究は、トンガからニュージーランドへの移住を調べたものだ。[3]ニュージーランド政府が導入した入国制度、「パシフィック・アクセス・カテゴリー」を利用して構築されている。この制度の主な特徴は抽選であることで、したがってトンガからの移住希望者に対する許可はランダムに与えられたり却下されたりしている。このような自然ランダム化は、研究者にとっては非常に便利だ。いくつかの洗練された技術と組み合わせれば、ほかの研究者たちがはまった落とし穴を避けられる。当選がランダムであるため、集団としての当選者の特徴は、落選者とはほとんど変わらないはずだ。したがって、移住後の当選者は落選者と比較することができ、新たに生じた違いは当選者が移住したという事実に起因するものだと妥当に推測することができる。トンガは、多くの貧困国をおおむね代表する特徴を備えている。所得はニュージーランドが人口1人あたり2万7000ドルを超えているところ、トンガは約3700ドルだ。つまり、移住の抽選に当たった人々は比喩的に言えば、金銭的な抽選にも当たったことになる。当然、これはデータにあらわれている。移住から4年後、当選者たちの所得は400%近く増えていた。だが、この研究の面白いところは、幸福度と人生の梯子の両方に対する影響を慎重に測定している点だ。移住から1年後、どちらにも大きな影響は見られなかった。4年経っても人生の梯子には何も影響が出ていなかったが、幸福度は大幅に下がって、5段階評価で0・8ポイント落ちていた。[4]

この研究が示唆するところを考える前に、インド国内で地方から都市部へ移住した移民を追跡した別の研究を紹介させてもらいたい。[5]こちらも、移住しなかったほぼ同条件の集団と比べて、移民の福利がどう変わったかを調べている。この研究は、移民が自分の現在と過去の福利をどう見ているかを、村に残った家族の評価と比較したものだ。サンプルの内訳を見ると、移住前はどちらの集団も同じ暮らしをしていた。この研究の構造は強力だが、対象としているのはインド国内の移住であるため、国際的移住の理想的な指針とは程遠い。所得の変化と文化的変化ははるかに小さいものになる。だが、どのような影響が予期できるかについて、ある程度は示してくれる。トンガからニュージーランドへの移住と同様、インド国内の地方から都市部への移民も収入が大幅に増えた。消費は平均約22%増えている。これはもちろん、国外移住よりもずっと少ないが、それでも地方所得の低い水準からすれば、22%の増加は人々の福利を引き上げることになる。ここでの測定基準に研究者が選んだのは、人生の梯子だった。どちらの移住もある程度の社会的混乱を引き起こすかもしれないが、貧しい国の中で都会へと移ることで得られる所得の向上がその同じ村から高所得国へと移ることで得られる所得の増加よりずっと少ないように、混乱もそのぶんずっと少ない。インド国内で地方から都市部へ移る移民は都会に出たときのショックと家族と離れて暮らす寂しさにさいなまれるが、異質な文化により混乱することはない。したがって、この考え方が国外移住の推定にもあてはめられるとは言わないが、中間地点にはなってくれる。トンガでの研究と同様、移民があとに残った家族よりも梯子の高い位置に自分を置くことはない。所得の向上の代償には文化的混乱がもたらされ、移民はかつての村での暮らしに対する強い郷愁に襲われる。ここで示唆されるのは、移住には目に見える所得向上という利益を相殺するほどの大きな隠れたコストが伴うということだ。

私が調べた限り、貧困地域からもっとましな地域への移住が人生の質に与える影響についておこなわれた徹底的な研究の総合的な結果は、現在のところこれぐらいだ。受入国住民の幸福度に対する移住の影響については、この問いの重要性にしては驚くほど研究が成されていない。明らかに、これらの研究では確実な結論は導き出せない。だが、私たちの偏見にとって都合が悪いからという理由だけで無視することもできない。ジョナサン・ハイトとダニエル・カーネマンの研究が伝える重要なメッセージに立ち返ってほしい——自分の道徳的な嗜好で、慎重に努力を費やした理由付けを上書きしたくなる誘惑を拒絶せよ。

これらの研究から暫定的に推測できるのは、移民がこうむる膨大な心理的コストが、彼らが手に入れる膨大な経済的利益とおおむね同等かもしれないということだ。この推測が示唆するところは、遠大に思えるかもしれない。移住から得られる膨大な生産性の向上は経済学者を興奮させ、移民を虜にするが、それ以上の福利に結びついているようには見えない。移住は期待していたタダ飯をもたらしてくれるわけではない。というより、与えられるタダ飯には消化不良という代償がついてくる。だがこうした示唆自体も、その質を検証する必要がある。移住による心理的コストがこうした初期の研究と全般的に一致していることがわかったとしても、移住はやがては福利を向上させるのかもしれない。同国内における地方から都市部への移住の場合、移民の子どもたちが親世代のような郷愁を抱くことなく育つという推測は妥当だろう。彼らにとっては、都会が故郷なのだから。この第二世代や以降の世代は、親が村に残っていた場合に手にしていたであろうよりもはるかに高い収入を得られるだけでなく、彼ら自身は代償としての心理的コストをこうむらないため、親世代が村に残っていた場合よりも幸福度が高い。したがって、地方から都会への移住は、移民が自分たちよりも子どもたちのために移住するという19世紀の物語と合致する。都市化は、貧困からの集団脱出を実現するチャンスを切り開くうえで欠かせない。移民がこうむる心理的コストはたしかに膨大かもしれず、手に入れられる所得の向上を帳消しにするほどかもしれないが、それは進歩のためには避けられないコストであり、投資という地位を与えられている。

だが、貧困国から富裕国への国境をまたぐ移住の場合、所得の向上と文化的混乱はいずれも、地方から都市部への移住よりもはるかに規模が大きい。心理的コストがひとつの世代だけのものか、その後の世代にまで引き継がれるものかは、後の世代が移住先を故郷と感じるか、ずっと切り離されたままの感覚でいるかによって異なる。地方から都市部への移住のコストが第一世代の先へと引き継がれる可能性はきわめて低いが、状況によっては、移民の子孫もずっとよそ者のように感じ続けるかもしれない。最悪の場合、ずっと続く心理的コストが何世代にもわたって利益を帳消しにすることも考えられる。そうなると移住は投資ではなく、間違いだったことになるのだ。

第Ⅳ部　取り残された人々

第8章　政治的影響

私は仕事人生の中でずっと、世界中がますます繁栄する中でおおむねチャンスを逃してきた国に焦点を当ててきた。最底辺の10億人が住む国々だ。本書を書こうと思ったそもそもの動機は、これらの国々にとって移住がどれほど重要かという問いに答えたかったからだ。つまり、移住が移民自身ではなく、母国に残された人々にどのような影響を与えるかだ。移住の総合的な損益を計算するなら常に、何十年にもわたって貧困から脱出する希望をほとんど与えてくれなかった国に残る10億人への影響を、もっと重視すべきだ。

経済的繁栄という奇跡は、根源的には社会モデルを指す。制度や物語、規範、組織の偶然の組み合わせが18世紀にはイギリスを、そしてその後はほかの多くの国々を、数千年にわたって蔓延していた貧困から脱出させてきた。最終的には、最底辺の10億人の状況に移住が与える影響は、彼らが住む国で優勢となっている社会モデルに移住がどう影響するかという話になる。社会モデルの重要な側面（2011年のアセモグルとロビンソンの論文が強調している）は、搾取的なエリート層から、生産性を後押しするより包摂的な政府への政治的権力の移行だ。そこで第Ⅳ部の冒頭となるこの章では、母国の政治に移住が与える影響に焦点を当てる。これまでは頭脳の流出や仕送りに対する懸念が主流だったが、そちらについては次の章で触れよう。

国外移住はより良いガバナンスへの圧力を生むか？

フィジーでは、国外移住は民族的に少数派であるインド系国民に偏っている。これは、典型的な政治的影響のひとつだ。少数派は、多数派よりも国外移住を選ぶ可能性が高い。これは、注目するべき形で母国の政治経済に反映される。差別や迫害から人々が逃れることができるなら、そのようなたちが悪いだけに魅力的な政策は、抑圧的政府にとってはやる価値がなくなるかもしれない。少数派に逃げ道を与えることで、移住という選択肢は彼らの交渉力を高め、国外移住の必要性を低くする。だが、一部の政府は実際に少数派に出て行ってほしいと思っているかもしれず、その場合は移住が差別的政策の採用を後押しすることになるかもしれない。少数派に対する政策への影響とはまったく別に、少数派の国外移住は徐々に社会の構成を変えていく。これが残された人々にどう影響するかは、その社会がどのように多様性に対処しているかによって異なる。移住先で社会的多様性を増す移住が、母国では多様性を減少させるのだ。そのため、移住先での多様性の増加が何を示唆しているにしろ、その影響は母国では真逆になる可能性が高い。

少数派の不均衡なほどの国外移住は残された者に政治的損失または利益をもたらすが、もっと重要な影響はディアスポラの政治的行動から来る。ディアスポラは潜在的資産かもしれないが、母国の政府の多くが彼らを潜在的リスクとみなしている。ディアスポラは、政治的敵対勢力の培養地だ。反乱分子の安全な隠れ場所となり、対立する政党を支持する資金が集められ、思想や範例が影響力を持つようになる。

母国の政府の多くが、実際にディアスポラに脅威を感じて当然だ。なんといっても、一部の国が非常に貧しいままでいる主な理由は、機能的な民主制度を構築できていないからで、有権者に対する説明責任もなければ少数派や個人の権利も尊重されず、法規範も守られず、恣意的な権力の抑制と均衡もない。競争選挙や多党制など、表面的にはちゃんとした民主主義の要素を備えた政治機構の多くは、実はまがいものだ。その結果、これらの国々は誤った政治をおこない続ける。高所得の移住先に住み始めた移民は、まともなガバナンスがどういうものかをその目で見る。そして自分の母国にそれが欠けていることを知り、変化を求めるよう圧力をかけ始める。私の考えでは、移住の大きなカギは、この圧力が有効かどうかだ。だが、この質問は投げかけるのは易しくても答えるのは難しい。

アルバート・ハーシュマンがおこなった国の開発に関する初期の有名な分析は、曖昧さというエッセンスを捉えている。ハーシュマンはまずいガバナンスに苦しむ者に与えられた選択肢を、「発言か退出か」(1)と分類した。国民は抗議の声を上げられる、あるいは国を出て行くこともできる。移住は退出の最終手段なので、発言――まずいガバナンスに対する国内的な抗議表明――を直接減らすことになる。だが同時に、やる気に満ちたディアスポラは、減ってしまったその国内の発言に、もっと実効力を持たせることができる。

退出の直接的な影響は、才能ある若者の移住が悪い政権に安全弁を与えるというかたちで示されることが多い。母国に残る人々は、よりおとなしくなることを自ら選んでいるじゃないか、というわけだ。ディアスポラは抗議の声を上げて大騒ぎするかもしれないが、悪い政権はその声を無視してもまったく問題ないし、むしろ彼らに罪をなすりつけることさえあるかもしれない。現在、この安全弁の事例となりそうなのがジンバブエだ。100万人のジンバブエ人が南アフリカへと移住したが、それはムガベ政権の不始末がひどすぎたからだ。南アフリカでは、彼ら移民はジンバブエの政治的発展に対しても、ムガベ大統領に対する南アフリカ政府と南アフリカ人の態度に対しても、ほとんど影響を与えられていない。彼らがそのままジンバブエに残っていたら、不満を抱く彼らは声が大きく、数も多いため、政権の抑圧的勢力では抑えきれなかったはずだ。

したがって、ガバナンスの改善は残された人々が繁栄を実現するためには欠かせない。移住はガバナンスにプラスの影響とマイナスの影響のどちらも与えるので、正味の効果の信頼できる推定には、母国に対する移住の影響についての全体的な評価が決定的だ。移住についてはいまや膨大な数の経済的専門書が出ているが、それらを調べたとき、この特定の問題が事実上の未知なる大地《テラ・インコグニタ》であることに気づいて衝撃を受けた。そこで私は、信頼に値する調査結果を見つけようと調べ始めた。その結果、この特定の問題が信頼できる研究の対象にほとんどなっていない理由が今ならわかる、と告白しなければならない。現時点でのデータの少なさを考えると、これはほぼ回答不可能な問題なのだ。

一言でまとめてしまえば、ここに問題の本質がある。ガバナンスは、やや不安定な概念だ。理性の目で見れば、いいガバナンスと悪いガバナンスは見分けられる。だがちまちまとした変化は測定が難しい。今ではその多様な側面を測定すると主張するいくつものデータが存在するが、世界全体を調べた包括的な長期的データを提供するものは少ない。加えて、移住は母国のガバナンスにさまざまな形でさまざまな拮抗する効果をフィードバックする。そのため、一つや二つの影響だけ調べるのでは不十分だ。重要なのはその全体像なのだから。だが、中でも飛び抜けて難しいのは、どっちが卵でどっちがニワトリかを見極めることだろう。移住はガバナンスの質を左右するかもしれないが、ガバナンスの質もほぼ間違いなく、移住に影響を与えている。ガバナンスがうまくいっていない国は、多くの国外移住を経験する可能性が高い。投票用紙で意思表明できない国民が、自分の足で意思表明をするのだ。混乱に輪をかけるのが、社会の特性の多くが移住とガバナンスの両方に影響を与えることだ。国が貧しいから、国民も出て行くし、ガバナンスも難しくなる。このため、移住とガバナンスとの単純な実証的関連は解釈しにくい。移住のせいでガバナンスが悪化しているのか、悪いガバナンスが国民を逃げ出させているのか、それとも貧困が両方を引き起こしているのか？　経済学ではこういう状況に直面することが多く、原則的にはこれには解決策がある。だがこの問題は、明らかに移住に影響を与えているが、ガバナンスからは独立している何かを見つけられなければ解決できない。残念ながら、ガバナンスに影響を与える可能性があるものがあまりにも多いため、現実世界においてこの方法ではいまだに説得力のある解決策は編み出せていない。

ただ、研究者たちも最近になって、ようやくとっかかりを見つけた。研究を進めるには、主に二つの方法がある。マクロと、ミクロだ。マクロ分析は、国レベルのデータを見て、国ごとと時間軸ごとの違いを調査する。ミクロ分析は、移住が影響を与え得る特定経路の調査に一般の人々が参加する、独創的な実験を構築する。最終的に疑問はマクロでも、もっとも信頼できる手法は今のところはミクロだ。

マクロ分析はまだ黎明期にあって、まだ当分そのままかもしれない。長年にわたって確立されてきたガバナンスの測定方法は、国がどれほど民主的かを、多くの国について1年ごとに測定するというものだ。民主度は、ガバナンスの質についての非常に粗い測定基準だ。現職の指導者は選挙を操作できる場合が多く、自分の権力を脅かすことなく表面上の正当性を示すことができる。あるいは、政治があまりにも腐敗してしまい、有権者は誰に投票しても悪者という無意味な選択肢しか与えられない場合もある。選挙を回避している中国は、コンゴ民主共和国よりもガバナンス的にはすぐれている。コンゴは選挙の際に競争こそあるが、その国名に反して、腐敗して無能な法律にまみれている。それでも、ほかの条件が同じであれば、高い民主度は低い民主度を駆逐する可能性が高い。民主主義の分析は当然、ガバナンスのほかの側面と同じ問題に直面する。だが、現在入手可能なマクロ分析のもっともすぐれたものを見ると、移住の正味の効果は曖昧で、その内訳や頭脳流出の規模によってばらつきがある。(2) 技能が低い移民の移住はなぜか、母国の民主度を引き上げる。だが、高所得国の移民政策の傾向を考えると、より関連性が深いのは、技能が高い移民の移住だろう。

残念ながら、熟練労働者の国外移住には、民主主義への圧力にマイナスとなり得る二つの影響がある。移住は外的圧力をもたらすディアスポラを構築するが、教育を受けた人々のストックを減らしてしまうかもしれない。これが重要なのは、教育を受けた国民の割合が高いほど、民主主義を求める圧力は高まるからだ。頭脳流出が著しい場合――これは不幸にも小さく貧しい国のほとんどで見られる傾向だが――移民が政治改革を求める外的圧力を与えたとしても、教育を受けた国民がもたらす国内での圧力は小さくなってしまう。研究では、この曖昧さを解き明かすことはまだできていない。マクロの手法では、私たちは闇の中に取り残されたままだ。

ミクロ分析もやはり黎明期にあるが、成長している。私が知る限り、本格的におこなわれた最初の実験は私の同僚のペドロ・ヴィセンテとカティア・バティスタによるものだ。ペドロはガバナンスを研究していて、旧ポルトガル植民地の二つの島、カーボベルデとサントメを実地調査の場に選んだ。ペドロの独創的な研究については、私の著書『収奪の星』で多少触れている。一方、彼の妻でもあるカティアは、移住が労働市場に与える影響について研究している。私は、2人が婚姻関係を知的領域にまで拡大し、移住がガバナンスに与える影響について一緒に取り組んだらどうかと提案してみた。実際、アフリカでもっとも国外移住率が高かったカーボベルデは、フィールド実験にはうってつけの場所だ。ペドロとカティアは私の提案を正式に受け入れ、目からうろこが落ちるような研究をおこなった。(3) 彼らの試みは、移住によってもたらされた民主的思考との接触が、政治的説明責任を求める圧力の高まりにつながるかを見るというものだった。より良いガバナンスを求めて活動する機会を与えると、身内に移民がいる家庭は参加する可能性がより高いことがわかった。カーボベルデは例外的な小島に過ぎないとして片づけられるかもしれないが、同じように移民を通じて政治的取り組みが故郷の人々に広まった例が、最近メキシコでも見られている。(4) 移民は、故郷の家族の政治的行動にどう影響を与えるのか？　これはたいして謎めいた話ではないのだが、研究者たちはここに目をつけた。2012年のセネガルでの大統領選挙の際、アメリカとフランスに住むセネガル人移民を対象に調査がおこなわれた。毎日あるいは毎週、彼らは故郷の親戚に電話して有権者登録をするよう説得し、その半数以上が、誰を支持するべきかもアドバイスしていた[5]。

ペドロとカティアが注目したのはまだ外国にいる移民の影響についてだったが、補足的研究では母国に戻った移民の影響についても調査がおこなわれている。特に説得力のある新たな研究は私の同僚のリザ・ショーヴェとマリオン・メルシエがおこなったものだ。彼女たちが選んだ国は、マリだった[6]。マリは辺境の地にある究極の小国のように思えるかもしれないが、2012年には日を追うごとに悲惨さを増していく一連の政治的事件のために世界メディアのトップページに躍り出た。カダフィ大佐の晩年、リビア政権はマリ北部の遊牧民の中から傭兵を雇っていた。リビアは最先端の武器を金に糸目をつけずに買い集めて溜めこんでいて、政権が崩壊したときに傭兵たちがその武器を持ち逃げしていった。傭兵たちはカダフィのために働くことにはたいして興味がなかったが、故郷のマリでは長年続く怒りと分離主義への野望を抱いていた。気の利いた武器こそ、まさに彼らが求めていたものだったのだ。反乱軍と政権との間にいたのは、マリ軍だけだった。マリが民主主義国として確立されていたため、軍は民主主義の支配下にあった。実際、民主主義が十分に浸透していたため、現職の大統領が辞任を決意したほどだったのだ。大統領選挙が近づき、大統領が辞職して政権が死に体の活動停止状態になったのと時期を同じくして、反乱軍が侵略する。マリは海外援助の見返りとして軍事費を縮小しろというありがちな圧力を受けていたので、石油による潤沢な資金を持つ軍事政権の勘違い独裁者が手を付けられるあらゆる先端技術を反乱軍が手に入れていたのに対し、マリ軍の装備はお粗末としか言いようがなかった。マリ軍は軍事費を引き上げるよう大統領に働きかけたが、大統領は返事を濁した。すると戦場で負けを目前にした政府軍が反乱を起こし、政府を転覆させる。マリはすぐさま国際社会から排斥されたが、これで軍事的状況はまったく改善しなかった。難民が反乱軍から逃れて南へと殺到する中で国は政治的混沌に突入し、クーデター指導者は部分的に権力を返上したが、いったい誰に権力を返したものか？　その一方反乱軍には、テロ活動の拠点を構築する有望なチャンスを嗅ぎつけたアル゠カーイダの戦闘員が入りこみ、乗っ取っていった。今この瞬間にも、フランス軍がマリ政権の要望を受けて劇的な介入をおこない、権力を市民に返すよう圧力をかけている。つまり、マリでは政治がにわかに重要になったというわけだ。

リザとマリオンは、一定期間の国外移住の間に経験した政治的接触によって、移民が帰国したあとの政治参加や選挙競争に影響があったかどうかを調査した。具体的には、投票率が上がったかどうかだ。現実的な重要性の順に、三つの影響が明らかになった。もっとも重要度が低いのは、帰国した移民は移民未経験者よりも投票する確率が高いというものだ。意外だったのは、この行動が移民未経験者にも伝染するということだ。移民の近くに住む移民未経験者も、投票する確率が高くなった。これは、回答者が投票したかどうかを調査員に教えただけでわかった結果ではない。自己申告の情報にはバイアスがかかっているかもしれないので、経済学者は概して懐疑的だ。投票率の向上は、投票所で確認できた。さて、最後はもっとも意外な影響だ。移民未経験者のうち、帰国した移民の行動を模倣する傾向がもっとも強かったのは、教育をあまり受けていない層だったのだ。これには本当に勇気づけられる。帰国する移民は高所得国で学んだ民主的参加という新しい規範を持ち帰るだけでなく、教育を受けていない同胞に対する触媒の役割も果たす。移民経験者がいなければ、もっとも変化を起こしにくい層だ。果たして、マリは例外なのだろうか？　ごく最近モルドヴァでおこなわれた研究でも、同じ結果が見られた(7)。最新の研究では、移民が外国の政治規範に触れたかどうかが重要であることが明らかになりつつある。移住先がよりうまく統治されている民主的な国であればあるほど、民主主義的規範の移転の度合いはより大きくなる。ロシアとアフリカよりも、苗床としてはフランスとアメリカのほうがすぐれているということだ。

最近見られるようになったこのデータは、移住についてのもっとも重要かもしれない問いに答えるにはあまりに貧弱な基盤だ。移民自身は移住によって成功しているが、移住が母国の変革を加速させなければ、筋金入りの世界的貧困に対処する上で真に重要だとはいえない。転じると、その変革は根源的には経済的ではなく、政治的・社会的プロセスなのだ。つまり、移住が残された者の政治的プロセスに影響を与える可能性は、本当に重要だ。これらの研究は、将来起こり得る可能性を示している。政治的価値観は、社会における他者との関係についてのおおまかな価値観に根差す。それは第Ⅱ部で議論したように、受入国と母国とで大きく異なるものだ。平均的には、高所得国の社会規範のほうが繁栄に貢献するので、この限定的な、だが重要な意味合いにおいては、高所得国の社会規範のほうがすぐれている。結局のところ、移住を促進するのはより高い収入への希望なのだから。では、機能的な社会規範は、民主的な政治参加の規範と同じように母国に浸透するのだろうか？　出産の選択肢についての新たな研究が、まさにその結果を教えてくれる。富裕国と貧困国での突出している社会的差異のひとつが、理想的な家族の人数だ。高所得国で生活した経験は移民自身の望ましい家族の人数を減少させるだけなく、故郷の同胞の考え方にも影響を与える(8)。規範の移転というこの善意の行為がおこなわれるかどうかは明らかに、そもそも移民自身が移住先で十分に溶けこんで、現地の新たな規範を吸収したかどうかによって決まる。

母国の質の悪い政府は、不満を抱くディアスポラから与えられるべくして圧力を受けているように思えるかもしれないが、ディアスポラの圧力がすべていいものとは限らない。実際、ディアスポラはしばしば、紛争をあおる過激な政治的敵対勢力の温床になると母国の政府にみなされる。この恐怖は、まるっきり空想のものとも言いきれない。ディアスポラの圧倒的大多数は母国で抑圧されてきた民族的少数派の出身であり、長年にわたって恨みを抱き続けている。最悪の場合、ディアスポラは母国の現状をまったく知らず、母国で差別されていたアイデンティティの証拠として、遠い昔のつらかった状況に対する恨みをひたすら抱えているかもしれない。彼らは、自分たちが想像するアイデンティティを代表するものとして、母国でもっとも過激な集団に友愛の証として資金を提供したり応援したりする。この現象の悲劇的な事例が、スリランカの分離主義反乱軍「タミルのトラ」に対する、北米とヨーロッパ在住のタミル系ディアスポラによる支援だ。これによって、ディアスポラが活動していなかった場合と比べて、スリランカに住むタミル系の状況はまず間違いなく悪くなった。悪質な政府から逃れられる隠れ家の存在も、明らかに有益というわけではない。ロシアの専制君主制は失政の典型と言われるが、スイスの避難先にいたレーニンが帰国したことで、彼がいなければ民主主義に移行していたかもしれない変化が妨げられてしまった。同じく、フランスの隠れ家にいたアーヤトッラー・ホメイニーがイランに帰国した際も、甘く光に満ちた時代をもたらしたとは到底言えない。

このような極端な事例において政府はディアスポラをおそれるだけの理由があるだろうが、より一般的には、移住を奨励しない政策は成功に対する嫉妬以上の何かに根差しているようには見えない。たとえばハイチはディアスポラの含み資産が膨大だが、移民は二重国籍を認められていない。政府は、この含み資産を従来の政府系投資ファンドと同じくらい慎重に管理する必要性にようやく気づき始めたところだ。そして、その可能性ははるかに大きい。膨大な資産を取るに足りない金利で外国に置いておいても貧困国にとってはあまり意味がないが、人的資産については外国に間違いなく膨大なストックがあるのだから、よく考えて有効活用するべきだ。

資産としてのディアスポラは、内戦後の状況にとってもとりわけ大きな意味を持つ。通常、内戦は長年続き、その間に教育を受けた若者が国を出ていく。政治的不安定と宗教的対立はいずれも、移住を促進する。(9) 富裕層も、破滅を逃れるために脱出する。そのため、紛争後の段階になると、国の人的資産も金融資産も、大部分が外国にあることになる。問題は両方を戻させることで、この二つはつながっている。人が帰ってくれば、家を建て、事業を始めるために資産も持ち帰る可能性が高い。紛争後の技能不足は、驚くほど深刻である場合が多い。たとえば、ウガンダではイディ・アミンの恐怖政治の間に50万とも言われる人々が殺されたが、その際、教育を受けた者が体系的に標的とされた。紛争後の最優先事項のひとつが、高等教育の再建だった。ウガンダ人ディアスポラを探したところ、南太平洋だけで47人の博士号取得者が見つかった。そのひとりが説得されて帰国し、ウガンダ初のシンクタンクを立ち上げた。

ウガンダの例を見ればわかるように、母国の政府はある程度帰国を促そうとしている。同様に、移住先の移民政策も、紛争後の回復を円滑化しようとしている。高所得国は、紛争後の成功に多大な関心を寄せている。ここ数十年で内戦を経験した国を支援するためにかけられたコストは膨大だ。歴史的に見ると、そうした国の半数近くが暴力に逆戻りしてしまったので、移民政策が役に立つなら、そうするのが理に適っているかもしれない。だが、和平が再構築されたあとでその国からの移住制限が厳しくなったら、内戦中に国外脱出した移民は帰国のリスクを冒したがらないかもしれない。必要とあれば、また出国できるのだろうか？内戦後に役立つことになる移民政策を採用する適切なタイミングは、内戦の最中だ。救済の義務という観点からも、その国の人材を暴力から守るという観点からも、紛争中の移民政策はとりわけ寛大なものでなければならない。従来のような技能や家族といった条件より、人的必要性や人間の権利に基づく条件が優先されるべきだ。ただし、受入国での居住権は、内戦の期間と紐づけてもいいかもしれない。和平が再構築されたあとに居住権が切れるころには、移民は心理的にも社会的にも帰国する準備ができているはずだ。たとえば、もっと多く仕送りをするようになっているかもしれない。受入国での居住権が切れれば、移民は紛争後の母国に相当量の技能と金銭を送ることができる。

国外移住は善き指導者の供給を増やすのか?

移住がガバナンスの質に影響を与え得る道筋のひとつが政治的圧力だとすれば、また別の道筋は能力とやる気に満ちた人々の供給だ。小さく貧しい社会からは、高学歴の移民が失われる。[10] 公共政策のトップでは、必要不可欠な人材が流出してしまっているかもしれない。だが逆に、外国滞在中に貴重な経験をした一握りの重要な人々が帰国するため、政治が向上する可能性もある。彼らが選んだ道筋の性質上、母国にそのままいれば貴重な指導者となっていたであろう人々が母国を去る事例は調べようがない。私が気に入っている事例は、クーデターに遭ってコートジボワールを離れた元経済開発担当大臣ティィジャン・ティアムだ。イギリスに移った彼は並外れた才能を発揮し、競争が激しい国際ビジネスの世界で活躍してヨーロッパ最大の保険会社のCEOにまで登り詰めた。

だが、そのような指導者の深刻な損失についての信頼できる事例が見られる一方、小さな貧困国でもっと際立っているのは有能な大統領や財務大臣、中央銀行の総裁の圧倒的大多数が、学生や長期滞在者として外国に住んでいた経験を持っているという事実だ。ノーベル賞も受賞したリベリアのサーリーフ大統領、ギニア初の民主主義政権の大統領であるコンデ大統領、コートジボワールを再建している有能な技術官僚出身のワタラ大統領、広く尊敬を集めるナイジェリアの財務大臣オコンジョ゠イウェアラ博士は皆、外国で積んだ貴重な経験を母国に求められた事例だ。全体的に見ると、発展途上国政府のトップのうち、1990年時点で3分の2が外国に留学した経験を持つ[11]。かつての移民たちが小さな貧困国の首脳陣に占める驚くほど高い割合を見ると、全体的な影響は間違いなくいいものだ。移住の結果、これらの国には教育を受けた指導者が増えたのだ。

ここで、さらに疑問が浮かぶ。教育は、指導者にとって重要なのだろうか？　ムガベ大統領は解放運動の最中にいくつもの学位を取得し、彼の内閣も同様に高学歴だったが、それでも失政は避けられなかった。だが、ジンバブエは実は外れ値だ。ティモシー・ベズリー、ホセ・G・モンタルヴォ、マルタ・レイナル＝ケロルによる最近の研究では、教育が指導者の能力に影響を与えるかどうかを調査し、大きく重要なプラス効果があることを発見した[12]。

このため、すでに教育を受けた者の国外移住による政治的影響ははっきりしないとはいえ、教育を受けるための国外移住にはメリットがあると予測することができる。アントニオ・スピリンベルゴが最近おこなった研究が、説得力のある証拠を提供してくれる[13]。1950年以来外国で勉強した学生についてUNESCOがまとめた世界規模の驚異的なデータを活用し、スピリンベルゴは留学中に学生が接触した政権がどのようなものだったか、そしてその後、母国でどのような政治的進化が見られたか、その関連性を調査した。すると、外国への留学は、留学者数の生の数字データに比べて圧倒的に持続する影響をもたらしていることがわかった。大人になってから留学した学生は明らかに、母国に戻ってから強い影響力を発揮していたのだ。だが、ここで重要なのは教育それ自体ではない。民主主義ではない国に留学した学生は、民主主義への働きかけをおこなわない。留学先が民主的であればあるほど、のちの民主主義への影響は強いのだ。これが機能する正確な道筋はまだ研究されていないが、スピリンベルゴは、個人のアイデンティティがその道筋かもしれないと示唆している。第2章で紹介したアカロフとクラントンは、効果的な企業が従業員に組織への共感を促すのと同様、民主主義国家での教育は世界の民主主義コミュニティに対する共感を刷りこむのではないかと述べている[14]。留学の一環として、学生は自らの規範を民主主義社会の水準に設定し直し、それを故郷に持ち帰るのだ。

教育が指導者の質を改善するのなら、そして高所得の民主主義国での教育が貧困国の学生に民主主義的な政治的価値観を刷りこむのなら、未来の指導者が高所得の民主主義社会で教育を受ければ、その指導の質は二重に恩恵を受けることになる。ただ教育を受けるだけでなく、民主主義的価値観も吸収するのだ。これはまったくの仮説で、原理上は実証可能だが、何百人という指導者の個人的経歴を掘り起こす、骨の折れるデータ収集作業が必要だ。心強いことに、新たな研究でもこれを支持する証拠が見つかっている。マリオン・メルシエがちょうどそれをやったところだ[15]。

そこで、まとめると、最底辺の10億人が暮らす典型的な国では、教育を受けた国民の全体的なストックが移住によって減少するものの、国は外国で教育を受けた学生やその他の元移民を公職のトップにつけることで恩恵を受け、それが転じてガバナンスの質を大幅に引き上げることになるということだ。

圧力と指導者の選定の組み合わせを通じて、移住はガバナンスに良い影響を与えることができるが、それは数多い影響のひとつに過ぎず、移住の重要性を誇張するべきではない。政治的ディアスポラが重要だと考えたのが、侵略後のイラクについての決定的な判断ミスのひとつだった。アフリカで最大のディアスポラを抱える二つの国が、カーボベルデとエリトリアだ。どちらも数十年以上、膨大な数の国民が長期にわたって西側諸国に国外移住しており、とりわけアメリカへの移民が多い。どちらの場合も、ディアスポラは非常に積極的だ。カーボベルデ政府は定期的にボストンを訪問しているが、それはここにおそらく世界のどこよりも大きなカーボベルデ人コミュニティがあるからだ。そしてエリトリア人の場合はワシントンDC在住のディアスポラが母国の政府から定期的な訪問を受けている。だが、ガバナンスの観点からは、カーボベルデとエリトリアには天と地ほどの差がある。アフリカ人が運営する総合的な評価システムであるモ・イブラヒム指標によれば、カーボベルデは常に上位にランクインしている。２０１１年には、退任する大統領がモ・イブラヒム指導者賞として５００万ドルを受け取った。一方、エリトリアは最底辺の常連だ。政権はきわめて独裁的で、権力は大統領に集中し、若者は国から脱出したくて必死だが、集団で徴兵されてしまう。[16] アメリカへの移住によって外国に同じくらい触れているのに、これほどガバナンスが正反対の国が同時に存在できるのなら、移住はもしかすると、それほど強力な変化の触媒ではないのかもしれない。

第9章　経済への影響

取り残された人々への間接的な政治的影響に加えて、移住には直接的な経済的影響もある。これを説明するもっとも一般的な用語は、「頭脳流出」だ。国外移住によってもっとも聡明で、もっとも野心にあふれ、もっとも教育を受けた人々が社会から引き抜かれてしまう。だが、これほど強い規範的影響力を持つレッテルの早まった使用には警戒するべきだ。「頭脳流出」という言葉は、もっとも才能ある人々の国外移出が社会全体にとってマイナス効果をもたらすのかどうかという問題の議論を止めてしまう。

「頭脳流出」は正しい懸念なのか？

表面上、そこには議論の余地などないように見える。もっとも才能ある人々は、社会にとっては財産なのだから。才能ある人々がもたらす利益の大部分はその当人に蓄積するわけだが、その生産性の一部は他者にも恩恵をもたらす。生産の過程で、教育を受けた人々はあまり教育を受けていない人々の生産性を引き上げ、それに伴って彼らの賃金も引き上げる。さらに、高額所得者はそのぶん多くの税金を納め、それが全員に恩恵をもたらす公共財の資金源となる。したがって、国外移住が社会における才能ある人々の数を減らすのなら、才能の低い人々にはマイナスの影響をもたらすことになる。これで議論には決着がつくかに思えるかもしれないが、実際にはそうではない。鍵となる問題は、才能ある人々の国外移住が実際に、社会に残る人材のストックを減らすのかどうかだ。

明らかに、才能ある人が1人国外に流出すれば、直接的な意味では才能ある国民のストックが実際に1人分減る計算になる。だが、才能は基本的に、先天的なものではない。高い生産性をもたらす才能は遺伝子がもたらすものではなく、教育と努力によって築かれるものだ。教育は、移住そのものと同様、投資だ。努力は、まあ、努力を要する。選択の余地があるのなら、人は誰しも怠惰を選ぶだろう。もちろん、もっと自尊心にやさしい言い方でオブラートに包むだろうが。私自身が最底辺の10億人に関する調査を続けている動機は、圧倒的な貧困に捕らわれたままの膨大な未開発の能力に気づいたからだ。私の父は聡明な人だったが、12歳で学校をやめさせられ、その後1930年代の大恐慌を経験した。父は、人生でチャンスを与えられなかったのだ。父が経験したものと同じ挫折を、私は最底辺の国々で何百万件と見てきた。国外移住の可能性は人生のチャンスを劇的に増やすし、それは移民本人だけではなく家族全員にとって言えることだ。多くの場合、移住は移民本人だけでなく、家族全体としての意思決定によって実行される場合が多いということを思い出してほしい。移民は家族から逃げ出しているのではなく、むしろ、チャンスを拡大させる大きな戦略の一部なのだ。ほかの家族からすれば移民は投資で、その見返りは仕送りやほかの家族の移住の手助けといった形で継続的にたっぷりと得られる。だが、家族のチャンスを広げられる能力を身につける可能性を我が子が手に入れるためには、ちゃんと学校に通って優秀な成績を修めなければならないことを親は知っている。低所得層にとって、学校は高額だ。ケニアの典型的な母親が自分が育てた食料を家族に食べさせるべきか、子どもが退学させられないように学費に充てるべきかという選択肢に日々迫られているという心打たれる話を、ロジャー・サローが伝えている。学校には金がかかるうえ、努力しなければ成功は得られない[1]。ほとんどの親は子どもにもっとがんばるよう励まし、なだめすかすというお決まりの苦労になじみがあるだろうが、移住への希望によって、子どものがんばりにはさらに多くがのしかかることになる。

移住できる可能性が高いほど、教育と努力の見返りは大きくなる。したがって、当該社会で得られる人材の総量に対して移住が与える効果はひとつだけではなく、二つになる。すなわち、人材を引き抜く直接的な影響と、人材を育てる間接的な影響だ。間接的な影響のほうは、マイナス効果をもたらす直接的な影響を緩和する程度の効果しかないように思えるかもしれない。つまるところ、子どもを移住させるつもりがなければ、親も子どもの隠れた才能を引き出そうという強い動機は持たないはずだ。子どもが実際に移住すると、空いた穴を補充する人材はいない。だが移住のチャンスは、数々の障害によって制限される。多くの人が苦労して教育の梯子を登り、学校でいい成績を収めたのに、国外移住の希望が潰されている。意に反してとはいえ、彼らは取り残された才能ある人々のストックを増やすことになるのだ。これと似たような例が、イギリスの「プレミアム・ボンド」という、貯金兼ギャンブルの仕組みだ。この債券は額面償還できる元本保証資産だ。これを持っている間、毎月くじ（プレミアム）に当選するチャンスが与えられる。くじに当たるかもしれないと考えるため、人々の貯蓄収益への期待が高まり、多くの人々がこのプレミアム・ボンドを購入する。債券保有者の圧倒的大多数がくじには外れるのだが、それでも貯金はできる。このように、移住の望みを胸に教育への投資に誘いこまれたが移住できるほどの運がなかった人々のストックが相応に増え、才能の喪失という直接的な影響を補って余りあるほどになる可能性は十分にある。

従来の経済学では、この移住効果が機能するのは確率を通してだ。教育を受けることは、より良い人生が当たるくじを手に入れるようなものだ。だが、そこには確率に依存しない別の仕組みも働いている可能性がある。成功した移民が、真似したくなるようなロールモデルになるのだ。一見、これは同じことを言っているように思えるかもしれないが、そこにはケインズまでさかのぼる深い分析的違いがある。ケインズは、管理不可能な複雑さに直面すると、人は経験則を与えてくれる物語に立ち戻ると述べている。ロールモデルを模倣することは、現代の心理学においては行動に強い影響を与えるものとして認識されているが、この模倣はそうした物語の一例に過ぎない。ロールモデルは、生きていく上での一連の規則なのだ。成功した移民は強い影響力を持つ可能性がある。それは有名なフットボール選手が影響力を持つのと同じことだ。模倣者はオッズを計算しているわけではない。実際に計算したら、失望するだけだ。だが、いかに生きるべきかという考え方に惹き寄せられるのだ。

この二つの仕組みは、両立不可能ではない。経済学者たちは金融市場の説明に過ぎないとしてケインズの分析を拒否するに至ったが、普通の人がどのようにしてそうした決断を下すに至ったかの説明としては、両方の仕組みが間違いなく共存している(2)。移民は才能ある人々のストックを直接的には減らすが、間接的にはインセンティブと影響をもたらすロールモデルを生み、新たな人材のフローを増やすのだ。

移住の可能性への期待が才能のフローを増やす、このような捉えにくい仕組みは、直接的な損失を補うのに十分かもしれない。だが、人材のフローの増加は、教育への需要の増加によってのみ機能する。供給を支えるのは別の仕組みだ。あらゆる政府が教育に資金を投入しており、一般的には公立の学校や大学を通じて教育を提供する。公的な教育提供の相対的な比重は国によって異なるが、もっとも貧しい国では公共教育が優勢である場合が多い。国外移住は、教育支出についての政府のインセンティブに影響を与える。わかりやすいところでは、移住は教育の社会的便益を減らすため、公的補助をおこなうべき根拠を弱めてしまう。これを補うのが、国外移住者の仕送りによって政府が受ける便益だ。つまり、政府は教育に注ぎこむ公金を、将来の仕送りに対する投資とみなすことができる。とはいえ、政府の対応を測定しようと試みた研究では、教育予算が減らされる場合が多いことがわかっている。

人材の供給に移住が与える総合的な影響は、直接的損失、子どもの教育に対する親の需要の増加、そして教育に資金を投入しようという政府の意志の低下、という三つの組み合わせによるものだ。だが、初期の影響は必ずマイナスになる。人材のストックはのちに回復するにしても、最初は枯渇する。経済学者は、この影響を測定することに成功している。もはや、単なる気取った理論ではないのだ。[3] 測定結果は、国によって大きく異なる。勝者もいれば敗者もいる。決定的な発見は、初期の国外流出が大きければ、回復はできないということだ。大量の国外移住は大規模なディアスポラを生み、それが移住を加速するのは第Ⅱ部で説明したとおりだ。極貧のままでいる国の多くは小国で、これは国外移住率にとって重要な要素だ。小国ほど、大国と比べて国外移住率は相対的に高くなる。したがって、逆方向の強い追加的影響がない限り、大国が差し引きで得をして、小国は差し引きで損をすることになってしまう。[4] さらに、優秀な人材による初期の国外移住は取り残された人々の賃金に影響を与えるだけでなく、経済が革新を起こして新たな技術を採用する能力にも影響をおよぼす。最貧国はキャッチアップする必要があるのに、それを可能にする人材が国外移住によって失われてしまうのだ。[5]

極端な例を挙げよう。ハイチの人口は約1000万だが、教育を受けた国民の約85%が流出している。才能ある人々がこれほど多く国外に移住しているのも、不思議ではない。ハイチ国内では、歴史の重荷と長年続く失政によってチャンスがしぼんでしまった一方、世界最大の雇用機会がある国のすぐ沖合に位置している。このため、北米における膨大なハイチ人ディアスポラが移住を当然の、そして現実的な希望としているのだ。優秀な人材の85%を失った穴を埋めるためには、移住への希望が才能ある人々の供給を7倍程度増やさせなければならない。だが実際の増加はそれよりずっと少なく、したがって国外移住は実際にハイチの人材を枯渇させている。こうした影響についてなされたすべての実証的研究で最新のものは2000年のデータだが、それによれば、ハイチは最大の負け組のひとつだったと推定されている。国外移住がなければ国内にいたはずの教育を受けた労働力が、13万人も流出しているのだ。クリントン大統領は長年にわたってハイチでの活動に情熱を注いでおり、特に地震後の活動が精力的だが、ハイチの現状を完璧に把握している。彼はアメリカがハイチからの大量移住に恵まれたが、同時に、ハイチが人材を失い過ぎているのではないかと心配している。ハイチでもっと高等教育が拡大し、人材流出を補塡すると同時に、移住に必要な資格を身につけるのではなく、教育を受けた若者が国内に残る意志を持ってくれることを願っているのだ。

小さく貧しい国は、そのほとんどが移住の負け組側に属している。最先端の研究では、国外移住者の利己的な決断が社会全体に損失をもたらしている22カ国が特定された[6]。事実上、これらの国々は国外移住の規制政策から恩恵を受けられるが、それは当然、現実的でもなければ倫理的でもない。こうした国の多くは、アフリカ大陸にある。ハイチのように何十年も停滞していた国が人材を失ってきたのは、驚くことではない。リベリア、シエラレオネ、マラウイ、ジンバブエ、ザンビア、ギニアビサウ、モザンビーク、アフガニスタン、ラオスは、最底辺の10億人の出身国を出席番号順に読み上げているような並びだ。だがそれよりも気になるのは、成功している小さな発展途上国でさえ、正味では損失をこうむっていることだ。ガーナ、ウガンダ、ベトナム、モーリシャス、ジャマイカがそれにあたる。成功するだけではどうやら、人材を保持するには十分ではないらしい。ジャマイカは、熟練の労働力の14%を失っていると推定されている。一方、数少ない発展途上の超大国――中国、インド、ブラジル、インドネシア、バングラデシュ、エジプト――は、全体的に才能の増加を享受している。国外移住への期待が教育へのさらなる投資を呼ぶ一方、実際に国を去る人の数は比較的少ない。大国の有益な効果は小国のマイナス効果よりも比例するとずっと少ないが、絶対値でいえば圧倒的だ。そのささやかな利益は、小国の甚大な損失をはるかに上回るのだ。

人材の供給が国外移住で増えるもうひとつの方法は、帰国による。一部の移民が、故郷で働くために戻ってくるのだ。帰国する移民のひとつの流れは、期待していたほどうまくやれなかった人々で構成される。一定期間働いた後で、失業して帰郷するのだ。だが働いたことで、彼ら失敗した移民でさえ、経験と技術を身につけられる。生産性の高い経済で成功するために求められる水準こそ満たせなかったかもしれないが、それでも彼らは母国の水準からすれば生産性が高いと言えるかもしれない。もうひとつの帰国移民の流れは、外国で生活しながら教育を受けた層だ。そのような学生の流れでもっとも重要なのは、中国人のそれだろう。中国による欧米の技術の素早い吸収は、欧米で教育を受けた学生が身につけてきた知識によってさらに加速した。だが、この流れの大きさはどれだけの若者が教育のために母国を去るかだけでなく、そのうちどのくらいが戻ってくるかにかかっている。中国は留学生の非常に高い割合が帰国を選ぶため、国外移住からかなり恩恵を受けている。だが母国が困窮していればいるほど、学生が戻りたいと思う可能性は低くなる。中国のめざましい成長は、帰国しても将来の展望が損なわれることはない、地球上でもっとも急速に成長している経済に再加入できるのだと、外国で学ぶ学生たちに確信させるのだ。つい最近まで、アフリカの人々は帰国の意志がはるかに低かった。それは先進国に比べると、帰国した先の展望があまりにも暗かったからだ。実際、外国で学んだ才能あふれる学生にとって魅力的な生活の場として、最貧国が先進国と競うのはかなり厳しい。給料が競えるほどにつり上げられたとしても、そしてそのために国内の賃金格差がおそろしいほど広がることになるとしても、高所得国の人々が享受することを知っている公共財と多くの私的財のいずれもが貧困国には劇的に欠如している。それでも、多くの学生が実際には帰国することを選ぶ。たとえば、アフリカの大学で教鞭を執る学者の多くが、欧米の大学で学位を取っている。彼らがいなければ、アフリカの大学は崩壊していただろう。同じく重要なのが、大統領執務室や財務省で働く重要人物の多くも外国で教育を受けている点だ。

教育における国外移住への期待と同様、帰国するかどうかの判断も、計算の結果、あるいはロールモデルの模倣とみなすことができる。中国に帰国することとアフリカに戻ることによる見返りの違いは明らかだが、この違いは物語の違いによって強化されるものかもしれない。中国のめざましい成長は、欧米の高等教育が中国でチャンスをつかむための踏み台に過ぎないという物語を容易に植えつける。それこそが、国内で成功するための助走なのだと。その一方、アフリカでは、移民が帰国するということは欧米で成功できなかったということだという認識が長年浸透していた。いったん確立されると、これらの物語から生まれたロールモデルはひとり歩きし、客観的合理性が示唆するよりもはるかに幅広い判断の基となる。

小さく貧しい国は、少し絶望的に見えるかもしれない。取り残された人々は実現しない期待によって教育へと誘いこまれ、先進国で失敗した移民が帰国し、優秀な留学生はほとんど帰国しない。だが、最底辺の10億人の状況は実際、かなり絶望的だ。とはいえ、ディアスポラそのものは成長を促進しないかもしれないが、ほかのいくつかの要素に後押しされれば、十分成長を促進させられるようになるかもしれない。現在、アフリカの複数の国が資源の再発見のおかげで急速に成長し始めている。『収奪の星』で論じたように、資源を基にした成長は持続的ではないことがしばしば証明されてきたが、ディアスポラを呼び戻すきっかけにはなるかもしれない。優秀な人材がスムーズに帰国できるようになれば、障害を乗り越えるために欠かせない要素となり、成長を持続させる可能性を向上させるかもしれないのだ。大規模なディアスポラは、条件さえ整えば利用することのできる、母国にとっての含み資産だ。いま流行りの政府系投資ファンドの、人間版のようなものだ。

では、「頭脳流出」が懸念として残るのはどういう場合か？ 発展途上国全体にとっては、この懸念は明らかに見当はずれだ。利益が損失を上回っているのだから。だが「発展途上国」というカテゴリーは、もう真剣に受け止めるものではなくなった。中国、インド、その他多くの国々は、急速に高賃金国へと変貌しつつある。世界的に重要かつ持続的な注目を要する問題としての手に負えないほどの貧困は、希少な有技能者を差し引きでかなり失っている、貧しい小国に集中している。ディアスポラが増えるにつれ、そうした国からの国外移住の割合はどんどん増える可能性が高い。そのような国にとっては、「頭脳流出」はたしかに妥当な懸念として残る。

やる気の流出はあるのか？

ここまでは、教育だけを見てきた。教育も重要ではあるが、労働者の生産性に関して言えば狭い観点だ。第2章では、労働者が組織の目標を内面化するかどうかで生産性が変わってくるという話をした。(7) 配管工なら、いい配管工であることがアイデンティティの一部になっているから自己鍛錬するのか？ 教師なら、いい教師を自任しているから毎日出勤して技術を磨くのか？ もっと一般的に言えば、労働者は自分が働く組織で自分を「インサイダー」と見ているのか、「アウトサイダー」と見ているのか？ 行動のほかの側面と同様、このような仕事に対するさまざまな態度は模倣することができる。移民は、働くことに対してもっとも前向きな態度の人々のなかから出てくる傾向が強い。彼らは、自分の才能を発揮できる効果的な組織での仕事に就きたがるのだ。(8) これは、母国に残った人々にも波及する。意識の高い教師が国外移住したとする。母国で教室に残っているのは、無能なほうの教師だ。若い教師たちはこの無能な教師と接触し、この無能教師が期待されることについての規範を決める。「インサイダー」に模倣するべきロールモデルが少なければ、母国に残る労働者は自らのアイデンティティを「アウトサイダー」と定義する可能性が高い。ノーベル賞受賞者ジョージ・アカロフとレイチェル・クラントンは、まさにこの効果を予測するモデルを開発した。「インサイダー」が選択的に国外移住する中、残された人々は自らを「インサイダー」にする高いコストに直面する。彼らはひどく目立つことになるのだ。だがインサイダーになることを選ぶ人が少なくなれば、残された人々の生産性は落ちてしまう。(9)

このモデルは貧困国ではまだ検証が必要だが、裏付けとなる証拠はいくつかある。エチオピアで研修中の看護師を対象におこなった調査では、研修修了直後と政府運営の診療所に配属されてから3年後の2度にわたり、彼らのやる気を追跡した。(10)当然のことながら、キャリアが始まる前夜の若者たちは、ほとんどがフローレンス・ナイチンゲールを目指していた。病気の人を治そうと考えていたのだ。だが3年後、彼らの態度は配属された診療所の、皮肉と汚職が蔓延する空気に順応していた。これが移民について何か教えてくれるというわけではないが、職場における若い労働者の間のバランスによって、彼らがインサイダーになるかアウトサイダーになるかが決まるという、アカロフとクラントンが提唱する仕組みを裏付けている。そんな中、実際に貧困地域から富裕地域への移民について調べた研究がある。アフリカ系アメリカ人が優勢である都心部から、白人が優勢であるアメリカの別の地域へと移住してきた学歴のあるアフリカ系アメリカ人についての研究だ。(11)それによると、黒人中流階級の大量移住は、近隣地域における貧困と機能不全の持続の主な理由であるそうだ。大量移住の機会は、今でも教育を受けるインセンティブなのに違いない。だが頭脳流入があったとしても、アウトサイダー的態度の強化には、それを埋め合わせる以上のものがある。生産性は教育によって直接決まるわけではなく、人がその教育をどう活用するかによって決まるのだ。

インサイダー的態度のロールモデルがいないことは、貧困国にとって重要なのだろうか？　まったくわからないが、その質問は二つに分けることができる。仕事に対するアウトサイダー的態度はこれらの社会で重要な問題になるのか？　そして移住はそれに大きく貢献するのか？　だ。アウトサイダー的態度は多くの国の公共部門で顕著であり、それらの公共部門は大きい。多くの国で、看護師が薬を盗んで売ったり教師が授業をさぼったり、政府の役人が賄賂を受け取ったりするのはあたりまえだ。これらの組織にはインサイダーもいるが、勇敢な例外として目立つ存在であり、しばしば仲間からは煙たがられる。今では懸念を実証する腐敗比較指数もあるが、問題の深刻さをもっと見えやすくしてくれるのが、ある衛生省の事例だ。これまでどおり、事例は証拠としてではなく、わかりやすくするためだけに紹介している。抗レトロウイルス薬の購入に援助の申し出を受けた衛生省の最高責任者は、その薬を輸入するためにひそかに自分で会社を立ち上げた。自分の権力を使って、彼は自分の省のために、自分の会社から正規に薬を購入する。だがこの職権乱用に、彼はさらに劇的なひとひねりを加えた。コストを抑えるため、偽の薬を輸入したのだ。衛生省の最高責任者が組織の目標を内面化することに失敗した結果、個人的利益を大勢の命と引き換えにしてもいいとまで思うようになってしまったのだ。これほどアウトサイダー感覚の人間がトップにいたら、多くの公的機関でアウトサイダーが普通にいてもおかしくない。そうした人々は自分が働く組織に対してはアウトサイダーだが、自分の価値観の中では非道徳的ではない。自らの氏族に対してはインサイダーで、汚い手段で手に入れた金を使って親族を助けるのだ。同様に、ハイチ社会でよく聞かれる批判は、国民がアウトサイダー的態度にどっぷりはまってしまっているというものだ。海外援助に対する受け身な依存と、搾取されるのではないかという誇張された恐怖が支配するゼロサムゲームのシナリオ。アウトサイダー的態度が多くの貧困社会にとって問題であるということは、受け入れなければならない。

あまり明確になっていないのは、移住がこの問題を大きく増幅させるかどうかだ。少なくともアメリカの都市部では、そのように見受けられる。インサイダーが移住を自己選択するとしても、ほとんどの職業において国外移住の規模はあまりにもささやかなため、人の態度のバランスに影響を与えるほどではない。この仕組みが重要になるのは、機能不全組織のより上層の、より技術的地位においてだ。数少ないインサイダーが継続的に失われていけば、インサイダーが蓄積されず、インサイダー的態度があたりまえになる時代は来ないかもしれない。この問題については、いまだ研究がなされていない。

仕送り

貧しい小国からの移住が才能とやる気に満ちた人々の損失につながるとしても、取り残された人々にとっては恩恵となるかもしれない。第6章で述べたように、移住するという決断はしばしば、移民とその家族との合同でおこなわれる。移民は家族とかなり密接につながっており、そのつながりが取る重要な形が、仕送りだ。移民の多くは、貧困国の地方から出てきている。故郷の家族からしてみれば、移民が数百キロ離れたナイロビの親戚のところに行っていようが、数千キロ離れたロンドンの親戚のところに行っていようが、受け取る仕送りの額ほど重要ではない。

では、移民はどれほど寛大なのだろうか？　ナイロビで働く移民がケニアの地方に暮らす家族のもとにどのくらいの仕送りをしているかを調べた初期の研究では、その金額があまりにも高く思えたために物議をかもした。収入の21％が、故郷の村に送られていたのだ。[12]このような寛大さを基準として比較すると、国境を越える移民の寛大さはどうだろう？　こちらはかなり幅がある。[13]アメリカへのメキシコ系移民は収入のなんと31％を仕送りしている。だがもっと寛大な移民もいる。ワシントンに住むエルサルバドル出身の移民は、

38%を仕送りしている。スペインにいるセネガル人移民は世界最高の50%を稼ぎの中から仕送りしているが、イタリアにいるガーナ人は25%ほど、フランスのモロッコ人は10%、アルジェリア人はもっと低くて8%程度だ。寛大さのランキングをどんどん下へと見ていくと、オーストラリアにいる中国人とアメリカにいるフィリピン人はいずれも、約6%となっている。目立つ大きな二つの移民集団は、ランキングの最底辺にこっそりと隠れている。ドイツのトルコ人とアメリカのキューバ人は、たったの2%しか仕送りしていないのだ。

総合すると、これらの寛大さはとてつもない額にのぼる。2012年に高賃金国から発展途上国へと送られた仕送りの額は、約4000億ドルにもなるそうだ。これは国際援助資金の4倍にもなり、外国直接投資額とほぼ同じだ。だが、この金額に惑わされてはいけない。かなりゆがめられているからだ。貧困国への仕送りの重要性を、かなり誇張しているのだ。移民が稼ぎの中から仕送りする割合で測る寛大さや、国がいくら受け取るかはいずれも、仕送りの影響を測定する適切な指標ではない。絶対値でいえば、インドと中国は毎年それぞれ500億ドル以上の仕送りを受け取っている。だが500億ドルは中国にとってははした金とまではいかなくとも、それほど重要な額ではない。故郷に残った人々にとって仕送りがどれほど重要かを測定する一番の方法は、母国の所得水準と比較することだ。より人間らしい概念に変換すれば、故郷の平均的な家庭の収入に対する仕送りの影響がわかる。世界的に見ると、高賃金国に住む移民が低所得国に仕送りする額は母国の所得水準の約6%で、移民1人あたりの平均仕送り額はだいたい1000ドルだ。だが、頭脳流出の概念と同様、この平均値も「発展途上国」という概念がありきたりになったために用途が限られてしまう。かつての「発展途上」国の間の違いが、今は重要なのだ。

ここでもハイチが国外移住率の高い、貧困にあえぐ国の例となってくれる。ハイチはかなりの頭脳流出に苦しんでいる。あまりにも多くの高学歴ハイチ人が国を出て行ってしまうため、教育を受けようというインセンティブが向上してもなお、社会は才能の正味の損失をこうむる。だが有能な国外移住者の膨大なストックからの仕送りは結果として、所得の15％前後とけっこうな額になる。これだけではハイチを貧困から救い出すには不十分だが、波立つ水に首まで浸かった状態だったとしたら、それでも少しは楽になるだろう。

ハイチは仕送りの大きな受益者だが、まったく例外というわけではない。寛大なエルサルバドル人も、故郷に置いてきた人々にとって大きな変化を生む。彼らの仕送りは、所得の16％なのだ。いくつかの貧しい大国にとっても、仕送りはかなり重要だ。バングラデシュとフィリピンはいずれも、12％だ。アフリカを全体として見ると、仕送りはそこまで重要ではない。仕送り額が一番大きいのは、セネガルだ。彼らセネガル人移民の世界トップクラスの寛大さは、所得の9％という形で表される。

このようにして、典型的な故郷にとって、仕送りは残された人々の収入に数パーセントを付け加える。もちろん、移民が故郷に残ったとしても働いたはずだから、それで家族を支えることはできただろう。一般的な仕送り額がせいぜい1000ドル程度なので、移民は仕送りによる貢献と同じくらい稼ぐために、それほど生産性を高めなくてもいいはずだ。すると、移住後の所得が移住しなかった場合の所得とそこまで違うのかという疑問が生じる。仕送りは、人の流出による損失をおおむね補ってくれる。違うのは故郷での食い扶持が減るので、1人あたりの支出額が少し増えるという点だ(14)。

援助にまつわる懐疑論は、人から人へのお金の流れにまではおよばない。政府は正しいことをするはずがないと思われている一方、利己的な人はどうやら間違ったことをしないらしい。だが、ドナーは援助機関であれ移民個人であれ、同じ問題に直面する。渡す金はちゃんと使ってもらいたいが、どう使うかまでは指図できないのだ。ドナーがかんしゃくをおこしてもう金はやらないぞと脅したりすれば、信用問題になってしまう。受け取り手は、そうなる可能性が低いことはわかっている。どちらのドナーも、受け取り手の選択肢を制限しようとすることはできる。援助機関は資金を提供するプロジェクトを指定することができるし、移民も同じようなことができる。だが受け取り手はそのような制限を避けることが可能だ。極端なことを言えばその制限を無視して、急に必要になったからなどと言い逃れをすることもできるが、一番簡単なのは受け取り手がそもそもやりたいと思っていたことに資金を提供してくれるよう、ドナーを説得することだろう。新しくできた学校はアメリカの人たちからの贈り物ですよ、立て看板を見てごらんなさい。だが学校はどのみち建てる予定だった。援助で実際に買ったものは、官僚が乗りまわしている四輪駆動車だ。新しい制服はロンドンのアメールからの贈り物だよ。ありがとうアメール、写真を送ります。だが制服を買う金はもう貯めてあった。仕送りは父親の酒代に消えてしまった。実験の証拠を見ると、移民は援助機関と同様、受け取り手には与えられた金額の大部分を貯金してほしいと思っているそうだ。機会を与えられれば移民は仕送りの使い道を指図したがるもので、中には銀行口座からの支出項目ごとに移民が一緒に承認しなければ金を使えない二重認証システムを使う移民もいる。援助機関は一度、リベリアでまさにそのようなシステムを採用せざるを得なかったことがある。つまり、仕送りがちゃんと使われているかという問題は、援助資金がちゃんと使われているかという問題とそう変わらないのだ。

そう変わらないのはこういった問題だけでなく、効果測定の難しさも同じだ。援助のように、仕送りにもマクロとミクロの測定方法がある。理想的にはマクロの手法のほうがわかりやすいが、そちらのほうが問題が多い手法でもある。援助では、最近おこなわれたかなり説得力のある研究で、援助資金が成長に正味で見てそれなりに好ましい効果をもたらすことがわかった。(15) 仕送りに関しては、その効果については今のところ結論が出ていない。成長にプラスの効果があるとする研究が3件、ゼロまたはマイナス効果だったとするものが3件ある。幸いにも、仕送りを測定するミクロの手法は、援助を測定するミクロの手法よりも多くを教えてくれる。援助と異なり、仕送りは受け取り手の家庭に直接焦点を当てることができるからだ。

人が仕送りをどう使うかを知るもっとも独創的な方法は、受け取り手の状況とは関係ないところで仕送りが変化した状況を見ることだ。このような実例が見られたのが1998年のアジア通貨危機だ。このときは、東アジアの通貨がそれぞれ異なる額でドルに対して暴落した。移民がどこで働いていたかによって、その仕送りの価値が現地通貨に対して突然急激に変わったのだ。ディーン・ヤンは、この違いに目をつけてフィリピンにおける仕送りの効果を調べた。[16] 家族がアメリカに出稼ぎに行っている家庭では、仕送りを現地通貨に換金したらその価値がいきなり50%も高くなった。マレーシアや韓国への出稼ぎ移民がいる家族では、仕送りの価値が減ってしまった。移民の所在地によって異なる家族の反応は、仕送りがどう使われるかの説得力ある説明になる。仕送りの思わぬ増額は1回限りの消費に無駄遣いされてしまったか、それとも投資に回されたか？　この調査では、驚くほどはっきりとした結果が出た。余分な額はすべて、子どもの教育や新しい事業といった、なにかしらの形の投資に回されたのだ。これは出来過ぎた話のように聞こえるし、実際そうだろう。この実例は、通貨危機による明らかに一時的な仕送りショックを伴うものだった。経済学者たちは長年、所得への一時的なショックは消費よりも、主に資産の変化に吸収されることを理解してきた。したがって、独創的ではあるものの、何年も続くと予想される仕送りをどう使うかについてのいい指標とは言えない。

では、仕送りはどのくらい続くものなのだろう？　仕送りは相続権を守りたいという動機に基づいている、というデータがある。[17] であれば、若い移民はかなり長いこと仕送りを続けなければならない。確かに、仕送りは投資だけに使われるのではないが、現実的な移民ですら、受け取り手が仕送りを消費に回せばいいと思うような状況があるかもしれない。貧困は、波打つ水に首まで浸かった状態で暮らしているようなものだ。

水位が上がってきたら、仕送りもそのぶん増えてくれれば気分が楽になるだろう。携帯電話の普及によって移民は家族と定期的に連絡を取ることができるようになったため、そうした逆境に対応しやすくなった。では、移民はそのような命綱を投げてくれるのか？　ここでも、説得力のある答えを引き出せる自然実験がある。研究に最適な逆境は、天候だ。故郷で雨不足になれば、家族の所得に一時的な打撃が生じる（これも偶然、フィリピンの事例だ）。研究者は、天候不順に応じて仕送りが変わるかどうかを見さえすればいい。予想通り、所得が減れば仕送りは増え、所得が増えれば仕送りは減る。仕送りの保険としての効果は大きく、所得減少の60％程度が増えた仕送りで相殺されていた。[18]移民がいる家庭は、家族全員が地元に残っている家庭よりも消費を維持することができた。同様の効果が、カリブ海を襲ったハリケーンのあとにも見られる。ここは天候による打撃も大きいが、ディアスポラも大きい地域だ。損害の約4分の1が、追加の仕送りで補われた。仕送りが持つ保険的役割は、家族を持ちこたえさせるという直接的な効果だけでなく、よりわかりにくい影響もあるために重要だ。首まで波打つ水に浸かった暮らしが怖いからこそ、溺れることを避けるために人は自暴自棄でコストがかかる戦略に走る。平均的に期待できる所得の一部を犠牲にすれば、所得の残りの変動幅が少なくなるなら、人はその所得の一部をあきらめてもいいと考えるのだ。財産が減っても、それで安全になるならそのほうがいいというわけだ。だから移民が効果的な保険として働けば、人は所得をより長期的に引き上げる際のリスクを取れるようになるのだ。

仕送りが残された者に有益だとすれば、受入国の移民政策がどのようなものなら仕送り規模は増えるのだろう？　一見、その答えは簡単に思える。移民を増やすことだ。だが移民規制を緩和すると、仕送りには予想外の影響があるかもしれない。最近おこなわれた独創的な研究では、移民政策が緩和されればされるほど、移民は故郷に仕送りをする意志が減ることがわかった。[19]その理由は、規制が緩和されたことで移民がより多くの親戚を連れてくることができ、そのため仕送りをする必要性が減るからだ。母親を移住先に同伴すれば、故郷の母に仕送りをする必要はない。したがって、矛盾するようではあるが、母国への仕送りは移民政策が厳しいほうが、緩和されている場合よりも大きくなり得る。また、移民個人についても、より教育を受けているほうが、受けていない移民よりも多く仕送りをするようだ。であれば、学歴を基準にした移民政策のほうが仕送りを増やすはずだ。ある程度までは、これはたしかに正しい。教育に伴って収入は増え、移民は仕送りがしやすくなる。だが一定の水準を超えると、それ以上の教育は実際には仕送り額を減らす。移民は帰国したいと思わなくなり、故郷の親戚も成功している可能性があり、したがって仕送りの必要性が低くなって、移民は仕送りをするのではなく、親戚を呼び寄せることができるようになるかもしれない。

これらの影響を調べる中で少し意外だったのが、受入国の移民政策についてのデータに大きな差があったことだ。国ごとの規則や習慣に見られる無数の複雑な変化を包括的かつ定量的に見られるデータは、まだない。そのため、移民政策が仕送りにどう影響するかという仮説を検証するには、政策の代理変数を使わなければならない。たとえば、移民政策の厳しさの代理変数のひとつは、その国が正式なゲストワーカー制度を採用しているかどうかだ。ゲストワーカーには、親戚を連れてくる権利が与えられていないのがその理由だ。もうひとつは移民の男女比で、これは妻や母親を連れてこられるかを反映している。こうした知識を踏まえて、親戚を連れてくることができないなど、受入国の移民政策がある程度厳しいほうが、ほとんどの国への仕送りは増えるという確実な証拠がある。この影響はかなり強力だ。母親を連れてくることができなかったため、教育を受けた移民はかなりの額を仕送りする。受入国がポイント制度を採用しているかどうかにもよるが、移民政策の学歴基準も代理変数としてある程度使いやすい。このような制度はかなりの割合で仕送りの額を減らし、ほとんどの国が、仕送りと教育との関係を示す逆U字の頂点を越えていることを示唆する。

この結果が重要なのは、母国の貧しい人々と受入国の先住貧困層との間の利害の対立を強調するからだ。移民の一部の形が仕送りを減らす可能性が高いとはいうものの、全体的に見ると移住が生む仕送りは一部の貧しい母国に残された人々にとっては有益かつ重要だ。ほかの形の援助と同様、それだけで流れを変えることはできないが、貧困を少し軽減する役には立っている。

国外移住は人口過密を緩和するか？

『最底辺の10億人』の読者から頂戴する電子メールの中でもっともよく見られる批判は、私が貧困の原因としての人口増加を議論していないというものだ。人口増加が最貧国にとって有害だというなら、移住は有益なはずだ。国というケーキを分け合う人の数が減るのだから。では、人口が減ることは貧しい国にとっていいことなのか？　もっともわかりやすいプラス効果は、労働市場に見られるものだろう。仕事を奪い合う労働者が少なければ、故郷に残る者の稼ぎは高くなる。国外移住が国に残る者の収入に与える影響は、ごく最近までしっかりと研究されてこなかった。その研究のひとつは私の教え子ダン・ブラウンがおこなったものので、ジャマイカを調査地に選んでいる。彼は、国外移住の結果として賃金がどのように変わったかを推定した。たとえば、技能を持つ特定の年齢層の労働力のうち10％が国外へ移住したとしたら、残る労働者の賃金は何パーセント上がるのか？　その結果は同様の研究の特色をよく示し、４％前後となった。

これが示すのは、国外移住が移住しなかった人々の賃金に与える影響はプラスではあるが、ごくささやかなものだということだ。さらに、この影響は技能労働者に限定して推定されている。教育を受けた労働者が減ってくれれば、教育を受けていない労働者の賃金にも影響が出てくるだろう。技能労働者は未熟な労働者の生産性を引き上げるので、技能労働者の減少は未熟な労働者の賃金を引き下げることになる。当然、これが受入国住民に対する移住の影響と対になっていることに気づいただろう。技能労働者が国外へ移住すると、その絶対数が減るために技能労働者の賃金を引き上げ、その一方で未熟な労働者は一緒に働ける熟練労働者が少なくなるため、生産性を向上させることができない。困っている人を助けてくれる妖精が貧困国から富裕国へと移るのは、その妖精と妖精が富裕国で手助けする人々にとってはいいことかもしれないが、それを社会正義の勝利と呼ぶのは無理がある。

技能労働者の減少が続いたために貧困国で不平等が広がるという問題は、かなり高い技能を身につけて帰国した移民のエリート層が世界レベルの給料を要求するためさらに悪化する。最底辺の賃金があまりにも低いので、生産性のこのような違いが生む社会的不平等の度合いは衝撃的なほどだ。企業国家アメリカのもっとも野放図な行き過ぎよりさらに不平等がひどいのだ。

一般的に言うと、私が人口増加を最底辺の10億人にとっての問題として議論しなかったのは、それを必ずしも深刻な問題だとは考えていないからだ。バングラデシュのような限られた例を除いて、それらの国々は本質的に人口過密ではない。むしろ、逆に人口密度はまだやや低いので、公共財が薄く広く分配されている。国外移住と人口過密に焦点を当てた自然実験は、19世紀のアイルランドだ。アイルランドの人口はジャガイモの導入によって爆発的に増加した。だが1845年にジャガイモの悲劇的な葉枯病が蔓延して人口増加に歯止めをかける。その次の1世紀でアイルランドの人口は国外移住によって半減したが、ヨーロッパの水準から言えば慢性的に貧しいままだった。この大量移住が労働市場にもたらした多少なりとも好ましい影響は、今の移民の母国で見られるプラス効果よりもはるかに大きかったが、ヨーロッパの水準では明らかにごくささやかなものだった。やがて、150年にわたる大量移住が構築した膨大なディアスポラは、アイルランドの大きな資産となる。たとえば、アメリカ議会のアイルランド系アメリカ人ロビー団体は、アイルランドに投資するアメリカの企業がアメリカの税制で特に優遇されるようにした。だが、150年というのは待つにはかなり長い時間だ。

したがって、人口過密に対処する手段としての国外移住は、国に残された人々が恩恵を受けられる重要な形にはならない。人口流出の規模はごくささやかで、もっとも必要とされているまさにその人々を国から引き抜いてしまうし、あとに残る労働者の生産性への影響は曖昧だ。

人口過密に対するマルサス的圧力に対抗できるもっとも重要な要素は、ますます土地が不足するようになってきている国の地方から先進国都市部への移住ではなく、同じ国の中での都市部への移住だ。この手の移動のとりわけ説得力のある研究は、1991年から2004年の期間にタンザニアの地方から出てきた移民を追跡したもので、移民と残った家族たちの所得の両方を記録した。[20] タンザニアの都市部への移住がもたらした利益は劇的なもので、消費を平均して36%も増加させた。全体として見ると、貧しい地方の人口減少の半分ほどが移住によるものだった。都市部を機能させるのは、人口がばらけている場合よりも普通の人々をより生産的にさせる規模の経済だ。[21] 農村部では人口密度が高いと貧困を生むが、都市部では、高い人口密度は繁栄の召使だ。矛盾するようだが、貧困国から富裕国への移住をもっとも支持している人々が、自分が住む国の中での地方から都市部への移住に対してもっとも批判的である場合が多い。まるで、農民はのどかな田園風景の中で煮こごりのように固めておくのが一番だとでも言うようだ。困窮する地方からの大量移住は、残る人口が繁栄を実現するためには必要不可欠だ。1人あたりの土地の面積をかなり増やさなければならないからだ。したがって、都市部はやってくる地方移民の生産性を引き上げるという自らの仕事をしっかり遂行することが重要になる。

この方法で都市が成功できるかどうかを左右する条件の一部は、国レベルで決まる。だがほかの条件は都市そのものが決定する。一部の都市はほかの都市よりもずっと効果的な梯子を移民のために用意する。ゾーニングや地方交通の問題が、大きな差を生む[22]。パリは非常に生産性の高い都市だが、貧困国の田舎から出てきた移民がかたまって住むことを奨励されている郊外は機能不全に陥っている。土地を住居のためにしか使えないように区分けしているのに、雇用の中心地への交通の便は非常に悪い。その一方、イスタンブールのような都市は人口が密集する住居と企業が入り混じる地区へと移民を引き寄せている。同じような混じり合いはアフリカの典型的な都市でも見られるが、そこでは住居があまりにも非公式なため、住民は多層階の住居に投資していない。その結果、アフリカの掘っ立て小屋だらけの町は息が詰まるほど人が密集しているように見えるが、実はそれほど人口密度が高いわけではない。この人口密度の薄さが、企業にとってのチャンスを減らすことになる。人口密度は需要を凝縮させ、それによって特殊な企業が市場を見つけられるようにすることで繁栄をはぐくむのだ。したがって、移住は最底辺の10億人の人口過密に対処するにはたしかに決定的だが、高所得国への移住に関してはその限りではない。

第10章　取り残された？

これで、貧困国に取り残された人々に移住が与え得るさまざまな影響をすべて見てきた。これらすべてを総合するとどういうことになるだろうか？　移住の政治的影響はわずかながらプラスであるように見受けられるが、データはまだようやく集まり始めたところだ。経済的影響の大半は、頭脳流出と仕送りが占めている。世界的に見ると、頭脳流出という言葉には語弊がある。移住への期待は固定されたストックからの流出よりも、むしろ人材の供給のほうを刺激するからだ。だが世界経済の底辺あたりに位置する国にとって、流出は現実だ。ただ、その同じ国々にとって、外国での出稼ぎによる収入は命綱になる。仕送りは、絶望的なほど困難な生活環境を緩和してくれるのだ。ほとんどの国にとって、仕送りのメリットは人材の損失を補って余りあるほどのメリットをもたらすため、正味の経済的影響もある程度はプラスになる。

このため、移住が取り残された人々にとっていいものだと言っても差し支えはないだろう。だが実際には、この結論は間違った質問に対する回答だ。妥当な質問は、移住が母国に害をなすか利益となるかではなく、移住の加速が害となるか利益となるかだ。現実的な政策課題は、貧困国からの継続的な移住の加速が、受入国政府が効果的な規制を導入した場合と比べて、貧困国にとっていいことなのかどうかだ。取り残されたも

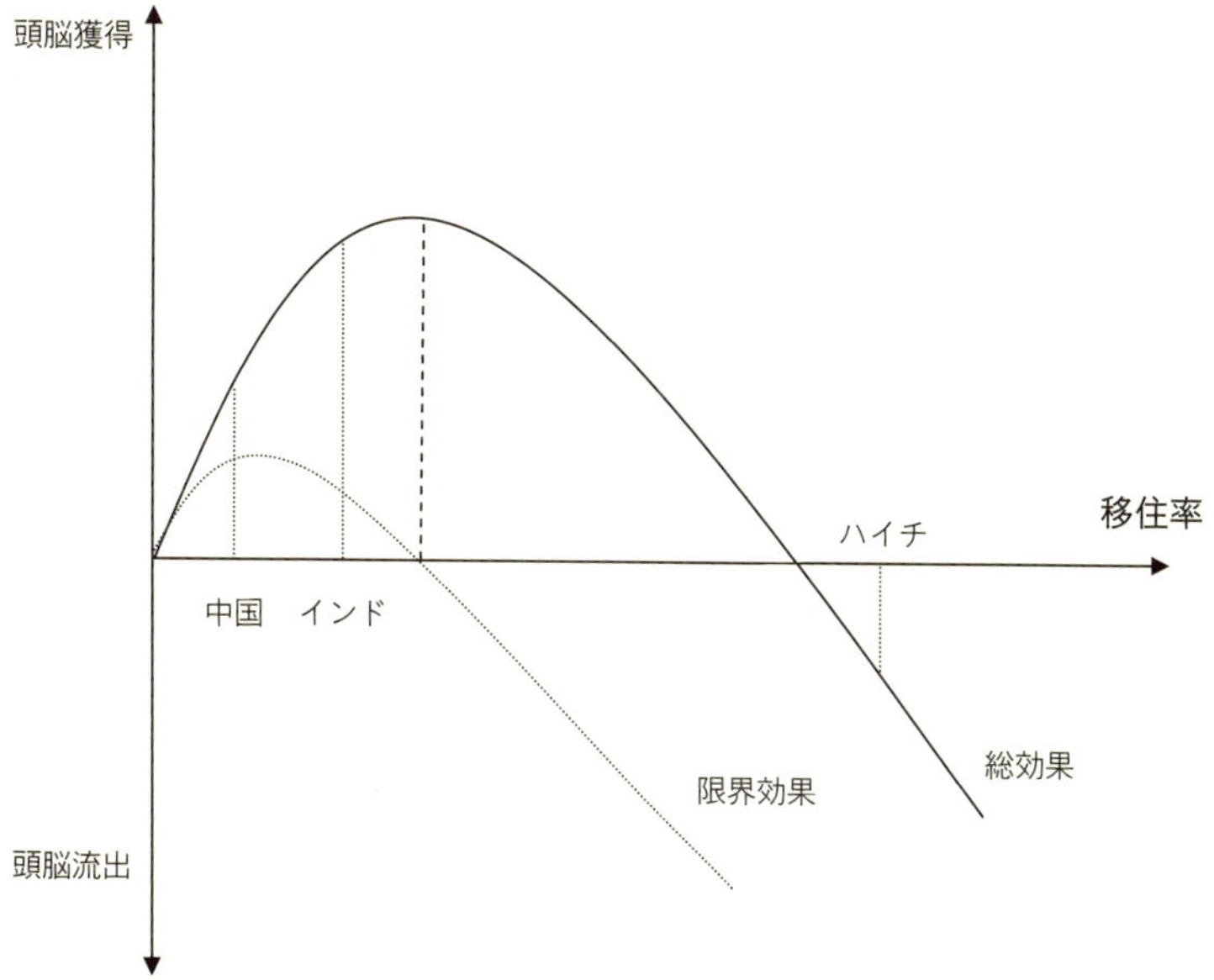

図 10-1　移住と頭脳流出・獲得

の観点から評価されるべきなのはこの点であって、移住の総合的な効果ではない。この二つの違いが細かい屁理屈だと言うなら、第Ⅳ部に戻ってもう一度考えてみるといい。私がここで述べている違いは、経済分析の多くにとって根本的だが、移住の総効果と限界効果だ。総効果が正だからと言って、限界効果のことは何一つ教えてくれはしない。

だが、総影響の道筋を見れば、限界効果を類推することはできる。図10―1では、実線は異なる移住率での頭脳獲得・頭脳流出を示す。たとえば中国とインドは移住率が低く、頭脳獲得が多いが、ハイチは移住率がはるかに高く、頭脳流出に苦しんでいる。点線は、移住による限界的な貢献を類推したものだ。単純なロジックで言えば、頭脳獲得がピークを迎えると、移住率が多少変化したとしても大きな違いはもたらさない。もっと気取った言い方をするなら、限界効果はゼロなのだ。

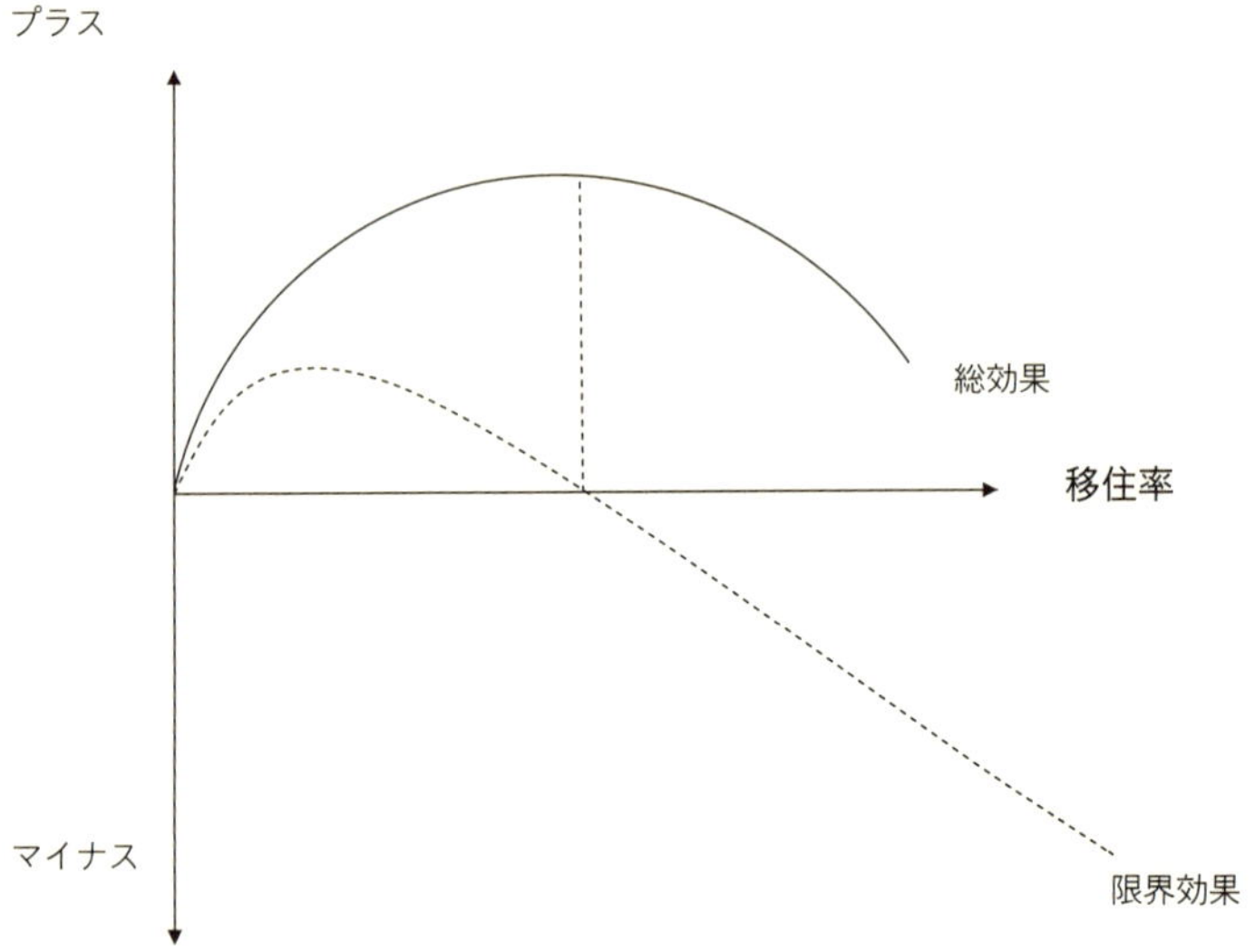

図 10-2　移住と仕送り

頭脳獲得が減り始めると、移住の増加は事態を悪化させているに違いないので、限界効果はマイナスになる。言うまでもなく、取り残された人々の観点から見た理想的な移住率は、頭脳獲得がピークに達した地点だ。ハイチは明らかにそのピークをとっくの昔に越えている。したがって、頭脳獲得・流出の基準において、ハイチの実際の移住率は理想的な数値を大きく超えてしまっていると言えるだろう。ハイチの移住率がもっと低ければ、頭脳流出は中国やインドのように、頭脳獲得に転じていたはずだ。

移住による仕送りへの総効果と限界効果も同じように分析することが可能で、それを図10―2で示した。明らかに、頭脳流出・獲得とは異なり、まれなケースを除いて仕送りは総合的にプラスの効果をもたらす。仕送りが取り残された人々に金を届けるのではなく吸い上げるようになる地点に移住率が到達したケースに唯一私が遭遇したのは、南スーダンだ。紛争中、優秀な人材は家族を連れて国を出た。紛争後、彼らは帰国に非常に後ろ向きで、政府が高い賃金を約束しなければ必要な才能を引き戻すことはできなかった。それですら、引き戻された移民は家族を外国に残し、そちらへ仕送りをした。こうして、世界でもっとも貧しい国のひとつが、世界でもっとも豊かな国に仕送りをするという、皮肉な構造が生まれたのだ。

だが、仕送りは通常プラスになるものの、やはりそれ以上の移住が逆効果となる地点がある。扉があまりに大きく開かれていたら、移民は仕送りをするよりも親族を連れてくる。同様のピークが、移民の技能レベルにも当てはまる。その上、ほとんどの貧しい母国が仕送りのピーク地点を大きく超えていることを示す確実な実証データがある。移住がなければ当然仕送りもなかったわけだが、限界効果を見ると、これらの国々は移民政策が厳しいほうがより多くの仕送りを受けられ、教育を受けた移民が家族を呼び寄せる権利を制限した場合は特にその傾向が強くなる。

したがって考えられるのは、移住は取り残された人々を助けるものの、移住が少ないほうがもっと助けになるということだ。だが、母国は自力では国外移住を規制できない。移住率は、受入国の政策によって決まるのだ。移住がいいものか悪いものかという論争のせいで、理想的な政策の枠組みを作ることは非常に難しくなっている。理想的な政策とは、開かれた扉でも閉ざされた扉でもなく、ほんの少しだけ開いている扉だ。

命綱は人を生き長らえさせるが、人生を変えることはできない。人口過密の地方からの移住は、突き詰めれば、発展の大きな原動力となる。だが移住の決定的な流れは高所得国の都市部へのそれではなく、低所得国内の都市部への移住だ。トルコのようにこの半世紀で貧困から抜け出した国は、ドイツに200万人のトルコ人を送り出すことでそれを実現したわけではない。トルコに残っている9000万人に比べればその数は些細なもので、ドイツ系トルコ人は世界でもっとも渋い仕送り送金者だということも忘れてはならない。トルコの経済的奇跡は国内の貧しい田舎からイスタンブールへの移住によって後押しされたもので、その移住は成長のチャンスに惹き寄せられたものだった。

変化の触媒としてもっとも可能性が高い国外移住の役割は、考え方を変えるきっかけとしてのものだ。社会モデルがより機能的な国に触れたディアスポラがいることで、変化を起こせる考え方の吸収が加速化されるかもしれない。だが、短期的な留学生の移民と比べて定住しているディアスポラが重要だ、ということを示すデータは少ない。考え方は重要だが、第2章で紹介した変革の大きな事例——東ヨーロッパ、南ヨーロッパ、そして「アラブの春」——では、ディアスポラはそれらの変化には二次的な役割しか果たさなかった。実際、ディアスポラは政治的に活動する場合こそ多いものの、概して後ろ向きで、彼らを移住へと動かした特性を伝える大使として活動するのではなく、受入国において自分たちの明確なアイデンティティを保全するために古い派閥としての不満をこねくりまわしているほうが多い。その上、制度はまるごとすっかり移転できるわけではない。社会というのはきわめて特異なものなので、機能的であるためには、制度は有機的でなければならない。一見似ているように思える「アングロサクソン系」——アメリカ、イギリス、オーストラリア、ニュージーランド——社会も、その政治的・経済的制度は大きく異なる。成功する制度は移植されるのではなく、世界的モデルと家族のように似ているものが、社会に徐々になじんでいくのだ。移植された制度は拒絶反応に遭う場合が多い。したがって、既存の住民は、ディアスポラよりも考え方を吸収し、応用しやすい立場にある。インターネットや外国への留学で学んだ世界的モデルをダウンロードすることもできるが、自らの社会がどのように発展しているかを注意深く観察し、有効な制度を国内に構築することもできる。その一方、ディアスポラは受入国に一気に近づきすぎるために俯瞰的に見ることができないし、母国からは遠く離れすぎているため、郷愁の空想の中で思い出すだけだ。

ディアスポラが過去に拘泥せず前向きでいる場合でも、ディアスポラの考え方を伝えるという役割もありきたりになってきている。技術の進歩によって、物理的な移動の必要なく距離が縮められた。エジプトの若者はユーチューブやグーグルから素材をダウンロードし、携帯電話やフェイスブックを使ってお互いにコミュニケーションを取る。ニーアル・ファーガソンが簡潔に主張したことだが、欧米は社会を再編する競争などの「鉄板アプリ」をいくつも発明することで一歩先へ出た。しかし、今やこれらのアプリはいくらでもダウンロード可能で、実際世界中でダウンロードされている。(1)

可能性としては、最底辺の10億人の国から優秀な人材が国外移住することで、「人生はここではないどこかにある」という感覚が生まれるかもしれない。実際、その感覚は、頭脳流出を埋め合わせる人材へのインセンティブとして、またロールモデル効果として欠かせない。しかし最悪の場合、ほかのどこかの人生という感覚は弱体化につながる。チェーホフの悲痛なセリフ、「モスクワ、モスクワ！」がそれを言い表している。だが長年の停滞と困窮に苦しめられてきた小さな社会にとって、人生はチャンスという観点からすれば、本当にどこかほかの場所にあるわけで、若者はそのことを十二分に理解している。国外移住がなかったとしても、テクノロジーとグローバル化した若者文化が、ぎりぎり手の届かない世界へと彼らをいざなっている。今のテクノロジーをもってすれば、基本的な読み書きの能力さえあれば、この世界の門は開く。だからこそ、イスラム過激派による文化への反発がこれほど教育を恐れているのだ。たとえば、ナイジェリアのボコ・ハラムによるテロ活動は「欧米教育は害だ」との解釈のもとにおこなわれている。だが、どのようなテロ行為にも言えることだが、ボコ・ハラムの戦略も失敗が運命づけられている。移住が減らされたとしても、外国文化への接触は衰えることがない。ほかの場所での人生がもたらす成功と活力は消すことも隠すこともできないのだ。移住への希望と外国に住む親戚とのつながりは、排除されることへの鬱憤を和らげると同時に、その鬱憤を強めることにもなる。

「人生はここではないどこかにある」は可能性としては弱体化を招くかもしれないが、対策はある。ポストモダン文化の成功は、脱中心化したことだった。興奮の対象はますます分散し、明確な序列はもはや存在しない。最底辺の10億人の社会におけるすぐれたリーダーシップにとって難しいのは、キャッチアップの信用に足るビジョンを促進することだ。「人生が今、ここにある」という、ますます多様化する社会の仲間入りをするということだ。これは確かに近年の中国と、程度の差こそあれ、アフリカにも広まっている精神だ。しかし国外移住とはほとんど関係がない。

そんなわけで、最底辺の10億人からの国外移住は、取り残された人々にとって害悪でもなければ触媒でもない。移住は、命綱だ。分散化された援助プログラムなのだ。ほかの援助プログラムと同様、決定的な役割は果たさないが、グローバル化した繁栄の世紀にあまりにもふさわしくない状況で生きている何百万という人々の暮らしを、まず間違いなく改善してくれる。だが援助に関する議論と同様、移住にまつわる主な課題はそれがいいことか悪いことかではなく、最善にするにはどうすればいいか、つまり限界はどこかだ。最底辺の10億人にとって、移住が総合的にはプラスだったことを示す証拠は十分にある。だが限界で見れば、弱体を招き、人材を流出させて、仕送りを減らしているのだ。

援助としての移住

事実上、すべての移民受入国は最底辺の10億人を対象にした援助プログラムを実施している。それらの国々における貧困に対処することは、まさしく世界的な公共善とみなされているのだ。援助プログラムは社会の特徴の表現であり、逼迫している国に対する寛大さの現れだ。非常に効果的かどうかはともかく、それは私たちの慈悲心を行使させ、それによって慈悲心を深めていく。個人的に親切な行動を取ることが、他人から見た自分だけでなく自分にとっての自分を累積的に定義するようになるのと同様、集合行為としての親切さは社会を反映するだけでなく、社会を形作っていく。

援助の倫理的基盤は、今のところ、とりわけ重大な位置を占めている。先進国経済全体における厳しく長い不況は、大きな予算削減につながった。支出の優先順位のどのあたりに援助予算を位置づければいいのだろうか？　援助予算はどの国でも政府の全体支出からすれば比較的小さいので、それが大きく削られようが完全に守られようが、衝撃的なほどの厳しい年間予算からすれば大した違いにはならない。だが予算削減が注目されるこの時代、意識は驚くほど研ぎ澄まされる。今は厳しい決断が、公に議論される時代なのだ。最貧国は、私たち自身の社会におけるニーズと引き比べたときにどの程度の優先順位が与えられるのだろう？逆に言えば、放漫財政なら社会の真の優先順位はわかりにくくなる。簡単に資金が得られる状況なら、「あったらいい」程度の支出はどんどん許可されるのだ。今この瞬間にも、それぞれの富裕国が真の優先順位を明らかにしていて、明らかにされるその内容は国によって驚くほど異なる。それに、優先順位は政治的傾向のざっくりとした特徴にしたがって十分に予想されるわけではない。イギリスでは、右寄りの政府が援助予算を完全に維持している。アメリカでは、左寄りの政府が援助予算を大幅に削減している。これらは、公共政策の民主的圧力からの一風変わった脱線というだけではない。イギリスの大衆は、明らかになった優先順位をそれほど気にしていないようだ。援助に敵意をむき出しにするほど反対している右翼系雑誌『スペクテイター』が最近、イギリスは援助予算を削減するべきかどうかという公開討論をおこなった。私はこのイベントに発言者として呼ばれ、いくばくかの不安を抱きつつ出かけていった。イギリスで援助予算の削減に賛成する可能性が高い聴衆がいるとすれば、このイベントに必ず参加しているはずだと思ったからだ。だが、援助賛成派は圧倒的大多数で討論に勝利した。私自身の主張は援助がとてつもなく効果的だという内容ではなかった。実際、私はそこに関しては懐疑的だからだ。そうではなくむしろ、援助に関する私たちの決断が不可避的に、私たちがこうであってほしいと期待する社会を反映するものだという話をした。選挙では、連立政権のどちらの政党も援助予算を守り、実際に増やすことを約束したし、世界の貧しい人々に対するその献身は尊重されるべきだ。私は、逆境にあるこの時代、寛大さを再確認する国の一員であることをけっこう誇らしく思っている。アメリカ人が寛大さに欠けるとは私は思わない。なんといっても、ハイチでの大地震の際にはアメリカの全世帯の半数が災害募金に個人的に寄付をしたのだし、その割合は驚異的だ。ひょっとすると、援助に対するアメリカ人の消極性は、現在のアメリカの国民的議論の大半を特徴づける、政府に対する疑念の高まりを反映しているのかもしれない。公的援助は政府の二乗だ。まずはアメリカ政府を通り、それから受益国の政府を通過するのだ。

ひとつの目標にさまざまな政策が影響する際の首尾一貫性を保つため、政府は政策の連携を取ることで目標達成を強化しようと試みるべきだ。最低限、政府はひとつの政策で目標を達成しようとしながら、別の政策で邪魔をしようとするような行為は避けなければならない。したがって、受入国が採用している移民政策は移民の出身国に影響を与えるが、受入国政策が援助政策を補完するものになるか阻害するものになるかは、国外移住の効果次第だ。母国からの移住の正味の効果が残された人々にとっては有益であるため、そして富裕国は最貧国を助ける援助プログラムを実施することが倫理的に正しいと考えるため、移民政策はある意味、援助プログラムの付加物とみなされるべきだ。もちろん、移住は受入国の政府が法的に考慮したくなるほかの効果ももたらすが、取り残された人々への効果は、とりもなおさず考慮されるべきだ。

移住が生み出す富裕国と貧困国間の大きな二つの経済的移転は、仕送りと頭脳流出だ。仕送りは富裕国から貧困国への隠れた援助で、頭脳流出は貧困国から富裕国への隠れた援助だと言える。この二つを、隠れ場所から引っぱり出してみよう。

直接的には、仕送りは移民の税引き後所得の中から捻出される。したがって、彼ら個人がドナーとなる。だが最終的には、仕送りを可能にするだけの収入が得られる高い生産性を移民に与えるのは、本来移民に備わっていた能力ではない。つまるところ、故郷に戻れば彼らも劇的に生産性が落ちるのだ。高賃金国に移り住むことで彼らが利益を得ているのは、富裕国の公的資本、つまり集合的に富裕国を富裕国たらしめているさまざまな形の公的資本だ。その公的資本は受入国の先住人口が積み上げたものだ。第Ⅱ部で述べたとおり、先住人口にはこの生産性のプレミアムとでも言うべきものの所有権を主張するだけの倫理的根拠があるものの、現実問題としてはあまり勧められた話ではない。それをすると移民が第二級市民の地位におとしめられてしまうからだ。とはいえ、先住人口には、移民の母国に恩恵をもたらす仕送りが移民だけでなく自分たちのおかげでもあるのだと主張してもいいだけの理由がある。移住は、先住人口がかなりの金銭的貢献を貧困国におこなえるようにしてくれる。これは移民が実施する援助プログラムなのだ。そしてもちろん、この援助プログラムの魅力的な特徴は、先住人口の負担がゼロであることだ。移住そのものが生み出す棚ぼた的な生産性の向上がお金を出してくれる。

頭脳流出は、移民の出身国政府の教育予算によってまかなわれる。長じて高所得国へと移住する子どもたちの教育への投資は、受入国への意図せぬ援助プログラムだ。受入国は移民の所得から税収を得る。この歳入フローは、受入国自身は負担していない教育による見返りだ。まともな人間ならそのような移転を正当化することはできないだろうから、妥協案を提示しよう。受入国政府は、教育の見返りの税収分を移民の出身国に対して支払うべきだ。補償のおおまかな基準となるのが、受入国政府の教育予算の割合だ。たとえば、教育が公的支出の10％を占めるのなら、移民からの税収の10％が正当な補償と考えられる。これは、どこかよその国が投資した教育を受けた労働力の流入を受けているという事実に対する補償としてだ。受入国の税収が国民所得の40％を占めているとしよう。移民は人口の10％を占め、その人口比と同等の割合の税金を納めているとする。この場合、教育を受けた移民労働者がもたらす棚ぼた的供給が生む税収の補償として適切なのは、国民所得の0・4％だ。もちろん、ここに挙げた数字はあくまでわかりやすくするための仮のものだ。だが、この数字が指標となるなら、そこには興味深い示唆が見られる。国連は、加盟国の援助予算目標を国民所得の0・7％に設定している。つまり、この目標値のかなりの割合が、移民の出身国から受入国に提供される間接的援助を相殺するためだけのものだということになる。実際には、高所得国のほとんどが0・7％よりはるかに少ない額しか貢献していない。したがって考えられるのは、左手で援助を提供しながら、右手では援助を受け取っているということだ。援助は寄付ではなく、返済なのだ。

第V部

移民政策を再考する

第11章　国家とナショナリズム

イギリス人のためのイギリス？

イギリスのどこかで年配の男性が鬱憤を抱えるティーンエイジャーに逆戻りして、壁にスローガンを書き殴る。書かれた文字は、「イギリス人のためのイギリス」。警察が犯人を突き止め、当然訴追して有罪にする。この感情は、明らかに人種差別を意図していたからだ。もっと一般的な話で言えば、高所得国の多くにおいて、国民国家は高学歴のエリート層の間でも若年層の間でも流行らない概念になってきた。近代性は、個人主義という柱とグローバリズムという柱の間にアイデンティティをぶら下げている。多くの若者が、自分を取り囲む社会の中でアウトサイダーとしての個人であるという感覚を強く覚えると同時に、世界の市民であると感じているのだ。

現代の個人主義には長い歴史がある。個人という近代的概念が生まれたころ、デカルトは世界の存在についてのわれわれの知識を、自らの思考の否定しがたい経験から引き出した。「われ思う、ゆえにわれ在り」だ。現代の哲学者の多くは、デカルトが物事を後ろ前に捉えていたと考えている。私たちは、自分がその一部を成す社会についての気づきがなければ、自分についての知識を持つことができない。

したがって、哲学的基礎付けによれば、個人としての人と、社会の一員としての人との間には緊張がある。この異なる観点が、政治と社会科学には浸透している。政治的には、社会主義から個人主義的リバタリアニズムまでの幅広い観点がある。この個人主義の最たるものが、「社会などというものは存在しない」と見事に言い切った政治家マーガレット・サッチャーや、社会的組織を並外れた能力を持つ少数派に対する怠惰な多数派の陰謀とみなした思想家アイン・ランドだ。社会科学においては、経済学の個人の効用最大化という観点は長年、社会学と人類学の集団分析と対立してきた。人は個人であると同時に、社会の一員でもある。人間の行動について十全な理論をたてるなら、その性質のどちらの側面も取り入れなければならない。素粒子を粒子と同時に波であると認識できたために物理学が進歩したのと同じことだ。

粒子としての人と波としての人とのバランスが、国をどう見るかを形作る。粒子の側から見ると、国はいずれかの時点でいくつかの粒子が居住する、任意の地理的・法的主体だ。だが波の側から見ると、国はある人々であり、彼らは相互共感によって結びつけられた同じアイデンティティを共有する。人々としての国の側は、二つの明確な段階を伴う。単なる個人よりもコミュニティのほうが重要であるという見解と、国がコミュニティ組織の基本単位だという見解だ。混乱のもととなり得るのは、前者が通常政治的左翼に紐づけられる一方、後者が通常は政治的右翼に紐づけられるという点だ。

コミュニティか個人か?

まず、単なる個人よりコミュニティのほうが重要だという見解を見ていこう。近年の哲学、心理学、経済学の発展によって、個人万能は後退しつつある。哲学ではマイケル・サンデルが、経済分析に組みこまれた個人主義的仮定のために、ここ数十年の間に主要な商品が集合的提供ではなく市場によって供給される形へと変わってきたことを示している。[1] 市場の発展は分配にかなりの反動をもたらし、社会的不平等はかつてないほど広がった。今では、一部の哲学者が個人主義の根幹である自由意志に疑問を投げかけている。彼らの批判は模倣の力という、社会心理学からの新たな証拠に基づいている。[2] 人は限られた選択肢の中からロールモデルと同じ行動を選び、その後の状況への対応もロールモデルが決める。個人の責任は排除されたわけではないが、この観点からは弱まることになる。

心理学ではジョナサン・ハイトとスティーブン・ピンカーが、他者に対する行動に影響を与える態度や信条がいかに時間の経過とともに進化し、福利に対して大きな影響を与えるかを示している。ハイトは、コミュニティ感覚は事実上世界共通の六つの基礎的道徳嗜好のひとつだと主張する。[3] ピンカーは、18世紀以降の欧米社会で暴力が劇的に減った理由を、共感力の増加だとしている。特に文学や大衆小説の普及に伴い、人は他者の立場に立つことができるようになり、他者に対する暴力の被害者になった自分を想像しやすくなったのだと。従来は究極の自己分析であった精神分析でさえ、今では恥などの対人関係の態度が個人的問題の根源にあるとしている。

経済学は長年、利己的で自己利益を最大化する個人主義の砦だった。その基礎を敷いたのはアダム・スミスの『国富論』で、スミスはそのような態度が社会的利益を生むと証明したことで知られている。だがスミスはほかにも『道徳情操論』という本も書いていて、こちらは相互共感の基礎についての本だ。遅まきながら、こちらの本もようやく認められるようになってきた。[4] また相互共感は神経経済学という新たな経済学分野で拡張されている。この神経経済学は他者に対する共感を神経的に基礎づけているのだ。[5] 実験経済学が発見したのは、信頼傾向が貴重であると同時に社会によって異なるということだ。幸福研究が発見したのは、重要なのは物質的なものではなく社会的なものだということだ。つまり自分がどう他人とかかわるか、そして自分が他人からどう見られるかが重要なのだ。さらに、所得という限られた基準で測っても、他者に対する共感力と信頼が強い集団は、利己的な個人主義者の集団よりも成功することがわかっている。いま沸き起こっている議論は、社会生物学で信頼傾向の発生を遺伝的に説明できるかどうかというものだ。個人間の競争では信頼は説明できないが、遺伝子間の競争と集団間の競争でなら、どちらでも信頼を説明できるかもしれない。集団内の相互共感は、生来のものかもしれないのだ。(6)

彼ら学者たちにとって行動は、一部にはコミュニティ感覚と、コミュニティで共有される態度によって生じるのだ。人は集団内では相互共感の性質を持つ。だが、その感情は個人的利己主義によって損なわれる場合があり、それは過去の世代で市場領域の拡大とともに起こった。

国家はコミュニティか?

コミュニティは、ほとんどの人にとっての第一価値として、幸福の主な決定要因として、そして物質的な利益の源として重要だ。では、コミュニティにとってもっとも重要な組織の単位はどれだろう。家族か、親族か、地元か、民族か、宗教か、職業か、地域か、国家か、世界か? 人はあたりまえに複数のアイデンティティを持つことができるし、その多くが別に競合するものではない。入部可能なこれらの数多いクラブの中で、国家はどの程度重要なのだろう?

ナショナリズムは、アインシュタインによって「はしか」だと一蹴された。ヨーロッパでは、国家の優先順位が下がったとする見方が流行している。国家は地域アイデンティティによって下から挑戦されている。スペインはカタルーニャの分離運動におびやかされているし、イギリスもスコットランドの分離運動に揺れている。国家は、上からは欧州連合のようなより大きな存在に権力を明け渡すよう公式に迫られているだけでなく、国民的アイデンティティを鼻で笑うグローバル化した高学歴エリートの出現によって文化的にも挑戦されている。だが、そのアイデンティティは公正を実現する力としてこのうえなく重要だ。

国家は、課税における圧倒的にもっとも重要な制度だ。国レベルで強い共通のアイデンティティを感じている国民だけが、税金が再分配されて、さまざまな資産の気まぐれな変化を部分的に相殺することを受け入れる。スペインから分離独立したいというカタルーニャ人の例を見てみよう。カタルーニャはスペインでもっとも豊かな地域で、収入の9％をほかの地域に移転しなければならないことへの反発が分離運動の原動力のひとつとなっている。スペイン・ナショナリズムの感覚がもっと強ければ、ポルトガルに対する好戦的な決断が誘発される可能性はまずなく、場合によっては、カタルーニャ人は貧しい隣人を助けるかもしれない。言い換えれば、近代のナショナリズムははしかの集団流行というよりは、幸せホルモンと言われるオキシトシンの集団接種のようなものなのだ。[7]

もちろん、共通のアイデンティティという感覚が国家よりも上のレベルで構築できればさらにいいだろうが、ナショナリズムと世界主義はどちらか一方でなければならないというものではない。「慈善は家庭から始まる」という格言のキーワードは、「始まる」だ。思いやりは、筋肉のようなものだ。同胞市民に対して使えば、同胞ではない人々への共感も育てることができる。さらに、国家を超えた共通のアイデンティティを構築するのが非常に難しいことが今ではわかっている。この半世紀、世界でもっとも成功した超国家的実験はなんといっても、欧州連合だろう。だがその半世紀が経過してもなお、そしてナショナリズムがはしかどころか炭疽病のようだったときの記憶があってもなお、欧州連合はヨーロッパ全体としての収入の1％未満しか、加盟国間で再分配していない。ユーロの苦労と、「移転連合」（これは「ギリシャ人の分まで払う」と読む）という考え方に対するドイツ人の激しい反発は、アイデンティティの再構築の限界を証明している。相応な額の再分配を可能にするための、ヨーロッパ人としての共通のアイデンティティでさえ満足に築けないことを、欧州共同体は50年かけて証明した。ヨーロッパ内では、各国政府が分配する歳入は、欧州委員会が分配するそれの40倍にもなる。世界レベルに到達するころまでは、再分配税制の仕組み——援助——はさらに弱くなってしまう。国際システムは奮闘してきたが、これまでの40年間で、税率は所得の0・7%にさえ到達できていない。人と人との協力という観点からは、国家は地球市民に対する利己的な障害ではない。それは事実上、公共財を提供する唯一の制度なのだ。

国家が提供する再分配は、あらゆる上位の協力機関による再分配をはるかに上回っているだけでなく、下位の機関すら上回っている。準国家政府はほぼ例外なく、国家政府よりも扱う歳入の割合が小さい。例外はベルギーとカナダだが、この2国はアイデンティティの感覚がおおむね地方レベルにあり、言語分布を反映している。たとえば、カナダは天然資源の所有権を国レベルではなく地方レベルに割り当てているところが独特だ。これは国家意識が弱い現状においては必要な譲歩だったとはいえ、ほかの状況ではあまり望ましくない。貴重な天然資源は、たまたまそれが取れる地域に住んでいるという幸運に恵まれた者だけが恩恵を受けられるよりは、国として所有したほうが平等だ。アルバータ州民が石油をアルバータに持ってきたわけではなく、たまたまほかのカナダ人よりも近いところにいたというだけなのだ。再分配の究極の非集権的システムである家族でさえ、国家をうっすらと反映している。実際には、慈善は本当に家庭から始まるわけではない。財務省から始まるものであって、家庭の慈善はそれをごくささやかに補完するだけだ。国家は、親から幼い子どもへの資源の移転にでさえ深くかかわっている。国が資金を出し、国が義務化する教育がなければ、私の父のように、多くの子どもたちが教育を受けられないままだろう。

国家が再分配税制のシステムとして機能する理由は、心情的な観点から言うと、国家と一体感を持つことが国民同士の結びつきを強くする非常に強力な方法だからだ。国家意識を共有したからと言って、攻撃的になるとは限らない。むしろ、それが友愛をはぐくむ現実的な手段となる。近代をもたらしたフランスの革命家たちが友愛を自由と平等とセットにしたのにはそれなりの理由がある。つまり、友愛は、自由と平等を調和させる感情である。他者を同じコミュニティの一員とみなすことができた場合のみ、公正のために必要な再分配税制が自分の自由を侵害しないという事実が受け入れられるのだ。

多くの意味で、社会化がもっとも難しいのは若い男性だろう。10代の男性は反社会的で暴力的、反抗的でいるように遺伝子レベルでプログラムされているかに思える。だが、国民的アイデンティティは血気盛んな若い男性を引き入れられる能力があることを証明してきた。実際、その能力が高すぎるくらいだ。1914年8月にそれぞれの国の首都で戦争賛成のデモを起こした若者たちの集団のことを思い出してみるといい。彼らの行動が、結果的に彼ら自身の多くを死に至らしめた。アイデンティティとしての愛国心でとりわけ心配になるのは通常、その非効率ではなく、戦争を選びがちな歴史的傾向だ。

国家は税収を上げて再分配するのが得意なだけではない。技術的観点からは、国家は多くの集団活動がもっとも実行しやすいレベルだ。集合的提供は経済の規模を享受できるが、多様性を犠牲にする。(8) 規模の経済と多様性はトレードオフなので、世界レベルでまとめるだけの価値がある活動は非常に少ないように思える。さらに国レベルの供給は通常であることが明らかになってきた。その程度は不明だが、公共財の供給が国レベルに集中しているのは、国が集合的アイデンティティの強力な単位であることが証明されてきたからだ。アイデンティティが協力による利益というロジックによって形作られてきたからではない。つまりアイデンティティを集団活動に合致させるのは、重要なことだったのだ。

国民的アイデンティティは、公共部門の労働者にやる気を持たせるのにも役立つ。インサイダーとアウトサイダーの主な違いを思い出してほしい。労働者が組織の目標を内面化できるかできないかだ。ある活動を民間市場ではなく公共部門に担当させる基準のひとつは、金銭的インセンティブが問題となるかどうかだ。定量的に測定するには成果があまりにも不定形であったり、実績がチームワークに著しく依存していたりする場合には、実績と報酬を結びつけるのは簡単ではない。逆に言えば、教育や医療など、公共部門によく割り当てられる活動の多くは、容易に内面化できる。香水を売るよりも、子どもに読み書きを教えるほうが内面的満足感は得やすいだろう。だが公的組織で労働者のコミットメントを構築する上では、ナショナリズムのシンボルが広く使える。イギリスでは、公衆保健機関は「国民保健サービス」と言い、看護師組合は「王立看護師学校」と呼ばれる。信頼がインセンティブではなくむしろコミットメントに置かれる究極の公的組織は軍隊であり、そこには国家の象徴が満載だ。実際、アカロフとクラントンの著書『アイデンティティ経済学』では、アメリカの軍隊への人材募集が例として取り上げられている。

　多くの財が公共部門から民間へと委譲されてしまったことをマイケル・サンデルが嘆いているが、公共部門ではそれに合わせてコミットメントからインセンティブへの移行が起こった。より一般的な傾向としては、この変化の多くを突き動かしたのが、お金は効率的だという過剰な信念だ。この傾向が悪化したのは、国民的アイデンティティでやる気を出そうとするのがためらわれるようになり、そうすることの効率が悪くなったからかもしれない。なんといっても、移民がしばしば公共部門の労働力の相当部分を占めているのだ。

　アフリカは、アイデンティティと集団組織にずれが生じた場合にどのようなことが起こるかの強力な実例を見せてくれる。国家は外国人によって地図上で切り分けられただけだが、アイデンティティは何千年にもわたる居住パターンによって形成されてきた。共通の市民意識を構築することに成功した指導者を持つ国はほんの一握りだ。ほとんどの国で、アイデンティティは圧倒的に地方レベルでまとまっており、異なるアイデンティティを持つ集団同士での協力は、そこに信頼が欠けているために非常に難しい。だがアフリカの大部分で、公的供給は国家レベルでかなり中央集権化している。歳入はすべてそこに蓄積するのだ。その結果、公的供給がまったくうまく機能しなくなってしまった。アフリカの政治経済の一般的な特徴は、それぞれの氏族が、公的財産は氏族のために略奪してもいい共通の資源の備蓄だと認識していることだ。公共財を提供するために国家レベルで協力するよりも、略奪するために氏族内で協力することのほうが倫理的だとみなされる。タンザニアの初代大統領ジュリウス・ニエレレは、共通の国民的アイデンティティを構築することに失敗したアフリカの指導者たちの中で、例外だった。第3章ではケニアに50あるさまざまな部族が、井戸を維持するための村レベルでの協力を阻害している例を語った。その同じ研究で、さまざまな多様性を持つケニアの村だけでなく、国境を挟んですぐ先のタンザニアの村との比較も実施している。国境は19世紀に適当に引かれたため、国境の両側に存在する部族の構成は同じだった。大きく違ったのは、国家建築にあたっての指導者の努力だ。ニエレレ大統領は民族的アイデンティティよりも国家を強調した一方、ケニアのケニヤッタ大統領は忠実な取り巻きを作る手段として民族性を利用した。そして彼の後継者たちも同じ戦略を引き継いだ。国民的アイデンティティに対するこの明らかに異なる取り組みは、大きな影響をもたらした。ケニアの村では異なる部族が協力するのは難しかったが、タンザニアではあたりまえに協力していた。実際、タンザニアでは多様性の度合いは協力にまったく何の影響もおよぼさなかった。国民的アイデンティティにはそれなりに用途があるのだ。

社会的協力の必要性を軽視する個人主義者と、ナショナリズムをおそれる世界主義者との間で、国家は集団活動の問題に対する解決策として人気を失ってしまった。だが協力の必要性が現実問題である一方、ナショナリズムに対するおそれは時代遅れだ。スティーブン・ピンカーが主張しているように、先進国間の戦争は今では考えられない。ドイツは現在、ギリシャに対する支援をめぐる選択肢で困難に直面している。財政支援なしではギリシャはユーロから身を引かざるを得ず、ユーロの存続さえ危険にさらす可能性がある。だが財政支援をおこなえば経済改革を実施しなければならないというインセンティブがギリシャにはなくなってしまう。メルケル首相は何をおいてもユーロを維持する方向にドイツを導いている。ユーロが崩壊すればヨーロッパ列強間で戦争の不快な見通しが復活してしまうというのがその理由だ。だがこの懸念は、ドイツの歴史を省みて心の底から感じているものかもしれないが、ドイツの将来の展望としては明らかにばかげている。ヨーロッパの平和はユーロの上に築かれているわけでもなければ、欧州共同体によって維持されているわけでもない。メルケル首相の懸念が正しいのかどうかは、ドイツのポーランドとノルウェーとの関係を見ればわかる。第二次世界大戦中、ドイツはその両国に侵略し、占領した。だが今、ポーランドがユーロを採用して欧州共同体の一員になっている一方、ノルウェーはどちらにも参加していない。では、ドイツはあと一歩でポーランドではなくノルウェーを侵略しそうなのか？　どう考えても、ドイツがいずれかの国を再び侵略する可能性はまったくない。ヨーロッパの平和を支えているのは通貨とブリュッセルの官僚主義ではなく、感覚の著しい変化だ。１９１４年から１００年経った今、暴力に歓声を上げる群集はヨーロッパには存在しない。

ナショナリズムに対するもっと妥当な懸念は、それがほかの国との戦争を招いてしまうからではなく、それが包摂的ではないかもしれないからだ。ナショナリズムは、人種差別の代表のようになるのだ。国はそこに住む人によって定義されるのではなく、多数派を占める民族によって定義されるかもしれない。イギリス国民党は実際に、先住イギリス人の政党だ。真のフィンランド人党は実際に民族的に多数派であるフィンランド人の政党だ。だが国家の強力な象徴と、国という効果的組織単位を乗っ取ることを人種差別主義者の集団に許すのは、それ自体が危険な行為だ。無為に、ほかの政治家が国民的アイデンティティの感覚を前面に押し出さずにいれば、悪に強力な政治的武器を与えることになってしまう。ナショナリストでありながら、それでも反人種差別主義者であることとの間には、緊張が存在する必要はない。まさにこのようなケースのすばらしい実例が、２０１２年のロンドンオリンピックの際に、奇妙な集団的化学反応によって起こった。イギリスは、私も驚いたが、次から次へと金メダルを獲得した。これらの金メダルを勝ち取ったのは人種的にさまざまな選手たちで、そのこと自体が国の誇りとなった。アイデンティティは、象徴によって築かれている。オリンピックに対するイギリス人の反応は、すでに築かれたものと、築かれつつあるものの両方が現れたものだった。その結果が、多人種国家だ。同様に、「イギリス人のためのイギリス」という言葉は「ナイジェリア人のためのナイジェリア」というくらい退屈なものだ。主流政党の政治家たちは、スコットランド国民党が「スコットランド人」を「スコットランドに住む者」と定義したのと同じようにイギリス人のアイデンティティを定義するべきだった。国民的アイデンティティを人種差別主義者の所有物であるかのようにするべきではないのだ。国家は陳腐化したわけではない。ナショナリティを単なる法律主義——つまり権利と義務のセット——におとしめれば、集団的自閉症もどきに陥るだろう。規則とともに生き、共感なしに生きるのだ。

国民的アイデンティティは急速な移住と調和しているか？

国民的アイデンティティは貴重なものであり、同時に許容できるものでもある。では、それが移住によっておびやかされるということはあるのだろうか？　軽々しい答えは約束できない。共有されるアイデンティティという感覚は必ずしも移住によって混乱させられるわけではないが、その可能性はある。

同化と移住への融合アプローチは明らかに、強い共通の国民的アイデンティティの維持と調和しうる。同化という物語で先住人口が果たす役割は、同化提唱者だ。移民は歓迎され、国の文化を刷りこまれる。この役割は自分のアイデンティティに対する誇りと調和しているだけでなく、それを補強するものでもある。アメリカでは、その歴史の大部分においてこれが移住の形だった。アメリカ人は自国に誇りを持ち、移住はアメリカ例外主義という共通の自己像を強化したのだ。同様に、フランス人も1世紀以上にわたって自国文化の提唱者だった。そして膨大な数の移住はその継続的な誇りと共存してきたのだ。

同化と融合で生じる問題は、実際的なものだ。第3章で述べたように、吸収率が低ければ、移住率は高くなる。吸収率は、移民と先住人口との文化的距離が広くても低くなる。また、国際通信の向上で移民が毎日母国の社会とつながりを維持することが簡単になるにつれ、吸収率が低くなるということもあるだろう。これが示唆することは、同化と融合がうまくいくためには、移住率を規制して、移住の内訳を考慮して微調整できるようにする必要があるかもしれないということだ。先住人口にも移民にも統合を無理やり押しつけることはできないが、先住人口の側は、自国のすべての組織を移民包摂的にする必要があるし、移民の側は、言語を学んで空間的に分散して住む必要があるだろう。

移住に対する恒常的な文化的分離アプローチは、さまざまな問題に直面する。国民的アイデンティティという共通感覚の維持との相性は、同化・融合アプローチよりも悪い。移民にとって、これは楽な政策だ。国民的アイデンティティをこちらの国からあちらの国へと切り替える代わりに、単に新しい国の市民権を自分の特性の識別子として付け加えればいいだけだからだ。だが、先住人口がいくつもある文化的「コミュニティ」のうちひとつという地位に追いやられるとしたら、彼らに与えられるのはどのようなアイデンティティか？　当然のことだが、イギリスに住むバングラデシュ人が「バングラデシュ人コミュニティ」となり、ソマリア人は「ソマリア人コミュニティ」と呼ばれるのだから、先住人口は「イギリス人」ということになる。だが、これが発展すると、国民性を共有する感覚は失われてしまう。これこそ、「イギリス人のためのイギリス」への近道だ。先住人口が国家の識別子を独占してしまったら、全員のための用語は何が残るのだろう？ さらなる問題として、文化的分離の物語は先住人口コミュニティにどのような役割を与えるのだろう？ 現在優勢な公式の物語では、先住人口に与えられる主なメッセージは「人種差別主義者になるな」「場所をあけてやれ」「ほかの文化を尊重することを学べ」だ。現状、これは先住人口を軽視している。先住人口を「閉じこもら」せることになるかもしれない。現在、先住イギリス人労働階級の間で憂鬱な感情とともにしばしば口にされるのが、「昔はよかった」だ。

先住人口に与えられるこのようなつまらない役割は、文化的分離アプローチで取り得る唯一の役割ではない。代わりに、先住人口がもっと前向きな役割を果たせる物語を通じて、このアプローチを提示することもできる。たとえば、同じ領域に共住する場合がそうだろう。明確に分かれた、かつては国別であったコミュニティが共住すれば、未来の「地球村」の先駆者となり得るかもしれない。先住人口は、自分の領域でこの戦略を選べば、この未来の先陣を切れる。この物語においては、国家はコミュニティ間の公正についての一連の倫理原則を体現することになる。全員に平等に適用される法的義務と法的権利を示す宣言をおこなうのだ。先住人口コミュニティが他者と共有するのは自国文化ではなく、この世界的に適切な価値観だ。イギリスで政府がこの見解を奨励するところまで一番近づいたのはゴードン・ブラウンが首相時代、「イギリス人らしさとは何か？」という問いに答えようとしたときだ。ブラウンは自らをスコットランド人と強く自覚していたが、イングランド人の票を必要としていた。したがって、この問いにはどこか滑稽な面もあった。明白な答えは、イギリス人であるということはスコットランド人であること、イングランド人であること、ウエールズ人であることというもので、北アイルランド人であることは選択肢から外れた。結局公式な答えとしては、われわれを定義する資質は、民主主義と公正への献身といった、通常スカンジナビアに共通して関連づけられるいくつもの魅力的な特徴を備えていること、になった。魅力的なビジョンではあったかもしれないが、次の選挙でブラウンの先住人口票は政党の歴史始まって以来の最低数を記録した。

まとめると、移住は国家を廃れさせることはないが、移住の継続的な加速と多文化主義政策が同時進行すると、国家の活力をおびやかし得る。吸収は、予期していたよりずっと難しいことが証明されてきた。継続的な文化的分離という代替案は、集団間の社会的平和の保持という必要最低限のハードルを基準に判断すれば十分にうまくいくが、集団間の協力と再分配を維持するというもっと適切なハードルを基準にするとうまくいかないだろう。現在手元にある証拠を見ると、継続的に増え続ける多様性は、ある地点を超えると近代社会のこうした重要な達成を危険にさらすかもしれないことを示しているのだ。

第12章　移民政策を目的に合致させる

外国人嫌いの偏見に反して、現在までの移住が受入国の先住人口に深刻なマイナス効果を与えたことを示す証拠はない。「進歩主義者」を自認する者の意見に反して、証拠を見る限りは効果的な規制がなければ移住は急激に加速し、それ以上の移住が先住人口にとっても最貧国に取り残された家族にとっても、マイナス効果をもたらすようになる地点を超えてしまうことが示されている。移民自身も、高い生産性というタダ飯の恩恵を直接受けてはいるものの、かなり大きいと思われる心理的コストをこうむる。こうして移住はさまざまな集団に影響を与えるが、それを規制する力を実際に持っている集団はたったひとつ、受入国の先住人口だけだ。この集団は利己的に行動するべきか、それともすべての集団の利益のバランスを取るべきだろうか？

移住を規制する権利

移住規制が倫理的に正当だと主張できるのは、リバタリアニズムと功利主義の未開拓の議論からだけだ。極端なリバタリアニズムは、政府が個人の自由を規制する権利を否定する。この場合は、移動の自由だ。世界的功利主義者は、あらゆる手段を使って世界の効用を最大化しようとする。彼らにとって最善の結果は、人がもっとも生産的になれる国に世界中の人口が移住し、地球上のほかの場所をからっぽにすること、という場合もあり得る。このような大量移住に加えて、ロビンフッドが世界中の金持ちから財産を盗み取って世界中の貧しい人々に分け与えれば、それも役に立つかもしれない。だが、経済学者はロビンに対し、盗むだけじゃなくインセンティブにも配慮したらどうだと助言するだろう。どちらの思想も明らかに、民主的社会が移民政策を管理したくなるような倫理的枠組みは提供してくれない。実際、移住の標準的な経済モデルの倫理的基盤になっていなければ、ティーンエイジャーの空想として片づけられてもおかしくないものだ。

移民を規制する権利がどうして存在し得るのか？　その理由を知るには、規制なき移住という理論を限界まで引っ張ってみるといい。これまでに見てきたように、移民が自由に移動することができたら、一部の貧困国はからっぽに近くなり、一部の富裕国では移民のほうが人口の過半数を占めることになる。功利主義者とリバタリアンは、そのような見通しに懸念を覚えていない。マリがからっぽになったとしたら、どうだというのだ？　自分をマリ人と考えていた人々が今度はどこか別の場所で人生を再構築し、もっといい暮らしができるのだ。アンゴラが中国人優勢になったり、イギリスがバングラデシュ人優勢になったりしても、総合的なアイデンティティの変化は重要ではない。人は、好きなアイデンティティを自由に選べるのだ。だが、ほとんどの人が、このような結果に居心地の悪さを覚えるだろう。環境経済学者たちは、「存在価値」という概念を紹介している。パンダという動物を実際に見たことがなくても、地球上のどこかにパンダが生きているという知識によって、自分の人生が少し明るくなるという考え方だ。動物が絶滅するのは見たくない。同じように社会にも存在価値があって、議論の余地はあるかもしれないが動物よりもその価値は重要だし、その社会に属する人々だけでなく、ほかの社会の人々にとっても重要だ。ユダヤ系アメリカ人は生きている間に一度もイスラエルに行くことがないとしても、その存続を重視する。同様に、世界中の何百万人もがマリという、ティンブクトゥを生んだ古代文明の国を重要だと考えている。イスラエルもマリも、煮こごりにして保存しておけばいいというものではない。どちらも、生きている社会なのだ。マリは発展するべきであって、からっぽになるべきではない。マリの貧困にとって、その住民がどこかよそでみんな成功するというのは満足できる解決策ではない。同じく、アンゴラが中国の飛び地になったり、イギリスがバングラデシュの飛び地になったりすれば、それは世界文化にとって著しい損失だ。

「自分がしてほしいことを他者にしなさい」という黄金律は、移民政策を倫理的にチェックする際に非合理ではない。したがって、無制限の移住が、たとえばアフリカからアメリカへの移民にとっての道徳原則になるのだとすれば、それは中国からアフリカへの移住にとっても原則となるべきだ。ただ、アフリカのほとんどの国は当然ながら、無制限の移住をかなり警戒している。他国に乗っ取られた経験があるアフリカは、その繰り返しを拒否するだろう。かつては銃の力によって乗っ取られたのが今度は数の力によって乗っ取られるという違いがあるにしても、歓迎はされないはずだ。現実には、国から国への労働力の自由な移動によって得られる何十億ドルもの利益を激賞する経済学者でさえ、無制限の移住を手放しで擁護しているわけではない。彼らは、現状よりももう少し寛大な移民政策を主張する際のたとえとして、数十億ドルを引き合いに出しているだけだ。だが、規制の良し悪しの境目で話されるのは常に経済的利益だ。そうすることが妥当である理由は、暗黙のままにしておくべきではない。

国の本質は物理的領域だけではない。富裕国と貧困国の所得の根本的な違いは、社会モデルの違いにある。マリがフランスと同様の社会モデルを有していてそれを何十年か維持できたら、所得水準も同じくらいになっていたはずだ。根強い所得格差は、地理的差異によるものではない。もちろん、地理的差異も重要ではある。マリは内陸にあって雨が少ない。どちらも、繁栄を難しくする要素だ。だがどちらも、必要以上に障害となっている。内陸にあるという悪条件は、マリの隣人たちもやはり機能不全な社会モデルを持っているという事実によってさらに悪化した。現在マリを襲っている戦禍は、隣国リビアの崩壊からのとばっちりだ。乾燥しているという悪条件は、農業への強い依存によってさらに生活を困難にしている。乾燥というならドバイのほうが乾いているが、あちらは収入源を多様化させてサービス経済で大成功したため、雨不足はさほど問題にはなっていない。

機能的な社会モデルは決定的に重要だが、放っておいても生まれるものではない。何十年、場合によっては何百年もの社会的進歩の結果、ようやく築かれるものだ。機能的な社会モデルは事実上、高所得国で生まれた者が引き継ぐ共有資産なのだ。その資産が社会に属する人々に共通して与えられているということは、必ずしもほかの人々も自由にその資産を使えるようにするべきだという理屈にはならない。そうしたクラブ財は世界中にあふれている。

だが、国民には他国民の入国を規制するなにがしかの権利があることをほとんどの人が容認するとはいえ、そのような権利には限界があり、一部の国は他国民の排除に関する権利がほかの国よりも弱い。人口密度が極端に低ければ、排除する権利は利己的に見えるだろう。受入国住民自身がそう遠くない過去の移民の子孫だとすれば、規制の強化はまさしく、梯子を引き上げる行為だ。だが皮肉なことに、低い人口密度と近代になってからの移民から成る人口という条件をもっとも備えている国こそ、移民政策がもっとも厳しい国になる傾向がある。その例がカナダ、オーストラリア、ロシア、イスラエルだ。カナダとオーストラリアはまさに最近の移住によってできた国家で、どちらもいまだにかなり人口が少ない(1)。だが、移民を高学歴者に限定したのはこの両国が最初だし、学歴ポイント制度にその資質を評価する面接まで付け加えようという動きもである。ロシアがシベリアという広大な空き地を手に入れたのは19世紀に入ってからで、その大部分が、世界でもっとも人口が多い中国と国境を接している。だが、ロシアの政策の原則は、中国人をシベリアに入れないことだ。イスラエルは移民社会としてはさらに歴史が浅い。だが移住はかなり厳しく制限されており、一度出て行ったかつての先住人口が戻ることを許されないほどだ。

長い年月にわたって住み続けている先住人口が大多数を占める人口密度の高い国でも、一部の入国規制はあまりにも人種差別的で、許されざるべき内容だ。そのほかにも非人道的なものがある。まともな社会なら救済義務を認識しているはずで、そのわかりやすい例が亡命希望者の受け入れだろう。ときには、救済義務が文字通りの意味を持つこともある。オーストラリアは現在、移民の希望の最終目的地だ。世界的な鉱物ブームが続いた結果、この国の経済は大好況で、幸福度の世界調査によればオーストラリア人は世界でもっとも幸せな人々らしい。オーストラリアは、人口過密とは縁がない。広大な大陸にたった3000万人しか住んでおらず、そのほぼ全員が最近の移民の子孫だ。首相自身でさえ、移民だ。当然ながら、人口過密で貧困にあえぐ国の人々はオーストラリアに移住したがるが、政府は法的な入国に対して厳しい規制を敷いている。夢と法的現実の間の溝は、組織的な不法入国の市場を生んだ。起業家が、オーストラリア領を目指す小型船のチケットを売るのだ。その結果が悲劇であることは容易に予測できる。不法入国の切符を買った者には、詐欺や契約不履行に対して訴え出ることができない。最悪の場合は船が沈み、溺れてしまう。現在オーストラリアで熱い議論になっているのが、救済義務はどこまでを含むのかという問題だ。明白なジレンマが、経済学者が遠慮がちに「モラル・ハザード」と呼ぶものだ。穴の開いた船に乗りこむことでやむなく救助され、オーストラリアの居住権が与えられるのだとすれば、多くの人々が穴の開いた船に乗るだろう。救済義務が濫用されることになる。だがだからといって、オーストラリア人が救済義務を果たさなくてもいいということとにはならない。その性質上、これは免責条項がない義務なのだ。だが、仮にオーストラリア人に入国を規制する権利があるとすれば、救助とその後の居住権の許可とを切り離すことができる。新しく採択された政策は、救助した船の乗客をオーストラリア国外に留置し、法的入国を申請して許可を待つほかの入国希望者よりも優先されないようにするというものだ。より厳しく、そして賛否はあるだろうがより人道的な提案は、拿捕した船を出航した港まで曳航するというものだ。だが、希望に満ちた移民と当局とのいたちごっこはこれでは終わらない。移民はしらばっくれて証明書類を破棄し、出航した場所はおろか自分の出身国すら特定できないようにすることもできる。実際、これによって彼らは賭け金を上げている。俺を助ければ、居住権を認める以外に逃げ道のない負債を抱えこむことになるぞと言っているのだ。救済義務をこのように意図的に濫用すれば、移民の望むものを除外した、等価もしくはそれに見合った対応を生むことになるかもしれない。

移住には場合によっては家族の意見も反映されているかもしれないが、通常は移民自身が決断する個人的行動だ。だがこの個人的決断が受入国の社会にとっても、出身国の社会にとっても、移民が想像もしなかった影響をおよぼす。経済学者が外部性と呼ぶそのような影響は、他者の権利を侵害する可能性がある。移民自身が無視するその影響を、公共政策が考慮するのは正しい道筋だ。

したがって、受入国政府が移住を規制するのは正当だが、規制は三つの明確に異なる集団に影響を与える。移民、母国に残してきた人々、そして受入国の先住人口だ。移民政策は、このすべての集団を考慮しなければならない。功利主義的経済学が軽薄に、これら三種類の影響をひっくるめて何千億ドルもの純利益を生み出すなどという小手先のごまかしは、不当なものだ。外国人嫌いが先住人口ばかりを配慮するのも同様だ。他者への配慮は国境を越えると明らかに弱まるが、蒸発して消えてしまうわけではない。

外国人嫌いと「進歩主義者」との怒りに満ちた論争は、「移住がいいことか悪いことか？」という間違った問題を取り上げている。移民政策に直結する問題は、移民が総じていいことか悪いことかではない。むしろ、移住が加速を続けた場合に起きそうな、限界効果だ。この問題に答えるために、本書の異なる箇所で展開した三つの分析的構成要素が重要になってくる。ここで、その三つをまとめてみよう。

移民——加速原則

最初の構成要素は、移民と彼らの決断に関するものだ。その主なメッセージは、移民候補の分散化された決断に任せていたら、移住は低所得国の人口が著しく減るまで続くというものだ。加速原則は、移住についての二つの明確な特徴に従っている。ひとつは、所得格差を一定とした場合、ディアスポラが大きいほど移住は容易になり、したがって加速するというものだ。移住プロセスに関する研究では現在最前線にいる学者フレデリック・ドキエは、これを移住に対する唯一かつ、もっとも強力な影響だと説明している。(2) もうひとつの明確な特徴は、移住が所得格差に対してごくささやかな、したがって不明瞭な影響しかもたらさないということだ。入国移住は、その量が膨大になるまでは、所得を大きく引き下げることはない。出国移住は、膨大になったとしても、所得を大きく引き上げることはない。そもそもの所得格差があまりにも大きいので、出国移住だけが唯一の均衡力だとしたら、何十年も続いて膨大な数の人を移動させることになる。

「加速原則」そのものは、移住プロセスのこうした内在的な特性から生まれるものだ。だが、現実には、加速は低所得国に起こるもう二つの変化によってさらに勢いを増す。その二つとは、所得の向上と教育の向上だ。一定の範囲において、所得の向上は所得格差を狭めつつも、移住を増加させる傾向がある。これは、所得の向上によって移住にかかる初期投資がまかないやすくなるためだ。本当に貧しい人々は、移住するだけの費用を出せない。教育の向上は、移住規制の基準として使われる学歴のハードルがますます多くの移民によって満たされるようになることを意味する。

これが示唆するところは、移住基準が定期的に厳しくなることで移住率の加速を相殺するか、もしくは、移住率とディアスポラの規模がともに増加して、ついには母国の人口減少によって限界を迎えるか、のどちらかが起こるということだ。

取り残された人々――幸福な中間地点

二つ目の構成要素は母国に残された人々と、教育および仕送りに関するものだ。国外移住はあとに残される人々にいくつもの影響を与えるが、もっともわかりやすく、そしておそらくはもっとも重要なのが、教育を受けた人々の母国のストックと、仕送りに対するものだ。この影響のどちらもごく最近ようやく理解されるようになったものだが、どちらも驚くような結果を生んでいる。

教育を受けた国民の国外移住は、必ずしも教育を受けた人口の枯渇にはつながらない。社会のほかの特性にもよるが、むしろある程度までは純利益――頭脳獲得――につながる可能性がある。中国とインドは特殊で、頭脳獲得になる移民率に自然と制限する特質をそなえているが、そのほか多くの貧しい小国はただでさえ乏しい人材を失う国外移住率に悩んでいる。それどころか、革新的な人々の国外移住によって、近代化のために選択、適応すべきまさにその技能が、社会から失われてしまう。同様に、移住がなければ仕送りはゼロになるわけだから、中程度の国外移住率は間違いなく仕送りを増やし、それが母国に残された人々の利益となる。だがある地点を過ぎると国外移住は仕送りの源ではなく、その代替手段となる。したがって、移住率とそれが教育や仕送りにもたらす影響はいずれプラスからマイナスに転じ、ピークを越えると再び落ち始める。ほとんどの貧しい小国にとって、現在の国外移住率ですらすでにピークを越えているのではないか、という証拠があるのだ。

これが示唆するところは、母国に残された人々にとっては「幸福な中間地点」とでもいうべきものがあるということだ。教育へのインセンティブと仕送りの額の効果の総計が最大になる、ちょうどいい移住率がある、ということだ。もっとも有益な移住は永住的な国外脱出ではなく、より高い教育のための一時的移住だ。これは、切実に求められている技能を高めるだけでなく、学生が受入国の機能的な政治的・社会的規範を身につける結果にもつながる。それだけにとどまらず、彼らは帰国してからそうした規範を、まだ教育を受けられていない多くの人々に伝える。だが母国の政府は国外移住率も帰国率も管理しないため、受入国政府が設定する規制に依存することになる。

先住人口——メリットとデメリット

三つ目の構成要素は、受入国の先住人口にかかわるものだ。これは一部には直接的な経済的影響、一部には多様性や信頼、再分配といった社会的影響にまつわる話になる。母国に残された人々への効果のように、移住は数々の効果をもたらすが、その中でも、もっとも重要でもっともしつこそうなのがこの効果だろう。

賃金への直接的な経済的効果は、移住の規模によって異なる。中程度であれば、移住の効果は通常、短期的にはそれなりにプラスで、長期的にはほぼゼロだ。移住が加速を続けるとしたら、基本的な経済諸力が働き、賃金をかなり引き下げる。公営住宅などの限られた公共財を分け合うことの経済的効果は移住率が中程度であったとしても先住貧困層にとってマイナスになるのは間違いなく、移住が加速するとなればさらにマイナスに傾くだろう。人口過密や好況不況サイクルの加速といったほかの経済的効果も、特定の状況下では重要になってくるかもしれない。

移民は、社会的多様性を増加させる。多様性は問題解決に新たな見方をもたらすことで経済を豊かにし、多彩さは暮らしに楽しみを与える。だが多様性は相互共感をそこない、相互共感が生む助け合いと寛大さという貴重な恩恵も損なってしまう。機能不全の社会モデルを持つ国出身の移民がその社会モデルを引きずったままでやってくると、多様性の腐食的影響はさらに強調される。したがって、多様性の便益とコストの間にはトレードオフがあるということになる。このトレードオフを管理しようと思ったら、多様性が増えたときに便益とコストが厳密にそれぞれどのくらい増えるかが重要な情報だ。多彩さの便益はおそらく、どのような形の多彩さでもそうだろうが、収穫逓減の原則に従う。つまり、多彩さが増すと、便益は増え続けるが、その増え方は少しずつ減っていく。一方、中程度の多様性のコストは無視できる程度だが、ある程度を越えると、多様性の増加は協力ゲームを危険にさらし、所得再分配への意志を損なうかもしれない。したがって、多様性のコストは加速度的に増える可能性がある。そうなるとある時点で、多様性の増加分のコストが多様性の増加分の便益を上回ってきそうだ。つまり、多様性について聞くべき正しい質問は、それがいいか悪いか――外国人嫌い対「進歩主義者」の構図――ではなく、どのくらいが最適かだ。残念ながら、社会研究はまだ、どの時点で多様性が深刻なデメリットとなるかを推定するのに必要なレベルにまで洗練されていない。これだけ無視されているのだから、そんな懸念は人騒がせなデマだ、と考える者もいるだろう。逆に、だからこそ警戒するべきだと考える人もいるだろう。遺憾なことだが、この判断はおそらく各個人のリスクに対する態度ではなく、むしろ道徳的優先順位によって決まる、とジョナサン・ハイトが予測している。移民政策に関する選択については、限られた証拠と強い情熱が衝突する。だが、ほんの少しだけ、冷静になってみてほしい。

政策パッケージ

さて、ではすべての構成要素を組み立ててみよう。受入国政府の責任というメッセージが見えてくる。移住率は移民候補の個人的決断と、政府が設定する政策によって決まる。移民の判断に任せていたら、移住は残された人々が最大限の恩恵を受けられる「幸福な中間地点」をはるかに超えて加速することは間違いない。また、受入国住民がそれ以上の移住から恩恵を受けられる地点も超えて加速するだろう。移住は、移民個人の判断に任せておいていいものではない。政府が管理するべきものだ。だが、移民政策はどうしても複雑になってしまう。目的に合致させるために、政策はこの複雑さに取り組む必要がある。問題の多くについて、信頼できる答えを出せるような段階に到達した研究はまだない。一方で、公式見解は軽々しい約束の繰り返しによって一般市民の信頼を裏切ってきた。東ヨーロッパからの移民の見通しを見事なくらいに読み誤ったイギリス内務省を思い出してみるといい。だが、タブーが破られて初めて、そして将来の政策を決める要素がなんであるかが広く理解されて初めて、そうした研究が始まる。第5章で体系的に予測したように、典型的な高所得国は移民政策でうっかり過ちを犯すことがある。私はかつて、これをパニックの政治経済と呼んだ。ここで、この不穏な政策の歩みを生み出す初期状況に立ち戻って、別のものを提案したいと思う。

パニックの政治経済において、移住関数とディアスポラ曲線の初期の形状は、均衡がないことを示唆している。規制がなければ、移民とディアスポラは際限なく拡大する。だが、政策がパニックを起こす地点まで移住の加速を放置する代わりに、受入国の政府は今では政策パッケージを採用し、移民に上限を設け、移民を選抜し、ディアスポラを融合し、そして不法移民を合法化するなどしている。

上限

移民政策の最低限の仕事は、移住が貧困国に取り残された人々にとっても受入国の先住人口にとっても有害になるほど加速するのを防ぐことだ。移住はまだそこまでの害にはなっていないので、パニック政策に走る必要はない。だが、根本的な力が移住を加速させるもので、予防的政策は反応的政策よりもはるかにすぐれていることを認識しておくべきだろう。実際、効果的な予防的政策を実施することで、主流政党の政治家たちは過激政党が一般市民に向けて現在おこなっている主張に水を差し、その主張が広まるかもしれない状況を避けることができる、と私は思っている。では、合理的な上限とはなんだろう？　それは見識ある自己利益と思いやりとをひとつにしたものだ。

見識ある自己利益からの主張は、予防的なものだ。この主張は、移住が高所得国にすでに純損失を与えているとは考えない。その経済的論拠は、継続的な移住の加速が続くと先住労働者の賃金が引き下げられ、公共財が著しく不足するようになるというものだ。高所得国の労働市場が生産性の高い雇用をどのくらい素早く生み出せるかには現実的な限界がある。今でさえ苦労しているのだ。この半世紀の大部分で各国が経験してきた中程度の移住率は長く続いた好景気とたまたま同時期に起こっており、そのために好ましい相殺効果が賃金を維持し、実際に多少引き上げさえしてきた。だがこうした効果は、移民規制がなかった場合に起こることを推定する材料には使えない。他方、その社会的論拠は、移住の継続的な加速は多様性を増やし続け、最終的に相互共感が損なわれる地点に到達してしまうというものだ。

思いやりからの主張は、世界でもっとも困窮しているのは貧困国からの移民ではない、というものだ。もっとも貧しい人々は移住する費用すらまかなえないので、移住してくるのは母国でもましな部類の人々なのだ。もっとも困窮しているのは、取り残された人々ということになる。これは今の時代における大きな道徳的挑戦で、移住を無視しても、解決しない。中国は移住の加速から恩恵を受け続けるがハイチはそれができず、私たちが気にかけるべきなのはハイチであって中国ではない。中程度の移住率がハイチの人々を助けると言っても、現状の移住率でさえすでに、彼らにとってもっとも有益な「幸福な中間地点」は超えてしまっている可能性がかなり高い。限界効果を考えれば、移住はすでに貧困から抜け出そうと苦労している彼らの足枷となっているのだ。思いやりからの主張が示唆するのは、見識ある自己利益の主張よりももっと逼迫した、もっと厳しい政策だ。

　これで、自己利益と思いやりの両方から、移住の上限に関する正当な主張が出た。どちらの政策も、過ぎ去りし時代の痕跡ではない。貧困国から富裕国への大量移住の加速は新しく、実際に将来予想される、たとえるなら地球温暖化と同じような現象だ。温暖化と同様、必要な詳しいデータが得られるだけの十分な研究基盤はまだないが、今後数十年の間に規制がますます必要になってくることはすでに明白だ。気候変動に対する意識の向上により、高所得国は二酸化炭素排出がもたらす潜在的リスクについて長期的に検討することを覚えた。移民政策も同じことだ。実際、この二つは、閾値を超えたフローがストックされていくという、重要な特徴が共通している。気候変動に関しては、分析者たちは二酸化炭素の許容可能な排出率が大気中の二酸化炭素の許容可能なストックから割り出せることに気づいている。移住に関する同様の概念は、未吸収のディアスポラの許容可能な規模だ。ディアスポラは未吸収の移民の蓄積したストックであるため、多様性に対する移住の影響を測るのはディアスポラということになる。移民政策の最終目標にするべきなのは多様性の度合いであって、移住率そのものではない。気候変動と同様、高所得社会が依存する相互共感を著しく弱体化させるのは、未吸収のディアスポラがどのくらいの規模になったときなのかは、まだわからない。もちろん、加速する移住率はある地点で賃金も引き下げるが、相互共感のほうがわかりにくく、おそらくは尾を引く影響をもたらすため、注目するべき深刻な危険だ。移住率の加速は、わかりにくいがゆえに深刻な政策的失敗を招きがちだ。社会がそこにつまずいてしまったら、修正するのは難しい。多様性の増加がもたらすリスクについては、なかなか意見が一致しないだろう。地球温暖化の許容範囲が摂氏3度なのか、4度なのか、5度なのかで意見が一致しないのと同じことだ。だが少なくとも気候に関しては、議論があるだけましだ。ディアスポラに関しても、議論が求められる。そのままにしておいたらディアスポラは一部の都市に著しく集中することを念頭に、ディアスポラの人口に対する割合の上限は10%が最適なのか、それとも30%なのか、50%なのか? 気候変動については正しい考え方がわかっているだけでなく、測定も進んでいる。だが移民政策については、どちらもまだない。

ディアスポラの許容可能な規模がどの程度であれ、上限を決めたとして、政策の基盤として次に鍵となる数字は移住率ではなく、ディアスポラが吸収される割合だ。本書で用いているモデルの中核となる考え方は、ディアスポラの特定の上限に対応する持続可能な移住率が、ディアスポラがどれくらい早く吸収されていくかによって変わるというものだ。この速さは移民集団によっても受入国によっても大きくばらつきがある。たとえばニュージーランドのトンガ人は、ドイツのトルコ人よりもずっと吸収率が高い。ほとんどの国において、この鍵となる情報はまともに測定すらされていない。したがって最初のうちは近似して、徐々に精緻化していく必要がある。

ディアスポラの許容可能な上限と吸収率は、移住率の持続可能な上限を導き出してくれる。高い移住率が安定したディアスポラと一致するのは、吸収率が高い場合のみだ。逆に言えば、低い吸収率が安定したディアスポラと一致するのは、移住率が低い場合のみということになる。移住率のこの上限は当然、移住の総フローに関係してくる。総合的に上限を設定するのは、別に理不尽なことではない。たとえば、一部の高所得国が導入している移民規制手段のひとつであるさまざまな抽選制度は、総流入フローという考え方で自動的に上限を設定するものだ。だが、イギリスの政治家たちが現在議論している上限は、流入から流出を引いた純フローだ。これは実際に問題となる概念とはほとんど関係がない。問題なのはディアスポラの規模なのだ。純フローが意味を持つのは、人口過密の懸念がある場合のみだ。現在イギリスで主流となっている「移民が多すぎる」という意見が人口過密の懸念を反映しているとは、私には思えない。どちらかというと、未吸収のディアスポラが増えすぎていることへの漠然とした不安感を反映しているのではないだろうか。国外移住の加速は、それ自体で政策目標となるべきかもしれない。高所得国にとっては、技能を失うことが残された人口にとって損害となるからだ。

総移民流入と総国外移住を区別できたら、ほかにも重要な違いを理解しよう。定住を目的とした移住の加速はディアスポラを拡大させる一方、貧困国からは人材を搾り取ってしまう。だが、高等教育を受けるための一時的な移住の増加はディアスポラを拡大させることなく貧困国に貴重な才能をもたらし、価値観を移植し、未来の指導者たちを育てる。旧ソ連でおこなわれた中央計画経済に関するジョークで、牛の頭数を増やすことを目的とした政策が、頭が二つある牛の繁殖によって達成されたというものがある。移民規制の目標値を達成するために外国人留学生の数を減らすことは、同じような政策設計の部類に入ってしまう(3)。

選択性

総移住に全体的な上限を設定したところで、目的に合った公共政策の次の要素は、その内訳を決めることだ。重要なのは、家庭の状況、教育、雇用、文化的出自、そして脆弱性だ。

移住する権利が単に既存の移民との関係、もしくはこれから築かれる見込みの関係によって与えられるのであれば、ほかの基準はすべて重要性が低くなる。ディアスポラの扶養家族がそれ以外の移民候補を押しのけ、ディアスポラによってますます移住が加速する――話はこれでおしまいだ。加えて、親戚を呼び寄せてもいいという寛大な権利が母国に仕送りをする理由をなくし、移民が貧困国に投げる命綱が失われてしまう。したがって、これらの権利をどう定義するかは微妙かつ重要な問題だ。これらの権利が存在するのは、先住人口がその権利を行使することがめったにないからだという話はすでにした。権利としては、こうした権利はカント流の定言命法、すなわち何かが倫理的であるかどうかというテストにはかなわない。「全員がそれをしたらどうなる？」には答えられないのだ。この権利が有効なのは、先住人口の観点からすれば、カントへの答えが「幸い、ほかの連中はそれをしない」だからだ。したがって、先住人口がめったに使わない権利を移民に拡大するにあたっては、移民も先住人口と同様、その権利をめったに使わないようにすることが期待される。現実的にこれが意味するのは、集団としての移民が、先住人口と同じ割合の、親戚を呼び寄せる移住枠を割り当てられる抽選制度だ。このような方法で移民の扶養家族の入国を規制することで、労働者が移住できるだけの枠が空く。では、労働者はどのように選ぶべきか？

移民労働者のもっともわかりやすい理想的な特性は、教育を受けているか、それと同等の技能を持っていることだ。移民が先住人口よりも教育を受けていたら、先住人口の賃金を引き上げる傾向がある。教育が低ければ、少なくとも賃金の階層の最底辺では、賃金を引き下げる傾向がある。したがって、受入国の自己利益に基づき、政策はある教育閾値に基づいて移民候補を選ぶべきだ。この方法は高所得国ではますます一般的になっているが、その基準には現在のところ、かなりのばらつきがある。教育水準が上がり続ける中、この閾値も上げる必要がある。第Ⅳ部で述べたように、最貧国に残された人々の観点からは、これは理想的ではない。最貧国はただでさえ頭脳流出に苦しんでいるのだから、世界レベルのテクノロジーを導入し、使えるようになることで近代に追いつこうという彼らの能力が弱まってしまう。さらに、あるレベルを過ぎると、非常に高い教育を受けた移民はそれほどでもない移民と比べて、母国に仕送りする額が少ないというデータもある。

教育の次に来るのが、雇用だ。教育水準は移民申請の規制チェックリストに載るものだが、労働環境にとって重要なその他の膨大な情報が見落とされてしまう。大学にかかわったことがある人なら誰でも、学生どころか大学職員でさえ、高等教育を受けているわりに仕事ではほとんど使えない場合があることに気づいただろう。政府の入国管理局にはそのような情報を入手する手段が備わっておらず、情報を入手するという仕事を入国管理官に与えた場合に彼らに許される裁量は汚職の原因となる。社会がこの情報を活用する賢明な方法は、企業による判断というレイヤーを付け加えることだ。政府が定めた基準を満たした移民候補は、次は雇用する側の企業が設定した条件も満たさなければならない。ニュージーランドとドイツが、この方法を採用している。雇用主には求職者を厳しく審査するインセンティブがあるので、ひとりひとりの特性をもっとバランスよく考慮する。機械的に割り振ったポイント制度だけで移民を選ぶ国は、しっかりと審査もする国にまず間違いなく負けるだろう。表面上の要件だけ満たしてほかの能力は低い移民ばかりが集まってくるからだ(4)。

このような仕事基準特性の先にあるのが、文化だ。本書では、文化が重要だというメッセージを伝えてきた。文化こそディアスポラと先住人口を区別するものであり、先住人口の文化とかなりかけ離れた文化もある。文化的にかけ離れていればいるほどディアスポラの吸収率は遅くなり、吸収率が遅いほど持続可能な移住率も遅くなる。だが、移住における矛盾のひとつとして、文化的差異を考慮した規制がない場合、文化的にかけ離れた者のほうが移住の決断においては優位に立つという事実がある。文化的に近い国よりもディアスポラの吸収に時間がかかるからこそ、その膨大なディアスポラがさらなる移住を円滑化するのだ。そこで、人種差別へと逸脱しない範囲で、可能な限り目的にかなった移民政策は、文化的差異による悪影響を相殺するために特定の国からの移住の権利を設定するものになる。文化的に対象をしぼった、だが政治的に容認可能な規制の区別の例が、スウェーデンとイギリスで見られる。どちらの国も、今のところポーランドからの移民に対する規制は何もないが、トルコからの移民に関しては、欧州連合への加盟が認められていないという理由で制限が設けられている(5)。

そして最後の、だが重要な基準が、脆弱性だ。亡命者という地位は濫用されているとはいえ、区分としては非常に重要だ。脆弱な者を救済することで先住人口に経済的利益がもたらされる可能性は低い。だがそれがこの基準の論拠ではない。もっとも困窮している社会を助けることで、高所得国は自尊心を保つことができるのだ。だが、亡命のプロセスを見直す動きもある。目的に合った移民政策は内戦や暴虐な独裁政権、少数民族への弾圧など、深刻な社会的混乱に苦しむいくつかの国に亡命者を絞る。そのような国の市民には、亡命は素早く寛大に認められる。だがこの寛大さは、期限付きの居住権と組み合わせて与えられる。平和が取り戻されたら、母国に戻ることが条件となるのだ。紛争後の国は深刻な調整問題に直面するからだというのが、この条件の論拠だ。優秀な人材が絶対的に不足しているのに、ディアスポラ個人は帰国したがらない。大勢がまとめて帰国すればその国の展望は多少なりとも明るくなり、帰国が無謀だとは思われなくなる。分析的には、第3章の議論に立ち戻る。協力を調整することの難しさだ。だが第3章では高所得国の既存の助け合いがもろいということを心配していたのに対して、ここでは最貧国で助け合いを始めさせるにはどうしたらいいかということを心配している。紛争後の国の政府は通常、ディアスポラを呼び戻そうと必死に試みるが、連携の取れた帰国を手配できる手段がない。それができるのは、亡命希望者を受け入れている国の政府だけだ。世界の最底辺にある社会の利益を考えれば、最貧国は受入国のその力を利用するべきだ。紛争時の亡命の目的は、母国を脱出することができた一握りの幸運な人々に新しい暮らしを恒久的に約束することではなく、母国を再建するために安全に帰国できるようになるまで、その国にとって必要不可欠かつ政治的にも献身的な有能な人々を守ることなのだ。救済義務を果たしたからといって、高所得国が政策含意を熟慮する義務がなくなるわけではないのだ。

統合

移民の規模と内訳を規制することだけが、多様性を制限してディアスポラの規模を安定させる方法ではない。ほかの手段としては、吸収率を上げるというものがある。これでディアスポラに空きができて、新たな移民がそこに入ることができる。ディアスポラが吸収される割合は一部には、多文化主義か融合かという選択肢によって決まる。

吸収は、社会科学者や政策決定者が当初予想していたよりも難しいことがわかってきた。多文化主義への切り替えは一部にはおそらく、この失敗に対する心理的反応だったのだろう。「避けられないものは、受け入れなければならない」というわけだ。だが多様性の上限がどの程度であれ、吸収率が低ければ移住率も低くしなければならないので、多文化主義には明白なコストが存在する。統合を諦めるのはまだ早い。したがって、目的に合った移民政策は、ディアスポラの吸収を増加させるさまざまな戦略を採用している。政府は、先住人口側の人種差別には厳しく対処する。移民の地理的分散を義務付けるカナダ式政策を採用する。1970年代のアメリカ式学校統合政策を採用し、ディアスポラの子どもの割合に上限を設定する。移民には居住国の言語を学ぶことを義務付け、それを可能にするためのリソースを提供する。また、共通の市民という感覚を強めるシンボルや行事を促進する。

進歩主義者を自認する者の大半は、多文化主義を高い移住率と寛大な社会福祉プログラムと組み合わせたがるだろう。だがそうした政策の組み合わせには、持続可能でないものもあるかもしれない。有権者は不良政治家が提示する低い税率と高い支出、増えない債務を疑うことを少しずつ覚えるようになってきた。経済的教養を一段階上がると、現代国際経済学の重要な考察は「国際金融のトリレンマ」だ。資本の自由移動を許し、自らの金融政策を策定する政府は、為替レートを設定できない。その結果、資本の自由移動は遅まきながら、一部の国には不適切だと国際通貨基金によって認識された。ひょっとすると、人の自由移動から生まれる同様のトリレンマがあるかもしれない。吸収率を低く抑えつつ寛大な社会福祉プログラムを提供する多文化政策を、急速な移住と組み合わせることは持続可能ではないかもしれないのだ。このようなトリレンマを指摘する証拠はまだ素描に過ぎないが、怒りに任せて拒絶するのは警戒したほうがいい。社会科学者は、体系的に偏った理由付けの影響を受けないわけではないのだ。

不法移民を合法化する

すべての規制は必然的に、脱法を生む。現在、移民規制を回避した者は不法移民になり、その不法性が犯罪や闇経済などの深刻な問題を生み出している。不法移民をどうするかという議論は、より大きな移民論争と同じくらい、有害なほどに両極化している。社会自由主義者は完全に合法的な地位を一度だけ認めることを求めているし、社会保守主義者は脱法に報酬を与えればさらなる脱法を奨励することになるという理由でそれに反対している。その結果、議論は暗礁に乗り上げてしまった。何も対策が取られない間に、不法移民が蓄積している。アメリカには1200万人の不法移民がいて、イギリスでは誰もその数字すら知らない。

本書を執筆している現在も、オバマ政権はようやくこの問題に取り組み始めたばかりだ。

この政策パッケージは、どちらの陣営の妥当な懸念にも応える、効果的で単純明快な対処方法を提供する。だが、おそらくどちらの陣営の原理主義者も怒らせることになるだろう。社会自由主義者の妥当な懸念に応える政策パッケージでは、脱法は避けられない継続的プロセスであることを認識し、不法移民の将来的なフローと不法移民ストックの両方に取り組まなければならない。なんであれ、一度限りとされる権利を認めるのは政治的欺瞞だ。またこのパッケージでは、いったん国境が突破され、移民が不法に入国してしまったら、彼らには公式経済で働けるようなちゃんとした法的身分が与えられなければならない。でなければ、不法移民がさらなる非合法性の源となってしまうからだ。一方、社会保守主義者の妥当な懸念に応える政策パッケージでは、法的入国の脱法行為への懲罰が必要であり、移住全般を増やさず、非合法なままでいることを選ぶ移民への対処方法を厳しくすることになる。

その手法は、国境警備を維持、場合によってはさらに強化しつつ、こうした国境警備をくぐり抜けて入国した者全員にゲストワーカーとしての地位をまずは与えるというものだ。この地位が与えられれば国内で働くことができ、永住権のある、完全に法的な移民としての地位を手に入れる行列に自動的に並ぶことになる。ゲストワーカーでいる間も税金を支払う義務はあるが、社会福祉を受ける権利はない。公共サービスへの彼らの権利は、観光客と同等だ。彼らを完全に法的な移民に変える枠は法的移住の上限総数内なので、不法移民は合法移民に追加されるのではなく、合法移民を減らすことになる。こうすれば移民賛成派には効果的な国境警備を支持する強いインセンティブが生まれる。最後に、登録へのインセンティブを強めるために、登録しないことを選ぶ不法移民は見つかった場合に不服申し立ての機会を与えられずに国外退去の対象とする。(6)

このような手法は、不法入国しようという動機を危険なほどに高めてしまうだろうか？　私はそうは思わない。多くの国に膨大な数の不法移民がいるとはいえ、既存の規制はおおむね効果的だと明らかに推測できる。貧困国から移住しようという経済的インセンティブはあまりにも大きく、ディアスポラもすでに十分に確立されているので、規制が効果的でなければ、移民のフローはもっと大きかったはずだ。だから、不法移民のフローは、本書で提案したインセンティブにはほとんど反応しないだろう。完全に法的な移民としての身分を得るにはつらく長い道のりが待っていて、たいていの場合は社会福祉なしに何年も税金を払い続けなければならない。政府がゲストワーカーとしての身分を魅力ないものにしたいなら、罪を犯した者には不服申し立ての機会を与えずに国外退去とすればいい。このやり方だと、人権侵害になるだろうか？　移民規制そのものが人権を侵害しているとみなされればそうなる。規制が正当なら、密入国する移民を許す政策はどんなものであれ、移民を法的な身分なしに放置するよりも人道的だ。

政策パッケージの仕組み

上限、選択、統合、そして合法化というこの政策パッケージは、モデルを使って評価することができる。図5―1を見返すといいかもしれない。パニックの政治経済を表した図だ。はじめに均衡がないので、反応は破壊的になる。図12―1は、まったく同じところから始まる。図5―1と同様、最初はまったく均衡がない。

だが、今度は上限政策と選択的移住の組み合わせによって、移住関数が平らになり、時計回りに回る。他方、統合加速政策によってディアスポラ曲線の傾きは急になり、反時計回りに回る。その結果、二つの線が今度は交わることになる。均衡が回復するのだ。この政策では、移住は最初加速するが、その後安定する。同様に、ディアスポラも当初は拡大するが、やがて安定する。この政策パッケージの結果は、四つの重要な

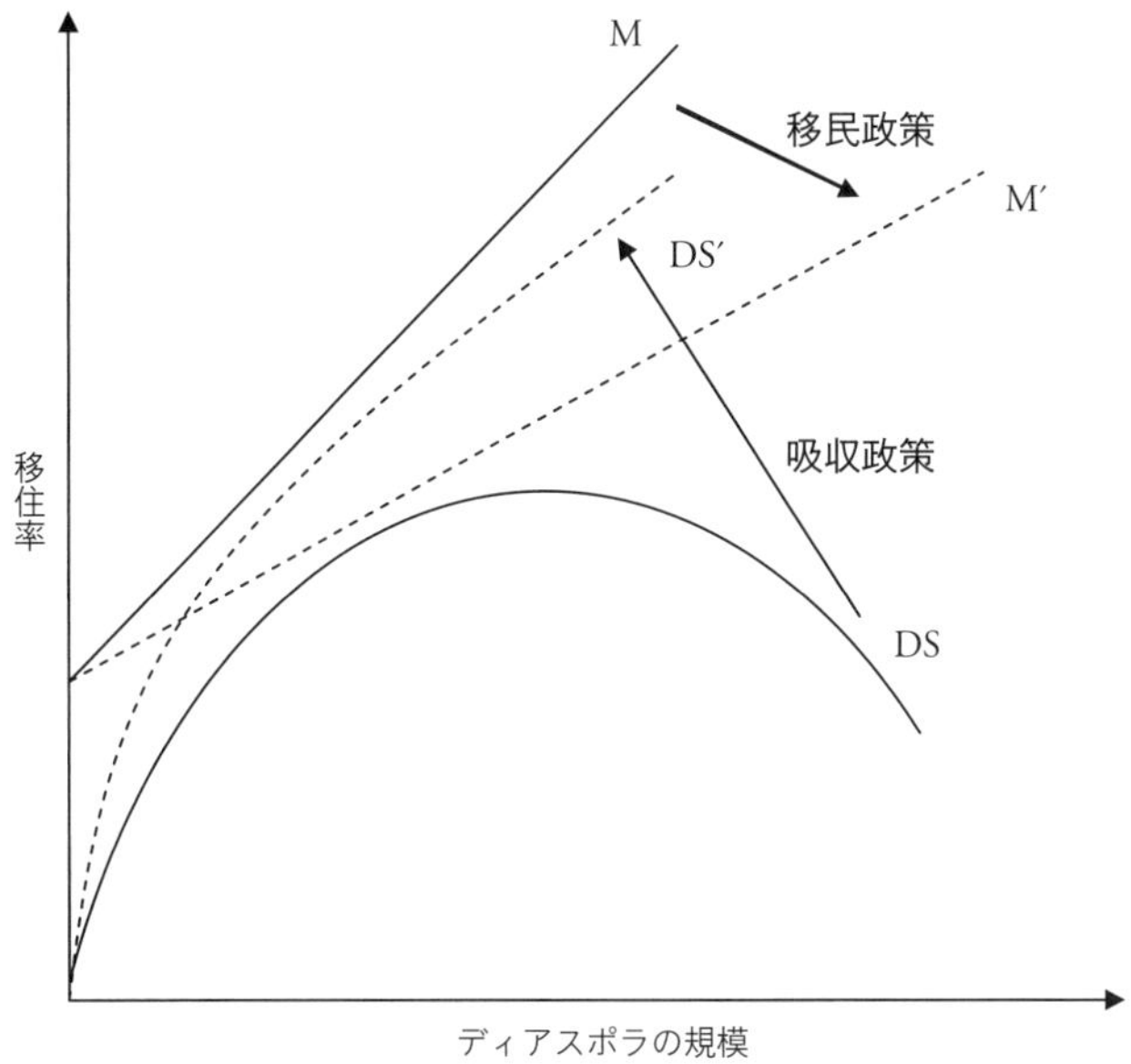

図12-1　選択と統合の政治経済

点において、パニックの政治経済よりも優れている。長期的には、移住とディアスポラを組み合わせるのがいい。図12―1と5―1を比較すると、均衡における同じディアスポラ規模でみると移住率は高く、逆に同じ移住率で見ると未吸収のディアスポラ規模は小さい。したがって、受入国は高い移住率と小規模なディアスポラの両方を手にするという選択もできる。これが改善だと言えるのは、労働力の移住によって経済的利益が生み出されるからだが、その一方で未吸収のディアスポラが社会的コストを生み出す。また、均衡に到達するのも早いが、パニック地点に到達するまでには１００年かかるかもしれない。加えて、均衡への道筋があるので、移住率とディアスポラ規模の両方が激しく変動するという、長い回り道が避けられる。最後に、パニックの政治経済の間に蓄積する不法（したがって未吸収の）移民のストックも完全に避けられる。

この単純な図からは、二つの教訓を導き出すことができる。ひとつは、適切に政策を配置して移住を成功させる選択肢の幅が広いこと。もし多様性になにかしらの望ましい上限を設けることが目的なら、移住率だけでなく吸収率も重要だ。もうひとつは、移住プロセスの早い段階で、長期的観点から、適切な政策を策定する必要があるということ。気候変動だけが長期的配慮を要する政策ではない。イギリスでは予算責任局が最近、仮にイギリスが高い純移住率を採用した場合、今後3年の1人あたりGDP成長率が0・3%ほど増加すると示唆する分析を発表した。この予測を出したチームには敬意を払うが、移民政策が何たるかを根本的に考えていない方法だ。

このような政策パッケージは、移住にとって重要な集団にどのような影響を与えるのだろう？

この政策パッケージによって生まれる移住率が貧困国に取り残された人々にとって理想的になると期待する理由はどこにもない。実際、現状ではこの移住率がどのくらいになるかについての、エビデンスはおろか推測すらない。だが、多くの貧困国にとって現状の移住率がすでに高すぎることはわかっている。国外移住率がもう少し遅いほうが、彼らにとってはメリットになるだろう。また、パニックの政治経済によって厳しい移住制限がとられることになれば、逆に移住が不十分になってしまう可能性もある。だから、選択と統合によって移住率を早める、この政策パッケージは、最貧国の観点からは改善となる可能性が高い。

受入国の先住人口の観点からは、この政策パッケージははるかにすぐれている。持続可能な移住率は高く、それが示唆する中程度の経済的利益から経済が恩恵を受け続けられることが約束されるし、過剰な未吸収のディアスポラという社会的コストも避けられる。

既存の移民の観点からは、パニックの政治経済は経済的にも社会的にも魅力が少ない。経済的に言うと、既存の移民はさらなる移民による大きな負け組になる。したがって移住率が加速する不安段階の間、彼らは新入りの移民との競争で押しつぶされてしまう。社会的には、厳しくなる規制と社会的コストの増加という醜悪段階の最中、既存の移民は外国人嫌いの犠牲となるリスクを抱える。しかし、選択と統合という政策パッケージは、移民に要求を突きつける。彼らは、文化的分離という快適な領域にとどまらないよう促されるのだ。移住先の言語を学び、統合学校に子どもたちを通わせるよう求められ、親戚を呼び寄せる権利は制限される。

誰もが得をする移民政策はない。私が提案した政策パッケージでは、負け組はこの政策がなければ近い将来移住したであろう移民候補たちだ。選択と統合の政策によって、持続可能な移住率は高くなるだろう。すると移民候補はやがては恩恵を受けられる。しかし政策パッケージによって持続可能な移民率以上に移民がおこる局面はなくなることになる。どうしてこれが正当化されるのか？　移民候補もほかの人々と同様の利害を持っているが、彼らの利害が他者の利害よりも優先されなければならない理由はない。だが目的に合った政策がなければ、そうなってしまうのだ。受入国の先住人口は自らの利害だけでなく、他者への思いやりも加味した上で入国を規制する権利がある。だが思いやりを発揮するにあたって、彼らが主に気にかけるべきなのは、移民の母国に取り残された膨大な貧しい人々の集団であって、移住を許されることで所得を劇的に増加させられる一握りの幸運な人々ではない。

結論――収束する経済、分岐する社会

移住は大きなテーマで、これは短い本だ。だが、すぐに利用できる公正な分析をこれほど必要としている公共政策は数少ない。本書では、両極化した立場を揺さぶってみようと試みた。一般市民の間に広まっている外国人嫌いと人種差別に染められた移民への攻撃性と、それに対してビジネス界やリベラル派エリートが

軽蔑的に繰り返す——そして社会科学の学者が支持する——開かれた扉は大きな利益をもたらすものであって倫理的要請であるという主張の双方をだ。

大量の国外移住は、極端な世界的不平等への反応だ。最貧国の若者は、よそにあるチャンスをかつてないほど強く意識している。その格差は過去200年の間に広がり、これからの100年で狭まっていくだろう。もっとも発展している国は今や、高所得国に収束している。これこそ私たちの時代における最高の物語だ。大量移住はしたがって、グローバル化の恒常的な特徴ではない。逆に、繁栄がいまだにグローバル化されていない、醜悪段階への一時的な反応なのだ。今から100年後、世界は貿易や情報、金融の観点からはるかに統合され、移住の純フローは縮小していくはずだ。

国外移住が世界的不平等への反応であるとはいえ、不平等を大きく縮められるわけではない。経済の収束を促進しているのは、貧困国における社会モデルの変革だ。貧困国の制度は徐々により包摂的になり、搾取的エリート層を守るものではなくなってきている。その経済的物語は、不満のゼロサムゲームから協力の非ゼロサムゲームへ、という認識枠の変更だ。忠誠心も、氏族から少しずつ国家へと広がってきている。組織は労働者をより生産的にするために、規模とやる気を組み合わせる方法を学びつつある。こうした大きな変化は、世界的な考え方を地域の文脈に適応させることで達成されてきた。社会モデルが強化されて経済が成長すると、貧しい地方からの移住が大変重要になるが、その移動の目的地はラゴスやムンバイであって、ロンドンやマドリードではない。

国外移住は収束についてまわる一時的な付け足しに過ぎないが、恒久的な遺産を遺す可能性がある。明らかに良いと言える確実な影響のひとつは、高所得社会が多民族になったということだ。かつての人種差別の歴史を考えると、国際結婚と共存によって人の感情に起こった革命は、関係する全員にとって実に解放的なものだった。

ただ、効果的な移民政策がなければ移住は加速を続け、それがほかの遺産をもたらすかもしれない。現在の高所得国は超国家的な多文化社会になるかもしれない。欧米のエリート層が提唱する多文化主義という希望の新ビジョンからみれば、このような事態は望ましいだろう。そのような社会は刺激的な繁栄社会というわけだ。だが文化的に多様な社会の歴史を見ると、多様性が無制限に増加したときの帰結は必ずしも望ましいものではない。歴史の大半、社会の大半において、高い多様性はむしろ足枷だった。現代ヨーロッパでも、ドイツとギリシャとの間の比較的小さな違いですら、ひとたび広がれば、欧州連合が実現した限定的な制度的調和を乱すにまで至っている。恒常的に増え続ける文化的多様性が徐々に相互共感を損ない、未吸収のディアスポラが自分たちの移住当時に母国で優勢だった機能不全の社会モデルにしがみつく可能性はかなり高い。さらに、移住の継続的加速は、もっとも優秀な国民に提供できるものがほとんどないハイチのような貧困国からの人材流出の加速、すなわちエクソダスを生む。ハイチはすでに、国外移住がメリットとなる地点をはるかに過ぎている。幸運な者は出て行くが、取り残された人々は全人類に追いつくことができないままなのだ。

その一方、新興の高所得国は多文化的にならない可能性が高い。社会モデルを少しずつ変革させていく過程で、アイデンティティは氏族という破片から、国家への統一感覚まで拡大する。新興高所得国は、ナショナリズムをうまく活用して、移住が始まる前の古参高所得国に似てくるだろう。

過去数世紀の間、国の運不運は周期的に入れ替わってきた。北米が中南米を追い越し、ヨーロッパが中国を追い抜く。高所得国に端を発し、高所得国に影響をおよぼした金融危機は、経済的優位をあたりまえのものと思っていた国民の自己満足に傷をつけた。ほとんどの社会が欧米にキャッチアップするという考えは、いまでは広く受け入れられている。だが収束で話は終わらない。1950年にはヨーロッパよりずっと貧しかったシンガポールは、今ではずっと裕福になっている。社会モデルが本当に繁栄の基本的決定要因なのであれば、世界の一部における多文化主義の高まりと、同時に別の場所で起こる多文化主義の縮小は、驚くような影響をもたらすかもしれない。

本書を締めくくるにあたって、もう一度カール・ヘレンシュミットの写真を見上げてみる。彼の時代以前、カールは近代的移民の典型だった。貧しい小さな村に貧しい大家族を残し、彼は高所得都市で低技能移民が稼げるだけのささやかな報酬を手に入れた。だが、私の視線はもう一枚の写真へと移る。それは中年の男性で、カールによく似ている。私は気づく。本書の真のロールモデルは、私の祖父ではなく、こちらの男性だったことに。カール・ヘレンシュミット・ジュニアは、すべての移民二世が迫られる決断に直面した。見せかけの違いにしがみつくべきか、それとも新たなアイデンティティを受け入れるべきか？　彼は、一歩踏み出した。その結果、皆さんが今読み終えた本はパウル・ヘレンシュミットではなく、ポール・コリアーによって書かれることになったのだ。

索引

【ア行】

【カ行】

【サ行】

【タ行】

【ナ行】

【ハ行】

【マ行】

【ヤ行】

【ラ行】

【ワ行】

原注

第1章

1. Haidt (2012).
2. Benabou and Tirole (2011).
3. Wente (2012).
4. Dustmann et al. (2003).

第2章

1. Besley and Persson (2011); Acemoglu and Robinson (2012).
2. Jones and Olken (2005).
3. Kay (2012).
4. 新たなめざましい研究で、Timothy Besley と Marta Reynal-Querol (2012) はアフリカで古くは15世紀までさかのぼる紛争がいまだに武力紛争の原因となっていることを示している。
5. Greif and Bates (1995).
6. Pinker (2011).
7. Akerlof and Kranton (2011).
8. Beatty and Pritchett (2012).
9. Beine et al. (2011).
10. Carrington et al. (1996).
11. ダンバー数は、有意義な関係を維持できる人数の上限を150人程度としている (Dunbar 1992)。
12. たとえば、ドイツにおけるトルコ人およびセルビア人ディアスポラについてのとりわけ慎重な研究で、Koczan (2013) は教室にディアスポラの子どもの割合が高いほど、ディアスポラの子どもはディアスポラとしてのアイデンティティを強く持ったまま成長すると述べている。
13. ふつう、図の二つの軸が交わる地点は原点と呼ぶ。
14. これを見るには、吸収率がディアスポラに左右されないと想定してみよう。たとえば、ディアスポラの規模にかかわらず、毎年2%が主流人口に統合されていくとする。その場合、ディアスポラが2倍になれば、主流文化に吸収される人の数も倍増することになる。ディアスポラから出て行く人の数が2倍になれば、入ってこられる移民の数も2倍になる。ディアスポラが倍増すれば、ディアスポラを安定させていた移住率も2倍になるということだ。そうすると「ディアスポラ曲線」は図の原点から出てくる直線になる。ここで、もっとあり得る事態として、ディアスポラの増加に伴って吸収率が下がるとしよう。ニュージーランドに3万人のトンガ人がい

たとしたら、2% という吸収率を維持できるだけの現地住民との交流が十分にあるが、トンガ人が 6 万人になったら、ほとんどのトンガ人は集団外での交流が少なくなり、したがって吸収率は 1.5% に下がる。その結果、ディアスポラが 2 倍になれば、そこから吸収されて出て行く人の数は 2 倍よりも少なくなるのだ。

15. これを、経済学者は「動的平衡」と呼ぶ。
16. Hatton and Williamson (2008).

第 3 章

1. Clemens (2011).
2. Cunliffe (2012).
3. Besley and Reynal-Querol (2012).
4. Weiner (2011).
5. Pinker (2011).
6. Nunn and Wantchekon (2011).
7. Gaechter et al. (2010).
8. Fisman and Miguel (2007).
9. Hofstede and Hofstede (2010).
10. Shih et al. (1999).
11. Akerlof and Kranton (2011).
12. Koczan (2013).
13. 以下も参照。Hurley and Carter (2005). 特に次の章。Ap Dijksterhuis, “Why We Are Social Animals.”
14. Candelo-Londoño et al. (2011).
15. Putnam (2007).
16. Putnam (2007), p. 165.
17. Miguel and Gugerty (2005).
18. Hirschman (2005).
19. Montalvo and Reynal-Querol (2010).
20. Pinker (2011).
21. Murray (2012).
22. Sandel (2012).
23. Alesina et al. (2001).
24. Alesina et al. (1999). Natalie Candelo-Londoño, Rachel Croson and Xin Li (2011) がこの文献の有意義なレビューと、いくつかの興味深い新たな結果を提供している。
25. Belich (2009).
26. Acemoglu et al. (2001).
27. その実、アイルランド北部に移住したスコットランド人は、8 世紀ごろにアイルランドからブリテン島北部を侵略したスコティという部族の子孫だった。私が知る限り、彼らはアイルランドに「戻る権利」を求めたことはない。
28. Nunn (2010).

29. Fleming (2011), Cunliffe (2012) および Halsall (2013) は、やや異なる説明をしている。
30. Montalvo and Reynal-Querol (2010).
31. Kepel (2011).
32. Romer (2010).
33. Heath et al. (2011).
34. Herreros and Criado (2009), p. 335.
35. Koopmans (2010).

第 4 章

1. Dustmann et al. (2012).
2. Docquier et al. (2010).
3. Grosjean (2011).
4. Corden (2003).
5. Nickell (2009).
6. Card (2005).
7. Hirsch (1977).
8. Sampson (2008).
9. Goldin et al. (2011).
10. Andersen (2012).
11. Docquier et al. (2010).
12. 2012 年イギリス国勢調査を使った分析は、以下を参照。Goodhart (2013).
13. Walmsley et al. (2005).

第 6 章

1. Clemens et al. (2009).
2. McKenzie and Yang (2010); Clemens (2010).
3. Borjas (1989).
4. Van Tubergen (2004).
5. Cox and Jimenez (1992).
6. ヨークシャーの古い冗談。
7. Yang (2011).
8. Agesa and Kim (2001).
9. Mousy and Arcand (2011).
10. Aker et al. (2011).
11. 私たちの研究はあくまで暫定的なので、学術的査読をまだ通ってはいない。したがって本書で紹介した結果は相当な注意をもって扱うべきだ。私たちの分析にはデータが入手可能なすべての低・中所得国からすべての OECD 加盟国への移住を含めており、その期間は 1960–2000 年にわたる。Paul Collier and Anke Hoeffler, 2013, "An Empirical Analysis of Global Migration," mimeo, Centre for the Study of African Economies, Oxford University.

12. Beine et al. (2011).
13. Cited in Clemens (2011).

第7章

1. Docquier et al. (2010).
2. Deaton et al. (2009).
3. Stillman et al. (2012).
4. Stillman と同僚たちはほかにも「心の平安」といった標準的ではない心理的設問も追加し、それらの設問に基づくと、移住は心の状態を向上させていた。
5. Dercon et al. (2013).

第8章

1. Hirschman (1990).
2. Docquier et al. (2011); Beine and Sekkat (2011).
3. Batista and Vicente (2011).
4. Pérez-Armendariz and Crow (2010).
5. Dedieu et al. (2012).
6. Chauvet and Mercier (2012).
7. Mahmoud et al. (2012).
8. Beine et al. (forthcoming).
9. Docquier et al. (2007).
10. これの証拠については、次の章で触れる。
11. Spilimbergo (2009).
12. Besley et al. (2011).
13. Spilimbergo (2009).
14. Akerlof and Kranton (2011), ch. 8.
15. Mercier (2012).
16. Michaela Wrong (2006) の *I Didn't Do It for You* は、このほとんど知られていない国についてのまれに見る、だが明快な物語を伝えてくれる。

第9章

1. Thurow (2012).
2. 経済学者は確率的判断に対して、完全に合理的で十分な情報を持っている人が選ぶような、数学的最適化アプローチを好む。
3. Docquier and Rapoport (2012); de la Croix and Docquier (2012); Batista and Vicente (2011).
4. 最貧国を助ける驚くべき影響のひとつが、ほかの要素を制御すれば、教育を受けた国民が少ないところから始めるほうが国は正味で見た勝ち組になれるというものだ。これを見るためには、全員がすでに教育を受けていることを仮定する。さらに、インセンティブ効果もロールモデル効果も影響をおよぼさないとする。これは最貧国を助ける傾向があるが、規模の影響が優位を占める。

5. Marchiori et al. (2013).
6. Docquier and Rapoport (2012).
7. Akerlof and Kranton (2011).
8. これは、労働者の態度と雇用主である企業の態度とを一致させるという、Besley and Ghatak (2003) の発想の応用である。
9. Akerlof and Kranton (2011), ch. 8.
10. Serra et al. (2010).
11. Wilson (1996).
12. Rempel and Lobdell (1978).
13. Yang (2011).
14. 移民問題を心配する多くの人々にとって、この影響は避けられないものではない。移民が母国に残してきた人々よりも相対的に生産性が高ければ、仕送り以外の形で他人にさらに貢献できたかもしれない。だが人口あたりの支出がほんの少し増えるというのが、もっとも可能性が高い結果だ。
15. Clemens et al. (2012).
16. Yang (2008).
17. Hoddinott (1994).
18. Yang and Choi (2007).
19. Docquier et al. (2012).
20. Beegle et al. (2011).
21. Glaeser (2011).
22. Saunders (2010).

第 10 章

1. Ferguson (2012).

第 11 章

1. Sandel (2012).
2. Dijksterhuis (2005).
3. Haidt の例外は、コミュニティと自分以外の普通の道徳観念の大半を抑圧しているとおぼしき高所得国の教育を受けた社会的エリートだ。このような「変人」たちは自分の人生を、危害と公正という二つの功利主義的道徳観でしか見ない。
4. *The Theory of Moral Sentiments* の興味深い技術的再構築については、以下を参照。Benabou and Tirole (2011).
5. Zak (2012).
6. Pagel (2012).
7. Zak (2012).
8. Alesina and Spolaore (1997).

第12章

1. 以下を参照。Corden (2003).
2. Beine et al. (2011).
3. 明らかに、学生の移住を移住目標から除外するには、学生が学問を終えたら母国に確実に帰るようにすることが必要だ。真剣にこれに取り組んだ上でなら、効果的な規制についてはいくつかの選択肢がある。
4. 以下を参照。Schiff (2012).
5. トルコは欧州連合でもっとも貧しい加盟国で、人口はもっとも多く、出生率も一番高い。出産奨励主義の政策のおかげだ。加盟したトルコは、自国への明確な利益もないまま、ヨーロッパの社会的団結に並外れた緊張を強いる。
6. 同じ懲罰が、在留期間を超えて残っている観光客や学生にも適用されるかもしれない。当然、これらの二つの区分はゲストワーカーとはなりえない。

参考文献

Acemoglu, D., Johnson, S., and Robinson, J. A. 2001. The Colonial Origins of Comparative Development: An Empirical Investigation. *American Economic Review* 91(5), 1369–1401.

Acemoglu, D., and Robinson, J. A. 2012. *Why Nations Fail: The Origins of Power, Prosperity, and Poverty*. New York: Crown Business〔邦訳　ダロン・アセモグル、ジェイムズ・A・ロビンソン『国家はなぜ衰退するのか』鬼沢忍訳、早川書房、2016年〕

Agesa, R. U., and Kim, S. 2001. Rural to Urban Migration as a Household Decision. *Review of Development Economics* 5(1), 60–75.

Aker, J. C., Clemens, M. A., and Ksoll, C. 2011. Mobiles and Mobility: The Effect of Mobile Phones on Migration in Niger. *Proceedings of the CSAE Annual Conference,* Oxford (March 2012).

Akerlof, G. A., and Kranton, R. E. 2011. *Identity Economics: How Our Identities Shape Our Work, Wages and Well-Being*. Princeton, NJ: Princeton University Press〔邦訳　ジョージ・A・アカロフ、レイチェル・E・クラントン『アイデンティティ経済学』山形浩生・守岡桜訳、東洋経済新報社、2011年〕

Alesina, A., Baqir, R., and Easterly, W. 1999. Public Goods and Ethnic Divisions. *Quarterly Journal of Economics* 114(4), 1243–1284.

Alesina, A., Glaeser, E., and Sacerdote, B. 2001. Why Doesn't the US Have a European-Style Welfare State? Harvard Institute of Economic Research Working Papers 1933.

Alesina, A., and Spolaore, E. 1997. On the Number and Size of Nations. *Quarterly Journal of Economics* 112(4), 1027–1056.

Andersen, T. 2012. Migration, Redistribution and the Universal Welfare Model, IZA Discussion Paper No. 6665.

Batista, C., and Vicente, P. C. 2011a. Do Migrants Improve Governance at Home? Evidence from a Voting Experiment. *World Bank Economic Review* 25(1), 77–104.

Batista, C., and Vicente, P. C. 2011b. Testing the Brain Gain Hypothesis: Micro Evidence from Cape Verde. *Journal of Development Economics* 97(1), 32–45.

Beatty, A., and Pritchett, L. 2012. From Schooling Goals to Learning Goals. CDC Policy Paper 012, September.

Beegle, K., De Weerdt, J., and Dercon, S. 2011. Migration and Economic Mobility in Tanzania: Evidence from a Tracking Survey. *Review of Economics and Statistics* 93(3), 1010–1033.

Beine, M., Docquier, F., and Ozden, C. 2011. Diasporas. *Journal of Development Economics* 95(1), 30–41.

Beine, M., Docquier, F., and Schiff, M. Forthcoming. International Migration, Transfers of Norms and Home Country Fertility. *Canadian Journal of Economics.*

Beine, M., and Sekkat, K. 2011. Skilled Migration and the Transfer of Institutional Norms. Mimeo.

Belich, J. 2009. *Replenishing the Earth: The Settler Revolution and the Rise of the Anglo-World, 1783–1939*. New York: Oxford University Press.

Benabou, R., and Tirole, J. 2011. Identity, Morals and Taboos: Beliefs as Assets. *Quarterly Journal of Economics* 126(2), 805–855.

Besley, T., and Ghatak, M. 2003. Incentives, Choice and Accountability in the Provision of Public Services. *Oxford Review of Economic Policy* 19(2), 235–249.

Besley, T., Montalvo, J. G., and Reynal-Querol, M. 2011. Do Educated Leaders Matter? *Economic Journal* 121(554), F205–F208.

Besley, T., and Persson, T. 2011. Fragile States and Development Policy. *Journal of the European Economic Association* 9(3), 371–398.

Besley, T., and Reynal-Querol. M. 2012a. The Legacy of Historical Conflict: Evidence from Africa. STICERD—Economic Organisation and Public Policy Discussion Papers Series 036, London School of Economics.

Besley, T. J., and Reynal-Querol, M. 2012b. The Legacy of Historical Conflict: Evidence from Africa. CEPR Discussion Papers 8850.

Borjas, G. J. 1989. Economic Theory and International Migration. *International Migration Review* 23, 457–485.

Candelo-Londoño, N., Croson, R. T. A., and Li, X. 2011. Social Exclusion and Identity: A Field Experiment with Hispanic Immigrants. Mimeo, University of Texas.

Card, D. 2005. Is the New Immigration Really So Bad? *Economic Journal* 115(507), F300–F323.

Carrington, W. J., Detragiache, E., and Vishwanath, T. 1996. Migration with Endogenous Moving Costs. *American Economic Review* 86(4), 909–930.

Chauvet, L., and Mercier, M. 2012. Do Return Migrants Transfer Norms to Their Origin Country? Evidence from Mali. DIAL and Paris School of Economics.

Clemens, M. A. 2010. The Roots of Global Wage Gaps: Evidence from Randomized Processing of US Visas. Working Paper 212, Center for Global Development.

Clemens, M. A. 2011. Economics and Emigration: Trillion-Dollar Bills on the Sidewalk? *Journal of Economic Perspectives* 25(3), 83–106.

Clemens, M. A., Montenegro, C., and Pritchett, L. 2009. The Place Premium: Wage Differences for Identical Workers across the US Border. Working Paper Series rwp09-004, John F. Kennedy School of Government, Harvard University.

Clemens, M. A., Radelet, S., Bhavnani, R. R., and Bazzi, S. 2012. Counting Chickens When They Hatch: Timing and the Effects of Aid on Growth. *Economic Journal* 122(561), 590–617.

Corden, W. M. 2003. 40 Million Aussies? Inaugural Richard Snape Lecture, Productivity Commission, Melbourne. 以下で閲覧可能。http://papers.ssrn.com/sol3/papers.cfm?abstract_id=496822.

Cox, D. C., and Jimenez, E. 1992. Social Security and Private Transfers in Developing Countries: The Case of Peru. *World Bank Economic Review* 6(1), 155–169.

Cunliffe, B. 2012. *Britain Begins*. New York: Oxford University Press.

de la Croix, D., and Docquier, F. 2012. Do Brain Drain and Poverty Result from Coordination Fail-

ures? *Journal of Economic Growth* 17(1), 1-26.

Deaton, A., Fortson, J., and Tortora, R. 2009. Life (Evaluation), HIV/AIDS, and Death in Africa. NBER Working Paper 14637.

Dedieu, J. P., Chauvet, L., Gubert, F., and Mesplé-Somps, S. 2012. Political Transnationalism: The Case of the Senegalese Presidential Elections in France and New York. Mimeo, DIAL.

Dercon, S., Krishnan, P., and Krutikova, S. 2013. Migration, Well-Being and Risk-Sharing. Mimeo, Centre for the Study of African Economies, University of Oxford.

Dijksterhuis, A. 2005. Why We Are Social Animals. In *Perspectives on Imitation: From Neuroscience to Social Science*, ed. Susan Hurley and Nick Carter, vol. 2. Cambridge, MA: MIT Press.

Docquier, F., Lodigiani, E., Rapoport, H., and Schiff, M. 2011. Emigration and Democracy. Policy Research Working Paper Series 5557, The World Bank.

Docquier, F., Lohest, O., and Marfouk, A. 2007. Brain Drain in Developing Countries. *World Bank Economic Review* 21(2), 193-218.

Docquier, F., Ozden, C., and Peri, G. 2010. The Wage Effects of Immigration and Emigration. NBER Working Paper 16646.

Docquier, F., and Rapoport, H. 2012. Globalization, Brain Drain and Development. *Journal of Economic Literature* 50(3), 681-730.

Docquier, F., Rapoport, H., and Salomone, S. 2012. Remittances, Migrants' Education and Immigration Policy: Theory and Evidence from Bilateral Data. *Regional Science and Urban Economics* 42(5), 817-828.

Dunbar, R. I. M. 1992. Neocortex Size as a Constraint on Group Size in Primates. *Journal of Human Evolution* 22(6), 469-493.

Dustmann, C., Casanova, M., Fertig, M., Preston, I., and Schmidt, C. M. 2003. The Impact of EU Enlargement on Migration Flows. Online Report 25/03, Home Office, London. https://webarchive.nationalarchives.gov.uk/20110218141514/http://rds.homeoffice.gov.uk/rds/pdfs2/rdsolr2503.pdf

Dustmann, C., Frattini, T., and Preston, I. P. 2012. The Effect of Immigration along the Distribution of Wages. *Review of Economic Studies*, doi: 10.1093/restud/rds019.

Ferguson, N. 2012. The Rule of Law and Its Enemies: The Human Hive. BBC Reith Lecture 2012, London School of Economics and Political Science, June 7. 以下で閲覧可能。https://www.bbc.co.uk/programmes/articles/DvZX2l78SrbXltcxJkD39H/niall-ferguson-the-human-hive.

Fisman, R., and Miguel, E. 2007. Corruption, Norms, and Legal Enforcement: Evidence from Diplomatic Parking Tickets. *Journal of Political Economy* 115(6), 1020-1048.

Fleming, R. 2011. *Britain after Rome*. New York: Penguin.

Gaechter, S., Herrmann, B., and Thöni, G. 2010. Culture and Cooperation. CESifo Working Paper Series 3070, CESifo Group Munich.

Glaeser, E. L. 2011. *Triumph of the City : How Our Greatest Invention Makes Us Richer, Smarter, Greener, Healthier and Happier*. New York: Penguin〔邦訳　エドワード・グレイザー『都市は人類最高の発明である』山形浩生訳、NTT 出版、2012 年〕

Goldin, I., Cameron, G., and Balarajan, M. 2011. *Exceptional People: How Migration Shaped Our*

World and Will Define Our Future. Princeton, NJ: Princeton University Press.

Goodhart, D. 2013. White Flight? Britain's New Problem—Segregation. *Prospect*, February.

Greif, A., and Bates, R. H. 1995. Organising Violence: Wealth, Power, and Limited Government. Mimeo, Stanford University.

Grosjean, F. 2011. Life as a Bilingual. *Psychology Today*.

Haidt, J. 2012. *The Righteous Mind: Why Good People Are Divided by Politics and Religion*. New York: Pantheon〔邦訳　ジョナサン・ハイト『社会はなぜ左と右にわかれるのか』高橋洋訳、紀伊國屋書店、2014 年〕

Halsall, G. 2013. *Worlds of Arthur*. New York: Oxford University Press.

Hatton, T. J., and Williamson, J. G. 2008. *Global Migration and the World Economy: Two Centuries of Policy and Performance*. Cambridge, MA: MIT Press.

Heath, A. F., Fisher, S. D., Sanders, D., and Sobolewska, M. 2011. Ethnic Heterogeneity in the Social Bases of Voting in the 2010 British General Election. *Journal of Elections, Public Opinion and Parties* 21 (2), 255-277.

Herreros, F., and Criado, H. 2009. Social Trust, Social Capital and Perceptions of Immigrations. *Political Studies* 57, 335-357.

Hirsch, F. 1977. *Social Limits to Growth*. New York: Routledge〔邦訳　フレッド・ハーシュ『成長の社会的限界』都留重人監訳、日本経済新聞社、1980 年〕

Hirschman, A. O. 1990. *Exit, Voice and Loyalty: Responses to Decline in Firms, Organizations, and States*. 2nd ed. Cambridge, MA: Harvard University Press〔邦訳　A・O・ハーシュマン『離脱・発言・忠誠』矢野修一訳、ミネルヴァ書房、2005 年〕

Hirschman, C. 2005. Immigration and the American Century. *Demography* 42, 595-620.

Hoddinott, J. 1994. A Model of Migration and Remittances Applied to Western Kenya. *Oxford Economic Papers* 46 (3), 459-476.

Hofstede, G., and Hofstede, G. J. 2010. National Culture Dimensions. 以下で閲覧可能。https://geerthofstede.com/culture-geert-hofstede-gert-jan-hofstede/6d-model-of-national-culture/

Hurley, S., and Carter, N., eds. 2005. *Perspectives on Imitation: From Neuroscience to Social Science*. Vol. 2. Cambridge, MA: MIT Press.

Jones, B. F., and Olken, B. A. 2005. Do Leaders Matter? National Leadership and Growth Since World War II. *Quarterly Journal of Economics* 120 (3), 835-864.

Kay, J. 2012. The Multiplier Effect, or Keynes's View of Probability. *Financial Times*, August 14. 以下で閲覧可能。https://www.ft.com/content/f7660898-e538-11e1-8ac0-00144feab49a.

Kepel, G. 2011. Banlieues Islam: L'enquete qui derange. *Le Monde*, October 5.

Koczan, Z. 2013. Does Identity Matter? Mimeo, University of Cambridge.

Koopmans, R. 2010. Trade-offs between Equality and Difference: Immigrant Integration, Multiculturalism and the Welfare State in Cross- National Perspective. *Journal of Ethnic and Migration Studies* 36 (1), 1-26.

Mahmoud, O., Rapoport, H., Steinmayr, A., and Trebesch, C. 2012. Emigration and Political Change. Mimeo.

Marchiori, L., Shen, I.-L., and Docquier, F. 2013. Brain Drain in Globalization: A General Equilib-

rium Analysis from the Sending Countries' Perspective. *Economic Inquiry* 51 (2), 1582–1602.

McKenzie, D., and Yang, D. 2010. Experimental Approaches in Migration Studies. Policy Research Working Paper Series 5395, World Bank.

Mercier, M. 2012. The Return of the *Prodigy* Son: Do Return Migrants Make Better Leaders? Mimeo, Paris School of Economics.

Miguel, E., and Gugerty, M. K. 2005. Ethnic Diversity, Social Sanctions, and Public Goods in Kenya. *Journal of Public Economics* 89 (11–12), 2325–2368.

Montalvo, J., and Reynal-Querol, M. 2010. Ethnic Polarization and the Duration of Civil Wars. *Economics of Governance* 11 (2), 123–143.

Mousy, L. M., and Arcand, J.-L. 2011. Braving the Waves: The Economics of Clandestine Migration from Africa. CERDI Working Paper 201104.

Murray, C. 2012. *Coming Apart: The State of White America, 1960–2010*. New York: Crown Forum〔邦訳　チャールズ・マレー『階級「断絶」社会アメリカ』橘明美訳、草思社、2013 年〕

Nickell, S. 2009. Migration Watch. *Prospect Magazine*, July 23. 以下で閲覧可能。http://www.prospectmagazine.co.uk/magazine/10959-numbercruncher/.

Nunn, N. 2010. Religious Conversion in Colonial Africa. *American Economic Review* 100 (2), 147–152.

Nunn, N., and Wantchekon, L. 2011. The Slave Trade and the Origins of Mistrust in Africa. *American Economic Review* 101 (7), 3221–3252.

Pagel, M. D. 2012. *Wired for Culture: The Natural History of Human Cooperation*. London: Allen Lane.

Pérez-Armendariz, C., and Crow, D. 2010. Do Migrants Remit Democracy? International Migration, Political Beliefs, and Behavior in Mexico. *Comparative Political Studies* 43 (1), 119–148.

Pinker, S. 2011. *The Better Angels of Our Nature*. New York: Viking〔邦訳　スティーブン・ピンカー『暴力の人類史』幾島幸子、塩原通緒訳、青土社、2015 年〕

Putnam, R. 2007. E Pluribus Unum: Diversity and Community in the 21st Century. *Scandinavian Political Studies* 30 (2), 137–174.

Rempel, H., and Lobdell, R. A. 1978. The Role of Urban-to-Rural Remittances in Rural Development. *Journal of Development Studies* 14 (3), 324–341.

Romer, P. 2010. For Richer, for Poorer. *Prospect Magazine*, January 27. 以下で閲覧可能。https://www.prospectmagazine.co.uk/magazine/for-richer-for-poorer.

Sampson, R. J. 2008. Rethinking Crime and Immigration. *Contexts* 7 (1), 28–33.

Sandel, M. J. 2012. *What Money Can't Buy: The Moral Limits of Markets*. London: Allen Lane〔邦訳　マイケル・サンデル『それをお金で買いますか』鬼澤忍訳、早川書房、2012年〕

Saunders, D. 2010. *Arrival City: How the Largest Migration in History Is Reshaping Our World*. New York: Pantheon.

Schiff, M. 2012. Education Policy, Brain Drain and Heterogeneous Ability: The Impact of Alternative Migration Policies. Mimeo, World Bank.

Serra, D., Serneels, P., and Barr, A. 2010. Intrinsic Motivations and the Non-profit Health Sector:

Evidence from Ethiopia. Working Paper Series, University of East Anglia, Centre for Behavioural and Experimental Social Science (CBESS) 10-01.

Shih, M., Pittinsky, T. L., and Ambady, N. 1999. Stereotype Susceptibility: Shifts in Quantitative Performance from Socio-cultural Identification. *Psychological Science* 10, 81-84.

Spilimbergo, A. 2009. Democracy and Foreign Education. *American Economic Review* 99(1), 528-543.

Stillman, S., Gibson, J., McKenzie, D., and Rohorua, H. 2012. Miserable Migrants? Natural Experiment Evidence on International Migration and Objective and Subjective Well-Being. IZA-DP6871, Bonn, September.

Thurow, R. 2012. *The Last Hunger Season: A Year in an African Farm Community on the Brink of Change*. New York: Public Affairs.

Van Tubergen, F. 2004. *The Integration of Immigrants in Cross-National Perspective: Origin, Destination, and Community Effects*. Utrecht: ICS.

Walmsley, T. L., Winters, L. A., Ahmed, S. A., and Parsons, C. R. 2005. Measuring the Impact of the Movement of Labour Using a Model of Bilateral Migration Flows. Mimeo.

Weiner, M. S. 2011. *The Rule of the Clan*. New York: Farrar, Straus and Giroux.

Wente, M. 2012. Michael Ignatieff Was Right about Quebec. *The Globe and Mail*, April 26. 以下で閲覧可能。https://www.theglobeandmail.com/opinion/michael-ignatieff-was-right-about-quebec/article4102623/.

Wilson, W. J. 1996. *When Work Disappears: The New World of the Urban Poor*. New York: Alfred A. Knopf〔邦訳　ウィリアム・J・ウィルソン『アメリカ大都市の貧困と差別』川島正樹・竹本友子訳、明石書店、1999年〕

Wrong, M. 2006. *I Didn't Do It for You*. New York: Harper Perennial.

Yang, D. 2008. International Migration, Remittances and Household Investment: Evidence from Philippine Migrants' Exchange Rate Shocks. *Economic Journal* 118(528), 591-630.

Yang, D. 2011. Migrant Remittances. *Journal of Economic Perspectives* 25(3), 129-152.

Yang, D., and Choi, H. 2007. Are Remittances Insurance? Evidence from Rainfall Shocks in the Philippines. *World Bank Economic Review* 21(2), 219-248.

Zak, P. 2012. *The Moral Molecule: The Source of Love and Prosperity*. New York: Dutton Adult〔邦訳　ポール・J・ザック『経済は「競争」では繁栄しない』柴田裕之訳、ダイヤモンド社、2013年〕

著者略歴

(Paul Collier)

オックスフォード大学ブラヴァトニック公共政策大学院経済学および公共政策教授．専門は開発経済学．内戦の因果，援助の効果，低所得国の民主主義，天然資源，都市化を研究している．1998—2003年には世界銀行の研究開発部門ディレクターを務めた．現在，パリ政治学院客員教授，国際成長センターのディレクターも務める．著書『最底辺の10億人』(日経BP，2008)『民主主義がアフリカ経済を殺す』(日経BP，2010)『収奪の星』(みすず書房，2012) ほか．

訳者略歴

松本裕〈まつもと・ゆう〉翻訳家．訳書 ミュラー『測りすぎ』(みすず書房，2019) コリンガム『大英帝国は大食らい』(河出書房新社，2019) バーチ『ビットコインはチグリス川を漂う』(みすず書房，2018) ほか．

ポール・コリアー
エクソダス
移民は世界をどう変えつつあるか
松本裕訳

2019年 9月10日 第1刷発行

発行所 株式会社 みすず書房
〒113-0033 東京都文京区本郷2丁目20-7
電話 03-3814-0131(営業) 03-3815-9181(編集)
www.msz.co.jp

本文組版 キャップス
本文印刷所 萩原印刷
扉・表紙・カバー印刷所 リヒトプランニング
製本所 東京美術紙工

ISBN 978-4-622-08833-2
[エクソダス]

収奪の星 天然資源と貧困削減の経済学	P. コリアー 村井章子訳	3000
大脱出 健康、お金、格差の起原	A. ディートン 松本裕訳	3800
不平等について 経済学と統計が語る 26 の話	B. ミラノヴィッチ 村上彩訳	3000
大不平等 エレファントカーブが予測する未来	B. ミラノヴィッチ 立木勝訳	3200
21世紀の資本	T. ピケティ 山形浩生・守岡桜・森本正史訳	5500
世界不平等レポート 2018	F. アルヴァレド他編 徳永優子・西村美由起訳	7500
テクノロジーは貧困を救わない	外山健太郎 松本裕訳	3500
善意で貧困はなくせるのか? 貧乏人の行動経済学	D. カーラン／J. アペル 清川幸美訳 澤田康幸解説	3300

（価格は税別です）